Wandl **Einfach Erfolgreich**

**Meinem Vater Richard Wandl Senior
möchte ich danken für die harte Schule,
die mich auf das Leben des Erfolgs vorbereitete.**

**Und meiner Mutter Ingeborg Wandl
danke ich dafür, dass Sie unsere
Familie stets zusammen hielt.**

Richard A. Wandl

# Einfach Erfolgreich

## Das Wandl-Erfolgsprinzip

ARISTON

Die deutsche Bibliothek – CIP-Einheitsaufnahme
Wandl, Richard A.:
Einfach erfolgreich: Das Wandl-Erfolgsprinzip / Richard A. Wandl. –
Kreuzlingen ; München : Hugendubel 2000
(Ariston)
ISBN 3-7205-2165-6



Umschlaggestaltung: Zembsch' Werkstatt, München,
unter Verwendung eines Fotos von Piotr Roman
Produktion: Maximiliane Seidl
Satz: EDV-Fotosatz Huber/Verlagsservice G. Pfeifer, Germering
Druck und Bindung: Graph. Großbetrieb Pössneck
Printed in Germany

ISBN 3-7205-2165-6

# Inhalt

# Vorwort
## Schöne Aussichten

Ich habe es geschafft. Weil ich immer gewusst habe: Ich will es. Ich kann es. Ich tue es.

Vor mir liegt der See. Wunderbar sieht er aus im Morgenlicht. Die Alpen, die bei diesem Wetter so nah erscheinen, recken sich massiv in den Morgenhimmel. Ich nehme dieses Bild des Friedens tief in mich auf. Dann verlasse ich den Raum meines Hauses, von dem aus ich diese herrliche Szenerie beobachten kann. Es ist das Haus meiner Träume. Auf der Treppe zum Erdgeschoss empfängt mich Kaffeeduft. In der Eingangshalle bleibe ich einen Moment stehen und betrachte das große Gemälde, das dort hängt. Es stammt von meinem Großvater. Um dieses Bild herum habe ich diese Villa nach meiner Vorstellung konzipiert. Mein Traumhaus. Weiß mit schwarzem Schiefer.

Ich gehe durch mein Haus, wie ich Tausende von Malen durch dieses Haus gegangen bin, als es noch nicht existierte. Nicht in der Realität existierte. Nur in meinen Träumen. Doch sie sind die Vorstufe zur Realität. Ich habe nicht abgelassen, mein Ziel zu visualisieren. Jetzt ist es wahr. Ich träume nicht. Ich gehe durch mein Haus, begegne meiner lieben Frau. Wir setzen uns an den Frühstückstisch, tief verbunden in der Kraft unserer positiven Gedanken. Ein neuer Tag liegt vor uns. Ein glücklicher Tag.

... das ist alles kein Märchen, sondern die reine Wahrheit! Jeder Mensch kann dorthin gelangen. Jeder Mensch hat übernatürliche Kräfte, die seinen körperlichen Fähigkeiten tausendmal überlegen sind. Die innere Power ist stärker als jedes Dynamit und einsetzbar für Glück, Reichtum und Gesundheit. Sie haben Schwimmen, Tanzen, Schreiben und Auto fahren gelernt. Also werden Sie auch lernen, glücklich, reich und gesund zu sein. Dieses Buch ist Ihr Weggefährte zu einem völlig neuen Leben. Einem Leben, das Sie sich vielleicht bisher noch nicht mal zutrauten. Weil Sie sich nichts zutrauten. Weil Sie nicht an sich selbst glaubten. Weil Sie das Dynamit in sich noch nicht entdeckt haben.

Egal, was Glück für Sie bedeutet. Ob Sie innerlichen oder äußerlichen Reichtum anstreben: Es gibt einen Weg, Ihr persönliches Glück zu erreichen. Wenn ich im Folgenden davon spreche, Millionär zu sein, so kann das für Sie persönlich auch bedeuten: Millionär an innerem Reichtum. Ich bin der Meinung, dass das Äußere und das Innere eines Menschen sich gegenseitig bedingen: Wenn ich in einem harmonischen Umfeld ohne materielle Sorgen lebe, geht es mir auch innerlich gut – und umgekehrt.

Millionär zu sein ist kinderleicht. Die Schwierigkeiten liegen auf dem Weg dorthin. Wenn Sie glauben, ich spreche von äußeren Schwierigkeiten, liegen Sie falsch und Sie sollten sich sofort für dieses Buch Zeit nehmen.

Die Schwierigkeiten liegen nicht im Außen! Sie liegen in uns selbst. Der persönliche Wille, der unbedingte Glaube daran, die gesetzten Ziele zu erreichen – das ist die wirkliche und einzige Herausforderung auf diesem Weg. Wir tragen die Lösung aller Probleme in uns.

Und mehr noch: Wir sitzen auf einem Vulkan, der Kraft unseres Unterbewusstseins. Leider ist diese Kraft bei den meisten Menschen verschüttet. Abermillionen Tonnen von Gedankenmüll verstopfen die Kanäle zu einem glücklichen Leben. Sprengen Sie sie frei!

Jeder Mensch hat einen wunderbaren Schatz in sich. Er ist nicht zu vernichten. Er ist da mit der selbstverständlichen Kraft, mit der jeden Tag die Sonne aufgeht. Es ist der

Schlüssel zu Glück, Reichtum und Gesundheit, der unauslöschlich mit der menschlichen Existenz verbunden ist. Holen Sie ihn sich in Ihren Alltag. Verbinden Sie sich mit seiner Kraft. Heute ist der erste Tag Ihres neuen Lebens!

Auch ich habe meinen Schlüssel jahrelang unter Gedankenmüll begraben. Selbst wenn er gelegentlich aufblitzte – es dauerte, bis ich ihn endlich von den negativen Altlasten befreien und die Tür zu meinem Unterbewussten aufsperren konnte. Die Tür, hinter der Glück, Gesundheit, Erfolg, Reichtum lagern: in unendlichen, unerschöpflichen Mengen.

Ich habe mich entschlossen, dieses Buch zu schreiben, um vielen Menschen den Reichtum ihres Unterbewusstseins nahe zu bringen. Anhand meiner Lebensgeschichte schildere ich, wie man den Schlüssel finden kann, was einem auf dem Weg dorthin passieren kann – und wie sich das Leben verändert, wenn man sich von negativen Gedanken befreit.

Mit einfachen Anleitungen lernen Sie schnell, wie leicht es ist, sein Leben total umzukrempeln. Und zwar von innen nach außen. Denn es liegt ja in Ihnen – alles liegt in Ihnen. Die ganze Kraft des Universums. Sie brauchen bloß die Türen zu öffnen.

## Ein Märchen?

Vor Millionen von Jahren beratschlagten die Götter, wie sie den Menschen helfen könnten, glücklich zu sein.

»Wir müssen ihnen einen Teil unserer Kraft geben«, sagte ein alter, weiser Gott. »Wenn die Menschen an unserer göttlichen Kraft teilhaftig sind, werden sie glücklich sein.«

»Das bezweifle ich«, wendete ein junger Gott ein. »Wir sehen doch, dass sie alles Mögliche tun, um ja nicht glücklich zu sein.«

»Zumindestens die Chance sollten sie haben«, beharrte der alte Gott.

»Dann verstecken wir doch einen Teil unserer Kraft auf der Erde! Diejenigen, die sie finden, haben dann die Prüfung bestanden und dürfen teilhaben an unserer göttlichen Kraft!«, warf ein anderer Gott ein. Dies fand Zustimmung bei allen versammelten Göttern. Doch wo sollte die Kraft versteckt werden? Schließlich sollte es gerecht zugehen. Jeder Mensch sollte die Möglichkeit haben, die unendliche Kraft des Universums zu finden und für sein Leben einzusetzen. Stunden über Stunden beratschlagten die Götter, entwarfen, verwarfen. Bis endlich eine sehr alte Göttin, die um ihrer Weisheit willen von allen verehrt wurde, sich zu Wort meldete: »Wir verstecken die Kraft des Universums im Menschen selbst. So kann jeder Mensch ihr anteilig werden – wenn er sich auf die Suche nach ihr begibt, wenn er wirklich daran glaubt und es wirklich will.«

Diese weise Rede fand bei allen Göttern Zustimmung. Und so wurde die göttliche Kraft des Universums im Unterbewusstsein jedes einzelnen Menschen verankert.

# Eine Lebensgeschichte

## Der Beginn im Paradies der Kindheit

Als ich am 16. Januar 1951 das Licht der Welt erblickte, war in der Planung meiner Eltern längst klar, was einmal aus mir werden sollte: der Stammhalter des elterlichen Betriebes. Klar war auch mein Name: Richard. So hieß mein Vater und so gehörte es sich damals. Diese Vorbestimmung sollte mich im Folgenden noch das Fürchten lehren – doch ich ahnte ja nicht, was sich meine Familie für mich ausgedacht hatte. Und das war auch gut so, denn so konnte ich die ersten Jahre meines Lebens unbelastet genießen. Und das tat ich in vollen Zügen.

Unsere Familie lebte damals am Wörthsee, zirka dreißig Kilometer entfernt von München. Heute noch ein recht schönes Fleckchen Erde – wenn auch mittlerweile leider sehr zugebaut –, war es damals ein Paradies. Der Ort bestand gerade mal aus ein paar Dutzend Häusern, in erster Linie Bauernhöfen. Buchen-, und Eichenwälder durchzogen die Gegend, die nun als das »Fünf-Seen-Gebiet« bei München bezeichnet wird.

Wenn ich mich rückbesinne, kann ich die herrliche, klare Luft spüren, die mich seinerzeit durchströmte. Die verschwenderische Fülle des Sommers, die klirrende Kargheit des Winters und all die Zwischentöne der Jahreszeiten. Die Natur bot mir all ihre Schätze zum Spielen an. Jede freie Minute verbrachte ich draußen. In unserem Garten gab es einen Karpfenweiher, der mich ganz besonders in seinen Bann zog, was vor allem an meinem Lieblingskarpfen Maxi lag. Aber auch Eichhörnchen und Frösche gehörten zu meinen allerliebsten Spielgefährten. Als Pferd diente mir unser Königspudel Cora, auf seinem Rücken ritt ich die Grenzen unseres Grundstückes ab. Obwohl es heutzutage verpönt ist, so etwas zu sagen, da es »in« ist, eine problematische frühe Kindheit erlebt zu haben, kann ich rückblickend feststellen, dass ich meine ersten Lebensjahre in einem Paradies verbrachte. Dafür bin ich dankbar – denn all das gab mir die Kraft, alles Nachfolgende zu überstehen.

Vier Jahre nach meiner Geburt kam meine Schwester zur Welt und zwei Jahre nach meiner Schwester mein Bruder. Sicherlich war es schmerzhaft für mich als Einzelkind entthront zu werden. Dennoch war mein Verhältnis zu Mutter und Vater damals noch so unbelastet und harmonisch, dass ich diese Verdrängung ohne größere Probleme verarbeitete. Außerdem gab es ja nach wie vor meinen Abenteuerspielplatz Natur, der mir alles schenkte, was ich brauchte. Und es gab Spielkameraden, große und kleine. Zu den großen gehörte einer unserer Nachbarn, Tschupi genannt.

Tschupi sammelte, und zwar Müll. Leere Flaschen und Bierkästen, Schrott, leere Zigarettenschachteln und Dosen – und das alles lagerte er in seinem Haus. Stundenlang begleitete ich Tschupi auf seinen Streifzügen durch Wald, Feld und Moor. Wie nebenbei weihte er mich auf diesen Spaziergängen in die Geheimnisse der Natur ein. Was ich über Tiere, Pflanzen und Naturphänomene weiß, das verdanke ich den Wanderungen mit Tschupi. Ich liebte es besonders, bei ihm zu Hause zu sein. Dieses Haus war für ein Kind das reinste Abenteuer. Es war bis unters Dach voll mit Gerümpel, und ich war immer wieder begeistert von dem, was ich entdeckte. Da alle Räume unbeschreiblich voll gestopft waren, war es nicht mehr möglich, die Toilette zu benutzen; dort stapelten sich Dosen und Verpackungen in schlingernden Säulen bis zur Decke. Tschupi hatte einen Eimer unter dem Tisch stehen, der als Toilette diente. Leider erzählte ich dies einmal meinen Eltern, was zur Folge hatte, dass ich Tschupis Haus nie mehr betreten durfte. Aber bald schuf ich mein eigenes Haus: Hoch über dem Erdboden auf einer sehr alten Buche befand sich mein Lager. Mein Vater hatte mir geholfen, das Baumhaus zurechtzuzimmern, und dort fühlte ich mich pudelwohl. Selbstverständlich stürzte ich einige Male ab, doch die dichten Äste fingen mich immer auf und ich überstand alles unbeschadet – schon damals durch meinen eisernen Glauben an mich selbst.

Dieses Vertrauen half mir auch bei späteren Unfällen, die das Resultat meiner riskanten Unternehmungen waren und die oftmals hätten tödlich oder mit schweren Verletzungen enden können. Während ich in meinem späteren Leben keiner Gefahr und keinem Risiko aus dem Weg ging, ja sogar das Schicksal geradezu herausforderte, war ich als kleiner Junge eher vorsichtig. Das hob mein Vater an meinem fünften Weihnachtsfest auch besonders hervor. »Unser Burschi ist der bravste Bub überhaupt«, sagte mein Vater. »Noch nie hat er was angestellt.« Das Christkind hatte mir einen kleinen Werkzeugkasten gebracht. Als die Erwachsenen nach der Bescherung in Gespräche vertieft waren, schnappte ich mir den Hammer aus der Werkzeugkiste, lief in den Garten und schlug die Scheiben sämtlicher Kellerfenster ein – die einzigen, die für mich erreichbar waren. Ich war gerade dabei, mich mit Hilfe einiger Holzscheite ins Erdgeschoss vorzuarbeiten, als mein Vater mich entdeckte.

Die Tracht Prügel steckte ich weg, ohne mit der Wimper zu zucken. Hauptsache, ich hatte bewiesen, dass ich kein braver Burschi mehr war.

Natürlich war es mir als Kind nicht bewusst, dass ich Kraft tanke, wenn ich mich in der Natur aufhalte. Doch mein Unterbewusstsein fokussierte es. Im Laufe des Lebens – ja mit jedem Tag, den ein Mensch älter wird – droht die Gefahr, dass diese positiven Verankerungen im Unterbewusstsein verblassen: durch Erziehung, durch aufgezwungene Meinungen von anderen, kurzum durch die Gesellschaft, in der wir leben. Negative Gedanken sind die größte Gefahr, da sie Energie abziehen, Speicherkapazität besetzen und somit keine positiven Gedanken mehr zulassen. Aber negative Gedanken sind es, die in unserer Welt den größten Marktwert haben. Für positive Nachrichten, Erfolge interessiert sich niemand. Wir wollen Katastrophen! Je schlimmer, desto besser! Die bestätigen uns darin, das eigene Leben lieber nicht aktiv in die Hand zu nehmen, ja nie ein Risiko einzugehen, sondern schön brav vor sich hinzutrotten und sich von anderen gehirnsteuern zu lassen und bloß nicht glücklich zu sein – sondern sich im negativen Gedankenmüll zu suhlen. Doch die Kraft des Unterbewusstseins ist da von Beginn des Lebens an. Man braucht sie sich nur zu nehmen.

Gerade die frühe Kindheit bietet die große Chance, diese Kraft zu fördern – besonders in der Natur. Nun ist es aber nicht so, dass Kinder, die in einer Großstadt heranwachsen, diese Kraft nicht stärken können. Kinder stehen schon dadurch in der Gnade, dass sie noch nicht verdorben sind von negativen Vorstellungen. Die kindliche Fantasie lässt aus grauen Großstadtwohnblocks bunte Blumen wachsen. Kinder brauchen nur eines: Liebe. Die bringt ihre göttliche Fantasie zum Erblühen, egal, wo sie leben.

Der Mensch ist ein Teil der Natur–, er ist Natur, sie zu zerstören bedeutet auch: sich selbst zu zerstören. Es gibt kaum einen größeren Schwachsinn als jenen, zu glauben, man könne sich die Natur untertan machen. Ja, es ist paradox. Wenn wir doch selbst Natur sind, können wir sie aber positiv nutzen. Aber jeder negative Impuls, den wir der Natur entgegensetzen, schlägt zurück. Mit tausendfacher Kraft gegen uns selbst. Die Natur zu schützen, ihre Einzigartigkeit zu ehren und immer wieder das Wunder, das Göttliche in ihr zu sehen – nämlich das Wunder des Lebens überhaupt –, das ist es, worin wir unsere Kinder unterstützen sollten. Wir brauchen es ihnen gar nicht mit auf den Weg zu geben – denn es ist in ihnen. Alles, was wir tun können, ist, Kindern die Möglichkeit zu geben, ihr kreatives Potenzial weiterzuentwickeln. Oftmals können erwachsene Menschen von Kindern lernen, die universelle Kraft der Natur positiv für sich zu nutzen. Diese Kraft ist es auch, die Menschen den Mut gibt, gegen den Strom zu schwimmen. Nein zu sagen. Nicht mit der Herde mitzutrotten, sondern den eigenen Weg zu suchen. Unbeirrbar und unbeeinflussbar. Geleitet von der größten Weisheit, die dem Menschen innewohnt: der schöpferischen Kraft des Unterbewusstseins.

Ich selbst habe erst viele Jahre später begriffen, welchen großen Schatz ich durch meine ersten Jahre in der Natur anreichern konnte. Wie heißt der Schatz, den Sie sich als Kind eroberten? Versuchen Sie sich daran zu erinnern, was Sie als Kind glücklich machte. War es ein Haustier, ein Teddybär oder war es das Spielen mit Regenwürmern? Waren Sie glücklich, wenn Sie mit Gummistiefeln in Regenpfützen sprangen? Oder war es das Spiel mit Murmeln, Matchbox-Autos, Kieselsteinen? Haben Sie gerne mit den Teppichfransen im elterlichen Wohnzimmer gespielt oder sich im Kreis gedreht, bis Ihnen schwindlig wurde?

Egal, was es war: Lassen Sie dieses Bild in sich aufsteigen. Geben Sie ihm Raum. Fühlen Sie, was Sie als Kind fühlten. Beschwören Sie das große, goldene Kinderglück in sich herauf. Merken Sie, dass Sie plötzlich ganz ruhig werden? Dass eine große, positive Kraft Sie durchströmt? Sollten irgendwelche negativen Erinnerungen auftauchen, drängen Sie sie zurück. Schenken Sie ihnen keine Aufmerksamkeit. An einer anderen Stelle in diesem Buch können Sie noch ausgiebig darüber lesen. Jetzt geht es lediglich darum, dass Sie Kontakt aufnehmen zu der Kinderkraft, die heute noch in Ihnen ruht. Einer positiven, unverfälschten Mental-Kraft, die Sie immer noch anzapfen können. Sie können heute noch: Kind sein. Menschen, die sich diese Fähigkeit bewahrt haben, leben glücklicher. Sie leben aus der Fülle des kindlichen Potentials heraus. Für Kinder gibt es kein: Das geht nicht. Für Kinder ist alles möglich. Zumindestens in ihrer Fantasie. Kinder denken in schönen, lebendigen, bunten Bildern. Darin liegt eines der Geheimnisse für ein glückliches Leben. Wenn wir heute noch an den Nikolaus glaubten, verliefe unser Leben doch glücklicher? Und so wie wir an das Christkind und den Nikolaus glauben könnten, so können wir auch daran glauben, glücklich, reich und gesund zu sein. Mit der puren Vorstellungskraft eines Kindes, die eng verbunden mit dem Unterbewusstsein dort programmiert wird. Jede Programmierung ist irgendwann Realität.

Wenn wir die Bilder heraufbeschwören, in denen wir als Kinder lebten, reinigen wir uns damit. Ein einziges dieser Bilder hat mehr Kraft als Dutzende negativer Gedanken. Wenn wir heute noch alle ans Christkind glauben würden, sähe die Welt anders aus. Sollten Sie das lächerlich finden, haben Sie nicht verstanden, worum es geht. Es geht um die Kraft, die aus dem positiven Bild-Denken kommt. Das Christkind oder der Nikolaus, der mit seinem Rentierschlitten durch die verschneite hügelige Landschaft zieht, die

Glöckchen, die so hell bimmeln, der heiße Atem der Tiere, der in kleinen Wölkchen durch die Luft schwebt –, und immer mal wieder ein paar bunt verpackte Geschenke mit zu Blumen gedrehten Schleifen, die vom Schlitten fallen – ein Bild des Friedens, der Freude, des Glücks. Wenn Sie mit der Stimmung dieses Bildes ein schwieriges Gespräch führen, einen Konflikt lösen oder irgendetwas erreichen wollen, werden Sie mehr Erfolg haben, als wenn Sie sich beispielsweise denken: Sicher klappt es nicht, sicher versteht er mich nicht, sicher hat das alles keinen Sinn.

Wer sich nichts bildlich vorstellen kann, ist auch nicht in der Lage, sich selbst als glücklichen, reichen und gesunden Menschen zu sehen. Das Visualisieren der Zielbilder ist die Voraussetzung zur Erfüllung eines jeden Wunsches. Bevor Sie beginnen, jene Wünsche zu visualisieren und in Ihrem Unterbewusstsein zu verankern, die Sie jetzt beschäftigten, ist es erforderlich, dass Sie sich reinigen. Es gibt keine bessere Reinigung als die durch die bildliche kindliche Vorstellungswelt. Je intensiver Sie das Denken in Bildern als Kind ausgeführt haben, desto leichter wird Ihnen das auch wieder als erwachsener Mensch fallen – ansonsten müssen Sie ein bisschen mehr üben. Aber möglich ist es jedem Menschen, der will. Denn jeder Mensch, der will, trägt die positive Kraft seines Unterbewusstseins in sich.

Sie sind der Magier Ihres jetzt begonnenen neuen Lebens! »Zauberkräfte«, die in Ihnen ruhen und die Sie sich zu Eigen machen können. Entdecken Sie das Kind in sich:

- Kinder sind begeisterungsfähig. Begeisterte Menschen haben doppelt so viel Kraft. Was begeisterungsfähige Menschen anpacken, klappt immer. Weil sie andere mitreißen. Weil der Funke überspringt und einen Flächenbrand entfacht. Weil Sie eine unglaubliche Schubkraft haben.

- Kinder sind ungezwungen und frei und deshalb risikofreudig. Risikofreudige Menschen überlegen nicht lange, welche Hindernisse ihnen im Weg stehen. Sie handeln und vertrauen sich und ihrem Schutzengel. Wer handelt, ist in Bewegung. Bewegung bewegt etwas. Wer sich nicht bewegt, der verändert auch nichts.
- Kinder haben Kondition. Kinder geben nicht gleich auf, wenn etwas nicht klappt. Sie versuchen es immer wieder, probieren verschiedenste Lösungsansätze aus. Menschen, die erfolgreich sind, haben meistens auch nicht auf Anhieb gewonnen. Sie probierten es immer wieder. Jedes Mal von einer neuen Position aus – bis sie den Erfolg hatten, den sie sich bildlich und verbal bis zur Erreichung ihres Ziels vorstellten.

Um die Kraft Ihrer kindlichen Energie anzuzapfen, müssen Sie sich zuerst reinigen von dem Ballast der negativen Vorstellungen:

*Sie sind an einem wunderbaren magischen Ort inmitten der Berge. Visualisieren Sie einen Ort, der Ihnen gefällt. Es kann eine Fantasielandschaft sein oder eine Landschaft, die Sie kennen. Es kann ein tropischer Ort sein oder eine Dünenlandschaft. Wichtig ist, dass Sie sich wohl fühlen an dem Ort, an den Sie sich von Ihrem geistigen Auge führen lassen. Es ist wohlig warm. Sie sind völlig entspannt. Alles ist gut an diesem Ort und unberührt. Vor Ihnen liegt eine weiße Natursteintreppe, die Sie jetzt Schritt für Schritt nach unten steigen. Sie merken, dass Sie nicht so leicht und rein sind, wie die Natur, die Sie umgibt. Denn Sie tragen die schwere Last Ihrer Sorgen. Der Sorgen Ihres ganzen gesammelten Lebens. Steigen Sie die Treppe hinab. Langsam. Am Ende der Treppe brennt ein großes loderndes Feuer. Steigen Sie die Treppe weiter hinab bis zu einem Vorsprung, von dem aus Sie das*

*Feuer in seiner gewaltigen Kraft gut sehen können. Gelbe, rote, lila Flammen züngeln hoch empor. Es ist heiß. Sie spüren die Hitze des Feuers in Ihrem Gesicht glühen. Atmen Sie einige Male ruhig durch die Nase ein und den Mund wieder aus. Lassen Sie Ihren Atem immer ruhiger werden. Und dann werfen Sie bei jedem Ausatmen Ihre Sorgen, die kleinen und die großen, den ganzen Ballast Ihres Lebens in dieses reinigende Feuer. Funken stieben. Es zischt. Glut surrt hoch in die Luft, an Ihnen vorbei. Sie werden leichter. Mit jedem Mal Atmen und Sorgen-ins-Feuer-Werfen werden Sie leichter und ruhiger und entspannter. Sie übergeben dem Feuer Ihre gesamte schwere Vergangenheit. Sie verbrennt im Feuer. Das Feuer brennt Sie rein. Bleiben Sie so lange stehen, bis Sie spüren: Jetzt bin ich rein und leicht. Jetzt bin ich frei. Dann wenden Sie sich ab und steigen die Treppe nach oben. Drehen Sie sich nicht um. Die schöpferische Kraft des Kindes ist nun wieder in Ihnen. In ihrer reinsten Form. Verbunden mit der schöpferischen Kraft Ihres Unterbewusstseins.*

Je nachdem, wie viel Ballast Sie in das Feuer der Reinigung zu werfen haben, sollten Sie diese Fantasiereise zu Ihrem magischen Ort häufiger unternehmen. Jedes Mal werden Sie sich danach ein Stückchen leichter und freier fühlen.

## Entdecken Sie die Kraft des Unterbewusstseins

Wo befindet sich nun aber genau der Ort, an dem die Götter die mächtigste Kraft des Universums versteckten? Im Menschen selbst ist noch lange keine genaue Ortsbestimmung. Vielleicht möchten Sie nun endlich Kontakt zu Ihrem Unterbewusstsein aufnehmen, wissen aber nicht, wie Sie das tun sollen. Schließlich können Sie Ihr Unterbewusstsein nicht sehen. Genauso wenig, wie Sie beispielsweise Ihre Seele sehen können. Vielleicht entdecken irgendwelche Wissenschaftler irgendwann einmal das Unterbewusstsein – so wie es durch modernste Geräte auch erst in den letzten Jahrzehnten möglich geworden ist, das Innere des menschlichen Körpers hundertstelmillimetergenau zu erforschen. Ich persönlich mache keinen Unterschied zwischen Unterbewusstsein und Seele. Dieser Unterschied wird allerdings von der Wissenschaft, genauer der Psychologie und der Theologie, gemacht. Da das Wissen, das ich vermitteln möchte, jedem Menschen zugänglich sein soll – egal, welcher Religion er angehört, ziehe ich es vor, bei dem Begriff Unterbewusstsein zu bleiben. Leider kann ich Ihnen keine Antwort darauf geben, wo Ihr Unterbewusstsein millimetergenau sitzt. Aber ich kann Ihnen sagen, wie Sie mit Ihrem Unterbewusstsein kommunizieren können: mit Gedanken, Bildern und Suggestionen.

Jeder Gedanke, den Sie denken, jedes Bild, das Sie vor Ihrem geistigen Auge sehen, wird irgendwann auf Ihrer Festplatte Unterbewusstsein abgespeichert. Und je nachdem, ob es sich um einen positiven Gedanken, ein positives Bild oder einen negativen Gedanken, ein negatives Bild handelt, so prägen Sie sich auch: positiv oder negativ. Das heißt: Es liegt in Ihrer Macht mit der Kraft Ihrer Gedanken, ob Sie ein glückliches, reiches, gesundes Leben führen – oder das Gegenteil. Kraft Ihrer Gedanken liegt es in Ihrer Macht, ob Sie über Selbstvertrauen, Begeisterungsfähigkeit, Stärke, Freude verfügen – oder eben von Minderwertigkeitsgefühlen und Sorgen gebeutelt vor sich hin leben.

Selbst wenn Sie bisher viele negative Eindrücke auf Ihrer Festplatte Unterbewusstsein abspeicherten – das ist überhaupt kein Grund zur Resignation! Ihre Festplatte Unterbewusstsein verfügt über eine unerschöpfliche Speicherkapazität! Sie können sofort damit beginnen, Ihrer negativen Prägung den Garaus zu machen, indem Sie kräftig Positives darüberspeichern. Jeder Tag, jede Stunde kann der Beginn Ihres neuen Lebens sein: Wenn Sie es wollen!

## Böses Erwachen

Mein Vater war gelernter Schriftsetzer und arbeitete in der Druckerei meines Großvaters bei München. Zur Zeit meiner Geburt hatten sich mein Großvater und Vater einigermaßen von den persönlichen (beide waren Soldaten) und finanziellen Wirren des Zweiten Weltkrieges erholt. Der rüde Umgangston beim Millitär hatte beide geprägt. In den ersten Jahren meines Lebens lernte ich meinen Vater noch nicht als das kennen, als was er sich schließlich herausstellen sollte: ein patriarchalischer, cholerischer Mensch. Sein Vater stand ihm in nichts nach. Das verspürte die Belegschaft der Druckerei auf das Schmerzlichste. In der Druckerei wurde auch die Schleißheimer Zeitung gedruckt. Sie erlangte eines Tages deutschlandweit Berühmtheit, als nämlich das »l« in ihrem Titel plötzlich verschwunden war und groß und in fetten Lettern »Scheißheimer Zeitung« auf der Titelseite prangte. Dies war wohl ein Vergeltungsversuch der arg malträtierten Belegschaft und zeigt wieder einmal: Wie man in den Wald hineinruft, so schallt es zurück.

Bis zu meinem sechsten Lebensjahr fuhr mein Vater täglich in einen Vorort von München zur Arbeit. Dann aber zog unsere ganze Familie in das Haus, in dem die Druckerei im Erdgeschoss untergebracht war. Mit einem Schlag war meine wunderbare Kindheit vorbei. Ich verlor mein Paradies. Verlor mein Kraftreservoir Natur: verlor meinen Karpfenteich, die Eichhörnchen, mein Baumhaus – alles. Ich fühlte mich wie herausgerissen aus dem behüteten Schoß einer gütigen Mutter. Meine kleine große Welt war zusammengebrochen. Im Mittelpunkt stand nun plötzlich »das Geschäft«. Mein Vater trug alle Sorgen, die ihm die Druckerei bereitete, in unser

Familienleben. Der liebevolle Vater, den ich in Steinebach kennen gelernt hatte, verwandelte sich in einen strengen und unerbittlichen Geschäftsmann, vor dem ich mich zu fürchten begann. Mein Vater war nicht mehr mein Freund, sondern mein Kontrahent. Doch was sollte ein kleiner Junge schon ausrichten! Ich ging meinem Vater aus dem Weg. Dennoch begegnete ich ihm viel öfter als in Steinebach, wo er ja tagsüber weit weg war. Nun, wo wir im Haus der Druckerei wohnten, war dies nicht mehr möglich. Ich war ein kleiner Junge von sechs Jahren und ich war verzweifelt, weil mir alles genommen worden war, woran mein Herz hing. Doch instinktiv tat ich das Richtige. Ich visualisierte die heile Welt in Steinebach. Das gab mir die Kraft und das Durchhaltevermögen, mein Leben in der Großstadt zu meistern. Einen Tagträumer nannte meine Mutter mich. Sie ahnte ja nicht, dass meine Träume das Einzige waren, was mir geblieben war von meinem Paradies. Mein heiß ersehntes Glück waren die Wochenenden, an denen ich zur Oma nach Steinebach durfte. Doch sie waren nicht mehr so ungetrübt wie früher, denn ich wusste ja: Ich musste wieder zurück.

Kurz nach der ersten Katastrophe traf die zweite ein: Ich wurde eingeschult. Ich hasste die Schule vom ersten Tag an. Ich war es gewöhnt, ein freies Leben draußen in der Natur zu führen, und nun sollte ich Tag für Tag stundenlang ohne Bewegung auf einer harten Bank sitzen und Dinge lernen, die mich überhaupt nicht interessierten. Ich wollte zu meinen Fröschen, in unseren Garten – ich wollte: heim. Dies alles war der Beginn der negativen Prägung meines Lebens. Die Welt, die ich so wunderbar erfahren hatte in den ersten Jahren, wurde plötzlich feindlich und barg mich nicht mehr, sondern beutelte mich. Heute weiß ich, dass ich dennoch großes Glück hatte. Denn die ersten Bilder, die ich auf meine Festplatte Unterbewusstsein speicherte, waren positive Bilder. Ein unermesslicher Schatz als Basis. Aber auf diese Basis wurde nun ein wahres Bombardement an Negativem abgeschossen, und ich weiß nicht, was mit mir geschehen wäre, wenn ich nicht den lichten Grundstock meiner ersten Lebensjahre gehabt hätte.

Trotzdem gab es auch schöne Erlebnisse. Schon am ersten Schultag hatte ich einen Namensvetter kennen gelernt, Richard, einen Nachbarsjungen, der, genauso alt wie ich, aber doppelt so groß war. Man nannte uns Pat und Patachon. Ohne Zweifel boten wir einen erheiternden Anblick, wenn wir nebeneinander gingen. Richard kannte sich im Viertel gut aus und erklärte mir meine neue Heimat, machte mich vertraut mit Spielplätzen, Verstecken, der so genannten Drachenwiese, wo im Herbst bunte Drachen stiegen – und so half er mir, das Heimweh nach meinem schönen Steinebach zu lindern. Dennoch hatte ich immer noch Probleme, mich in meinem neuen Leben zurechtzufinden, was sich auch darin äußerte, dass ich begann, Nägel zu kauen. Meine schulischen Leistungen waren schlecht. Es fiel mir schwer, mich zu konzentrieren. Ich sah immer noch nicht ein, dass das, was die Lehrerin da vorne an der Tafel predigte, irgendwas mit mir zu tun haben sollte. Meine innere Verzweiflung war sicherlich der Motor für mein dann aufkommendes Rebellentum. Ein braver Burschi war ich schon lange nicht mehr. Aber nun begann ganz allmählich meine Karriere als Lausbub, die später in einigen sehr riskanten Unternehmungen gipfeln sollte. Vorerst beschränkten sich meine Streiche auf ein Kartoffelfeuer auf der Drachenwiese, das vom Wind zu einer nahe gelegenen Holzhandlung getrieben wurde. Die Feuerwehr verhinderte das Schlimmste in letzter Sekunde. Mein Glück blieb mir weiterhin treu. Auch, als ich beim Indianerspielen von einem selbst gebastelten Speer getroffen wurde. Zusammen mit Richard und Detlev, einem weiteren Freund, warfen wir mit gespitzten Holzlatten. Die zirka zwei Meter langen Latten flogen mit ungeheurer Schubkraft. Detlevs Pfeil flog direkt auf mich zu. Wäre ich nicht geistesgegenwärtig in die Luft gesprungen, hätte der Pfeil mich in Höhe des Bauchnabels durchbohrt. So war es »nur« mein Knöchel. Aber Indianer kennen keinen Schmerz! Mit zusammengebissenen Zähnen brach ich den Pfeil ab und humpelte nach Hause. Ängstlich, denn derzeit kannte ich nur eine Angst und die galt meinem Vater, schlich ich mich ins Haus. Wenn der Papa mich sieht, dachte ich, ist eine Tracht Prügel fällig. Meine Mutter wurde kreidebleich, als sie mich erblickte. Mit zitternden Händen versuchte sie, den Pfeil aus meinem Knöchel zu ziehen. Keine Chance. Da holte sie meinen Vater. Der schimpfte nicht, sondern wurde selbst blass – und brachte mich sofort in die Klinik, in der ich zwei Wochen bleiben musste. »Der Bub hat einen guten Schutzengel«, sagten die Ärzte, »ein Millimeter weiter und die Achillessehne wäre durchtrennt gewesen.«

Nach und nach gewöhnte ich mich an das Leben in der Großstadt – wenn ich mich dort auch nie so heimisch fühlte wie in der Natur. Weil ich mich in meinem neuen Leben zurechtfand, suchte ich auch neue Herausforderungen. Ich brauchte Richard nicht mehr, um mir zu zeigen, wo es im Viertel »langgeht«. Ich wusste es selbst. Deshalb war aber unsere Freundschaft nicht beendet. Sie änderte nur ihre Gewichtung. Durch unser fast tägliches Box- und Karatetraining auf der Drachenwiese wurde ich selbst stetig stärker. Wendig und flink war ich schon immer gewesen. Der Tag, an dem mein Freund Richard mir beim Boxen das erste Mal unterlegen war, wurde zum Wendepunkt unserer Freundschaft. Ab sofort sagte ich, wo es langging. Das hatte ich zwar zuvor auch schon getan, doch der gewonnene Boxkampf besiegelte meine neue Position.

## Suchen Sie sich den richtigen Umgang

Sage mir, mit wem du gehst und ich sage dir, wer du bist, lautet ein altes Sprichwort. Haben Sie schon einmal darüber nachgedacht, ob und wie die Menschen, mit denen Sie Umgang pflegen, Sie und Ihren Erfolg beeinflussen? Wenn Sie im Leben weiterkommen möchten, sollten Sie Ihr soziales Umfeld dem anpassen, was im Moment in Ihre Lebensplanung passt. Das klingt hart? Im Grunde tun Sie nichts anderes, seit Sie ein Kind sind!

Jedes Kind lernt durch Imitation. Sprechen, laufen – alles wird dadurch gelernt, dass Kinder Erwachsene nachahmen. Schritt für Schritt erwerben Kinder die Fähigkeiten, über die Erwachsene bereits verfügen. Das ist der Beginn des Lernens – und wir lernen bis an unser Lebensende. Deshalb sollten wir ein besonderes Augenmerk auf die Wahl der für uns richtigen und passenden Lehrer legen. Wir sollten uns Menschen suchen, die das bereits verwirklicht haben, was wir erreichen möchten. Diese Menschen verfügen über das nötige Wissen, wie das zu bewerkstelligen ist.

Um solche Menschen zu finden, brauchen Sie eigentlich gar nicht viel tun. Es ist lediglich erforderlich, Ihr Unterbewusstsein positiv zu programmieren. Diese positive Programmierung wird Sie dann ganz selbstverständlich zu jenen Menschen führen, die gut für Sie sind. Leider stören wir selbst diesen natürlichen Fluss durch unsere negativen Gedanken. Wir häufen unentwegt Hindernisse in Form von Gedankenmüll an und stören unser Unterbewusstsein an der Entfaltung seiner positiven Kräfte. Wenn wir dies einmal erkannt haben und dann der Führung unseres positiv geprägten Unterbewusstseins vertrauen, werden wir ganz automatisch zu den Menschen geführt, die unser Coach sein können.

Mein Kinderfreund Richard war mein Coach in der ersten Zeit nach dem Umzug. Mein durch die ersten Lebensjahre positiv programmiertes Unterbewusstsein hat diesen Jungen ausgesucht, weil er gut für mich war. Er zeigte mir, worauf es in meiner veränderten Umgebung ankam. Er war stärker als ich – weil er im Gegensatz zu mir mit der Umgebung vertraut war.

Wenn Sie Schutz suchen, suchen Sie ihn immer bei Menschen, die Sie für stärker halten als sich selbst. Aber was tun Sie, wenn es um Ihre beruflichen und privaten Ziele geht? Suchen Sie sich dann auch immer diejenigen Menschen, die den Schritt schon getan haben, den Sie gerade im Begriff sind zu tun? Oder verbringen Sie Ihre Zeit mit Menschen, denen Sie die Ohren voll jammern können, warum es bei Ihnen einfach nicht klappts und die Ihnen die Ohren voll jammern, warum es bei ihnen nicht klappt? Stellen Sie sich doch bitte einmal vor, wie viele negative Granaten Sie auf Ihr Unterbewusstsein abschießen, wenn Sie denken: Bei mir klappt nichts!, und es sich auch noch dauernd sagen! Ihr Unterbewusstsein kann ja gar nicht anders, als alle Ihre Unternehmungen zu blockieren, denn Sie haben es ihm eventuell jahrelang vorsuggeriert. Also brauchen Sie sich nicht zu wundern, wenn die Dinge nicht so laufen, wie Sie es angeblich möchten.

Ich sage absichtlich angeblich. Denn wenn Sie wirklich voll und ganz hinter einem Wunsch stehen, finden Sie Mittel und Wege, ihn zu verwirklichen. Sie werden darüber im Verlauf dieses Buches noch genug erfahren. Jetzt geht es darum, herauszufinden, ob Sie wirklich glücklich, erfolgreich und gesund sein wollen. Sollten Sie Ihr Unterbewusstsein jahrelang negativ geprägt haben, wissen Sie vielleicht gar nicht, wie das geht, ein glückliches und erfolgreiches Leben zu führen. Sie fühlen sich vielleicht in Ihrem Unglück wohl. Schlichtweg, weil Sie sich daran gewöhnt haben. Und das Jammern erscheint Ihnen wie ein lauwarmes Bad. Lauwarm ist nicht heiß! Lauwarm ist nicht kalt! Leben aber bedeutet: heiß und kalt.

Also landen wir wieder ganz automatisch bei Ihnen. Bei Ihrem Unterbewusstsein, in dem der Schlüssel zu Ihrem ganzen Leben liegt. Jeden Tag haben Sie Hunderte von Malen die Wahl. Zum Beispiel: Sie haben seit einiger Zeit Eheprobleme und möchten sich gerne einem nahe stehenden Menschen anvertrauen. Entweder Sie besuchen einen Freund, der bereits drei Scheidungen hinter sich hat und der wahrscheinlich auch noch den letzten Rest der Basis Ihrer Ehe zu zerstören versucht – ganz einfach, weil er selbst nach dieser Programmierung lebt und sonst zugeben müsste, dass er sich getäuscht hat. Oder Sie besuchen eine Freundin, die seit zwanzig Jahren eine glückliche Ehe führt. Natürlich kennt jede glückliche Ehe auch Krisenzeiten. Doch die Freundin hat Strategien entwickelt, aus diesen Tiefen herauszufinden und mit ihrem Partner gemeinsam neue Höhen erklommen. Diese Freundin wird dort anknüpfen, wo das Gute, das Bleibende in Ihrer Ehe lagert. Das wird Sie stärken. Denn die Freundin wird positive Speicherplätze in Ihrem Unterbewusstsein ansprechen und aktivieren.

Dadurch werden Sie voll bejahender Kraft auf Ihren Partner zugehen können – und der spürt, dass sich etwas verändert hat. Er spürt Ihre positive Kraft und die aktiviert seine eigene positive Kraft. Zweimal positive Kraft ergibt eine rundum glückliche Ehe. Mancher Ehekonflikt ist nicht über Nacht gelöst – aber wenn das Ja des Beginns immer wieder erneuert wird, besteht kein Grund, auseinander zu gehen.

Vergessen Sie niemals: Die Menschen, mit denen Sie sich umgeben, zeigen, wer Sie selbst sind. Die Menschen, mit denen Sie sich umgeben, sind ein Spiegel des Zustands Ihres Unterbewusstseins. Ist es hell, bejahend und positiv? Oder ist es mit Gedankenmüll voll gestopft? Gleiches zieht Gleiches an! Ihr Unterbewusstsein ist wie ein Magnet. Magneten können das Zwölffache ihres eigenen Gewichtes anziehen. Ihr Leben liegt in Ihrer Hand. Darin, wie Sie Ihre Festplatte Unterbewusstsein programmieren. Also: Worauf warten Sie noch?

## Nutzen Sie die positiven Gedanken anderer Menschen als Ihr Saatgut

Überprüfen Sie kritisch, welche Menschen sich in Ihrem Umfeld befinden. Handelt es sich um Menschen, die Ihrem Fortkommen dienlich sind? Oder handelt es sich um Menschen, die Sie blockieren und aufhalten?

Vergessen Sie dabei niemals: Nicht die anderen Menschen sind es, die Sie blockieren. Sie selbst sind es, weil ein negativ geprägtes Unterbewusstsein sich mit Menschen – beziehungsweise deren Unterbewusstsein – »verbrüdert«, die dieser negativen Prägung entsprechen.

Um Ihr Unterbewusstsein positiv zu prägen und in Ihrer Persönlichkeits- und Erfolgsentwicklung voranzukommen, sollten Sie Folgendes beherzigen:

Verbringen Sie Ihre Zeit mit Menschen, die besser sind als Sie.

Suchen Sie sich Menschen, die das erreicht haben, was Sie erreichen wollen. Das, was diese Menschen erreicht haben, wird positiv auf Sie abstrahlen – egal, ob es sich um finanziellen Erfolg, Bildung, Kultur oder schlichtweg gereifte Persönlichkeitsentfaltung handelt.

Suchen Sie sich einen Coach.

Suchen Sie sich einen neuen Coach, wenn Sie Ihren bisherigen Coach eingeholt oder überflügelt haben.

Meiden Sie Menschen, die sich selbst bejammern und bemitleiden.

Meiden Sie Menschen, die Ihnen Ziele ausreden möchten.

Meiden Sie Menschen, die an allem immer etwas Negatives finden.

Meiden Sie Menschen, die unentwegt die Schuld bei anderen suchen.

Meiden Sie Menschen, die nicht bereit sind, Fesseln zu sprengen, sondern sich ihnen ergeben.

Um voranzukommen, müssen Sie lernen. Von Versagern kann man nichts lernen. Lernen können Sie nur von erfolgreichen Menschen. Deshalb sollten Sie unbedingt die Nähe von erfolgreichen Menschen suchen. Laden Sie erfolgreiche Menschen zum Essen ein!

Umgeben Sie sich mit ihnen. So können Sie ihre Gedanken ernten und in sich selbst einpflanzen. Das ist wertvolles Saatgut für Ihren eigenen Erfolg!

Meiden Sie vor allem Menschen, die niemals die Verantwortung für ihr eigenes Tun und Handeln übernehmen, sondern immer Schuldige suchen à la: Der Kunde ist schuld, meine Frau ist schuld, der Chef ist schuld. Diese Menschen haben für sich entschieden, ihr Leben in der lauwarmen Badewanne des Phlegmas zuzubringen. Sie aber wissen: Das Leben hat mehr zu bieten!

Das Leben ist ein Geben und Nehmen. Also seien Sie auch selbst Coach für Menschen, die dabei sind, jene Erfolgsschritte zu tun, die Sie selbst bereits getan haben. Wenn Sie merken, dass Sie als Coach für einen Menschen ausgedient haben, lassen Sie ihn in Frieden und mit Ihren guten Wünschen versehen ziehen.

Bestimmen Sie Ihren eigenen Standort im Kreise der Menschen, mit denen Sie Ihre Zeit verbringen:

*Gehen Sie an einen ruhigen Ort – am besten in die Natur – und stellen Sie sich folgende Fragen:*

*Mit welchen Menschen will ich in der Zukunft zusammen sein?*
*Im Privatleben?*
*Im Berufsleben?*
*Im Rentenalter?*

*Visualisieren Sie sich mit diesen Menschen in erfolgreichen und harmonischen Situationen. Sehen Sie sich beispielsweise mit dem Partner, mit dem Sie Ihr Leben verbringen wollen, Hand in Hand im Wellenspiel des Meeres gehen – hinein in einen farbenprächtigen Sonnenuntergang.*
*Sehen Sie sich beispielsweise mit Ihrem Vorgesetzten in entspannter Stimmung in einem Restaurant sitzen. Sehen Sie sich in einer Konferenz, in der Ihr Vorgesetzter Ihnen anerkennend zunickt.*

Setzen Sie oben stehende Beispiele auf Ihre persönliche Lebenssituation zugeschnitten fort. Sie schreiben das Drehbuch Ihres Lebens!

Sollten Ihnen keine Menschen eingefallen sein, die Sie in Zukunft um sich wissen wollen, vertrauen Sie auf die positive Kraft Ihres Unterbewusstseins, das Sie zur rechten Zeit zu den rechten Menschen führen wird.

# Die Züchtigung

In meinem zweiten Schuljahr beschlossen meine Eltern, mich in ein klösterliches Internat zu stecken. Nachdem sie gründliche Erkundigungen eingeholt hatten, wählten sie ein Institut, das bei Schulkindern den schrecklichsten Ruf hatte.

Selbst wenn ich heute weiß, dass meine Eltern es gut mit mir meinten und davon überzeugt waren, die strenge Zucht und Ordnung der Patres würde meine schulischen Leistungen verbessern – damals verstand ich das nicht. Ich verstand auch nicht, dass meine Eltern wegen der vielen Arbeit in der Druckerei wenig Zeit für mich hatten. Ich sah, dass meine beiden Geschwister daheim bleiben durften. Ich sah, dass ich schon wieder herausgerissen wurde aus einer Umgebung, die mir eben erst vertraut geworden war. Schon wieder standen mir schmerzliche Trennungen bevor. Mein über alles geliebtes Steinebach rückte in noch weitere Ferne – und meinen eben erst gewonnenen Freund Richard würde ich nur in den Ferien sehen.

Mein Vater brachte mich in das Klosterinternat. Als ich das von einer hohen Mauer umschlossene, einschüchternd festungsartige Gebäude vor mir sah, in dessen Garten einige Patres flanierten, musste ich mich übergeben. Um keinen Preis wollte ich das Auto verlassen. Ich wollte heim! Doch ich hatte keine Chance. Ich war ein kleiner Bub und dessen Gefühle und Wille zählten nicht.

Leider musste ich schnell erkennen, dass der Ruf, der dem Internat vorauseilte, harmlos war gegen die Wirklichkeit. Ich war in einem Straflager gelandet. Wenn ich mir heute den Schlafsaal ins Gedächtnis rufe, wo rund fünfzig kleine, blauweiß überzogene Betten standen, die wie die Zwergenbetten aus dem Märchen »Schneewittchen« anmuteten, finde ich, dass es dort doch ganz nett aussah. Bei diesem Anblick hätte ich meine Söhne auch in dieses Internat geschickt, wenn ich dies überhaupt in Erwägung gezogen hätte. Doch ich war gegen meinen Willen dort. Und ich fühlte mich abgeschoben. Ausgestoßen. Hinter Schloss und Riegel.

Um fünf Uhr morgens wurden wir von einem schrillen Pfiff geweckt. Zwei Patres, Trillerpfeifen in der Hand, überwachten das zackige Aufstehen und Antreten zum Waschen. An der Stirnseite des Schlafsaales waren ein Dutzend Waschbecken angebracht. Sie waren so niedrig, dass wir Zweitklässler sie bequem erreichen konnten. Nachdem wir uns gewaschen und angekleidet hatten, reinigten wir die Waschbecken und gingen in die Kirche. Trödeln oder aus der Reihe tanzen wurden mit Hieben bestraft. Entweder mit einem Stock oder mit bloßen Händen. Seltsam, dass mir die Hände des Patres in der Erinnerung riesengroß erscheinen. Nach dem Kirchgang gab es Frühstück, das karg aber gut war. Insgesamt waren wir wohl hundert Buben im Speisesaal. Bei den Mahlzeiten galt Redeverbot.

Hundert Buben zum Schweigen zu bringen – das ist eigentlich nicht möglich – außer: Es herrscht Angst und Schrecken. Genau das war die Stimmung, das war der Wind, der in diesem Internat wehte. Nach dem Frühstück begann der Unterricht, der teils von geistlichen, teils von weltlichen Lehrern gehalten wurde. Prügel gehörten zum Schulalltag. Während des Unterrichts wurden sie in Form von Tatzen ausgeteilt: Sehr schmerzhafte Schläge mittels eines Stocks – so genanntes spanisches Röhrchen oder Haselnussweide – auf die Hände. Es macht mich heute noch fassungslos, wenn ich daran denke, dass die weltlichen Lehrer den Patres sogar

Haselnussweiden mitbrachten. Der brutalste Züchtiger war auch ein weltlicher Lehrer. Er unterrichtete das Fach Deutsch – damals meine schwächste Disziplin. Pro Fehler im Diktat gab es eine Tatze. Niemals werde ich das Diktat vergessen, in dem ich 24 Fehler hatte. Meine Hände waren tagelang geschwollen, denn als die Haut an der rechten Hand schon fast aufgeplatzt war, drosch der Lehrer auf die linke ein. Tagelang konnte ich den Füller nur mit Schmerzen halten. Doch ich musste ihn halten. Sonst hätte ich die nächste Züchtigung über mich ergehen lassen müssen.

Das alles geschah unter dem Deckmantel Gerechtigkeit. Man bekam schließlich nur eine Strafe, wenn man sie verdient hatte. Heute noch dreht sich mir der Magen um, wenn ich mir die Auswirkungen dieser schwarzen Pädagogik vor Augen führe. Mittlerweile ist längst bekannt, dass aus ehemaligen Opfern Täter werden, dass Kinder, die geschlagen wurden, als Erwachsene mit hoher Wahrscheinlichkeit ihre eigenen Kinder schlagen werden – außer sie schaffen es, diesen Kreislauf zu durchbrechen. Prügel sind keine Erziehung, sondern eine Vernichtung!

Nach dem Unterricht gab es Mittagessen im Speisesaal, es wurde wieder schweigend eingenommen, danach waren zwei Stunden Freizeit angesagt, die – je nach Jahreszeit – mit Sport oder Gartenarbeit zugebracht wurden, dann begann der Nachmittagsunterricht. Vor dem Abendessen folgte ein weiterer Kirchgang und um zwanzig Uhr wurde das Licht im Schlafsaal gelöscht.

Natürlich gab es auch lustige Ereignisse und ich habe manche fröhliche Stunde erlebt – die Energie von rund hundert Buben ist nicht so leicht einzudämmen. Doch ich war nie richtig unbeschwert. Eine große dunkle Wolke Heimweh schwebte über mir. Ich fühlte mich ausgesetzt – verkauft – verraten. Ich schlief auch nicht gut in diesem Schlafsaal. Ich schlief am liebsten draußen in der Natur.

Damals hätte mich schon irgendjemand gefunden und in mein Bett getragen, die Oma oder die Mama, oder ich würde in meinem Baumhaus schlafen – so war es gewesen. Doch in diesem Straflager war alles anders. In seitenlangen Briefen bekniete ich meine Eltern, mich heimzuholen. Das durfte ich allerdings nicht deutlich schreiben, denn die Patres kontrollierten die Post. So begann ich beinahe jeden Satz mit Lobeshymnen, wie nett und lieb hier alle seien, und hoffte inbrünstig, meine Eltern würden meine versteckten Botschaften erkennen. Doch sie erkannten sie nicht. Nicht einmal, als ich es ihnen ins Gesicht sagte, erkannten sie meine Not. Einmal im Monat holten meine Eltern mich nach Hause. Lange bevor das Auto meines Vaters auftauchte, stand ich sehnsüchtig wartend im Hof. Wenn mein Vater mich wieder in das »Straflager« brachte, übergab ich mich. Doch es half nichts. Nichts half. Meine Eltern glaubten mir nicht. So schlimm ist es nicht, sagten sie. Und ich konnte nichts ausrichten gegen sie.

Drei Lichtblicke retteten mir in diesen düsteren vier Jahren, die ich in der Folterkammer Kloster zubrachte, das Leben. Der erste Lichtblick war die herrliche Umgebung des Internats. Es lag inmitten unberührter Natur und erinnerte mich an mein Kinderparadies Steinebach. Zwar gab es keinen See, doch es gab einen sehr großen Garten – und einen Weiher, in dem ich meine alten Spielkameraden, die Frösche, wieder entdeckte. In den Stunden, die ich im Garten verbrachte, knüpfte ich an die glücklichen Kindertage an. Auch liebte ich – im Gegensatz zu meinen Kameraden – die Arbeit im Garten. Während viele von ihnen murrten, wenn wir beispielsweise Beeren ernten sollten, blühte ich dabei regelrecht auf. Ich konnte die große Kraft der Natur in mich einströmen lassen und sie stärkte mich. Genauso erging es mir beim Sport. Dort konnte ich mich austoben.

Freistrampeln. Und wenn ich mich dann ins Gras warf, erhitzt und heftig atmend, spürte ich mich wieder und wusste: Ich bin noch am Leben.

Der zweite Lichtblick war meine über alles geliebte Oma. Der einzige Mensch in meinem Leben, der uneingeschränkt zu mir hielt. Der einzige Mensch, der immer an mich glaubte. Der mir grenzenlos vertraute. Meine Oma schrieb mir oft. Sie fühlte wohl, wie es mir erging. Doch sie konnte mir nicht helfen. Dennoch tat sie, was sie tun konnte, indem sie mich immer wissen ließ: Sie liebt mich. Sie stand zu mir: Ich war richtig so, wie ich war. Und wenn ich manchmal weder ein noch aus wusste, suchte ich einen stillen Ort, schloss die Augen und ließ das Bild meiner Oma auferstehen – und mit ihr das ganze Paradies Steinebach. Immer trug sie eine Schürze und natürlich war die nie sauber. Mehlstaub klebte daran, weil es mittags ofenwarme Rohrnudeln geben würde. Ich konnte sie fast riechen. Die Schurztaschen der Oma waren dicke Beulen – gefüllt mit vielem, was ihr gerade in die Hände fiel und wofür sie im Moment keinen rechten Platz wusste. Und immer war in den Schurztaschen ein kleiner Leckerbissen für mich, den sie mir mit ihren liebevollen Händen überreichte: Da Burschi, lass es dir schmecken. Und dann streichelte sie mir mit ihren guten warmen Händen über den Kopf und lächelte mir zu.

Mein dritter Lichtblick war mein Glaube an Gott, in der Kindersprache: »Lieber Gott«. Schon bald nach meinem Eintritt ins Internat wurde ich Ministrant. Die Klosterkirche war der einzige Ort auf dem Internatsgelände, wo ich mich sicher fühlte. An hohen kirchlichen Feiertagen, bei der Fronleichnamsprozession oder beim Erntedankfest, war ich erfüllt von einem tiefen Frieden und ganz in Einklang mit der Welt. Da ging mir das Herz auf und ich vergaß meine Sorgen und meine Ängste. Wegen der permanenten

Angst, die in dem Internat gesät wurde, stand ich ständig unter Stress. In jeder Minute rechnete ich mit dem Schlimmsten. Hinter jeder Ecke konnte ein Pater lauern, der einem ein Vergehen vorhielt – und bestrafte. Den Unterricht verbrachte ich in nervöser Anspannung. Wann würde ich aufgerufen? Was würde der Lehrer wissen wollen? Welche Strafe drohte mir, wenn ich die Antwort nicht wusste? Ich war so gelähmt und blockiert von meinen Ängsten, dass mir die Antwort auf einfache Fragen fehlte. Natürlich wusste ich sie. Doch meine Angst verhinderte, dass ich freien Zugriff darauf hatte. Ich war nicht mehr ich selbst.

Angst macht stumpf. Niemals werde ich die Nacht vergessen, die ich in todesangstähnlichem Zustand auf der Toilette zubrachte, um das Einmaleins zu lernen. Der Lehrer hatte mir angedroht: Morgen bist du fällig. Am nächsten Tag konnte ich das Einmaleins. Doch eigentlich konnte ich es nicht wirklich. Denn ich hatte es nicht aus eigenem Antrieb in mich aufgenommen, hatte es nicht wirklich begriffen, sondern panisch auswendig gelernt. Ich war nur noch ein Schatten meiner selbst. Ich spielte kaum mehr. All die Dinge, die mir früher so viel Freude bereitet hatten, waren mir nichts mehr wert. Ich wusste nicht mehr, was ich wollte, wer ich war.

Eine gewaltige Tracht Prügel prägte auch einen der Geburtstage, die ich im Internat verbrachte. Im Speisesaal wurde der Platz jedes Buben, der Geburtstag hatte, mit Kerzen geschmückt. Ich freute mich über die Lichter, entspannte mich gerade ein wenig, die Suppe wurde aufgetragen, da schoss mir ein anderer Bub, der mich oft ärgerte, mit einem Strohhalm ein rohes Reiskorn ins Ohr. Ein spitzer Schmerz durchfuhr mich. Reflexartig riss ich die Kelle aus der vor mir stehenden Suppenterrine und schlug sie dem anderen auf den Kopf. Da kam schon Pater Nosper auf mich zugestürmt, band sich im Laufen seinen Ledergürtel ab und jagte mich durch den Speisesaal. Mindestens dreimal umrundete ich die Tische, bis der Pater mich stellte und mit seinem Gürtel verprügelte.

Monat für Monat zählte ich die Tage bis zu jenem Wochenende, an dem ich nach Hause durfte. Die Wochenenden im elterlichen Haus verliefen harmonisch. Meine Eltern waren sehr nett zu mir. Doch auch daheim war ich niemals unbeschwert, denn ich wusste ja: Sie würden mich zurückschicken. Immer lastete die große schwarze Wolke, die verhinderte, dass ich frei auf andere Buben zugehen konnte. Im Internat schloss ich keine einzige wirkliche Freundschaft. Mein einziger wirklicher Freund war noch immer Richard – obwohl wir uns selten sahen.

Einer der Buben im Internat, die mir näher standen, war ein Schweizer. Viermal brach der Schweizer aus. Viermal griff ihn die Polizei auf und brachte ihn zurück. Wenn ich ihn unterwegs wusste, wünschte ich ihm mit aller Kraft, er möge es diesmal schaffen. Ich selbst versuchte niemals auszubrechen. Wohin hätte ich fliehen sollen? Mich wollte ja niemand. Der einzige Mensch auf der Welt, wo ich willkommen gewesen wäre – meine Oma –, hätte mir nicht helfen können. Mein Vater hätte mich dort abgeholt. Die Prügel, die ich kassieren würde, konnte ich mir lebhaft ausmalen. Und dann hätte mein Vater mich zurückgebracht, egal, wie ich geweint und getobt hätte, egal, ob ich mir die Seele aus dem Leib gekotzt hätte. Es hätte alles nichts genützt.

Mein Vater schlug mich, weil er als Kind geschlagen wurde. Mein Opa griff sogar zum Ochsenziemer. Wie gesagt: Aus Opfern werden Täter. Indem das Opfer sich später, meistens als Erwachsener, auf die Täterseite »schlägt«, glaubt es, seine ehemalige Hilflosigkeit und Ohnmacht wieder gutmachen zu können. Das ist ein schrecklicher

Trugschluss. Es entstehen nur neue Opfer, aus denen dann eines Tages wieder Täter werden – außer dieser Kreislauf wird unterbrochen. Ich bin unendlich glücklich, dass mir dies gelungen ist. Meine Kinder könnte ich niemals schlagen – bis auf drei, vier harmlose Ohrfeigen, die sie selbst nicht als Weltuntergang empfunden hatten. Handgreiflichkeiten haben in der Erziehung nichts zu suchen. Vergessen Sie niemals: Sie haben einen kleinen Menschen vor sich. Dieser Mensch ist nicht Ihr Eigentum. Um Kindern ihre Grenzen zu zeigen, gibt es andere Methoden: Versuchen Sie positiv auf das Unterbewusstsein Ihrer Kinder einzuwirken. Das kostet natürlich ein bisschen mehr Zeit – aber der Lohn, den Sie dafür erhalten – eine aufrichtige, glückliche Eltern-Kind-Beziehung, ist jede Mühe wert. Glückliche Kinder wärmen das Herz und sind die große Freude im Leben. Vergessen Sie niemals, wie viel Sie erreichen können, wenn Sie aus der positiven Prägung Ihres Unterbewusstseins heraus mit Ihren Kindern kommunizieren und deren Ja zum Leben wecken. Das Ja zum Leben ist die Basis für Glück, Reichtum und Gesundheit. Ein Kind, das das Ja zum Leben frühzeitig in sich einpflanzt, wird später als Gewinner durchs Leben gehen. Es wird nicht hadern und zweifeln. Es wird seinen Weg erfolgreich beschreiten und anderen Menschen dabei helfen, es ihm gleichzutun.

Wenn meine Eltern dies damals gewusst hätten, hätten sie mich nicht in ein Kloster geschickt. Sie hätten meine Schulprobleme anders zu lösen gewusst. Doch das alles liegt lange zurück und ich habe meinen Eltern verziehen. Sie wussten nicht, was sie taten. Sie glaubten, mir zu helfen – dabei legten Sie mir Felsbrocken in den Weg. Es erfüllt mich mit tiefer Dankbarkeit, dass ich es geschafft habe, diese Felsbrocken aus dem Weg zu räumen und mit positiver Energie aufzuladen.

Das Ende meiner Jahre im Straflager Internat kam für mich völlig überraschend. Durch die Presse gingen seinerzeit einige Artikel, in denen Erzieher des sexuellen Missbrauchs von Schülern bezichtigt wurden. Ob der Verdacht sich bestätigte, weiß ich nicht. Für mich war lediglich wichtig, dass ich der Hölle entkam. Schmerzlich zwar, dass meine Eltern einem Zeitungsbericht mehr Glauben schenkten als mir – doch im Grunde genommen war mir das egal. Hauptsache: Freiheit!

## Meiden Sie Energiefresser: Angst

98 Prozent aller Ängste verwandeln sich nie in Realität. Das heißt, dass wir uns permanent den Kopf über »ungelegte Eier« zerbrechen. Werde ich die Prüfung schaffen, wird mein Vorstellungsgespräch klappen, wird sie/er mir einen Korb geben und so weiter. Hier stoßen wir zum ersten Mal in diesem Buch auf die blockierende Eigenschaft des Wortes »werden«. Werden ist Zukunft und die ist nie. Zerbrechen Sie sich nicht den Kopf über die Zukunft. Und schon gar nicht, indem Sie sich negativ vorbelasten. Damit malen Sie die Zukunft bereits schwarz an und es braucht doppelte Anstrengung, einen Lichtstreifen am Horizont zu finden! Und Sie geben dem Schicksal keine Chance! Das Leben verläuft nach universellen Gesetzen. Gesetze, die wir Menschen nicht kennen. Also brauchen wir nicht negativ in die Zukunft zu denken – da uns die Gesetze unbekannt sind. Sicherlich ist es Ihnen auch schon passiert, dass Sie sich eine bestimmte Situation in düstersten Farben ausmalten. Und dann war die Situation plötzlich ganz anders. In Ihrer geistigen Vorwegnahme hatten Sie den Faktor Schicksal vergessen. Also meiden Sie das Wort »werden« in Bezug auf zukünftige Ereignisse, die geschehen sollen. Vor allem,

wenn dieses Wort dazu dient, Ihnen Angst oder eine negative Erwartungshaltung einzuflößen. Jene Ängste, die sich auf diffuse Ereignisse in der Zukunft beziehen, gehören zu den lähmendsten Blockaden überhaupt. Beispielsweise: Ich habe Angst, an Krebs zu erkranken, ich habe Angst, dass mein Partner, meine Kinder sterben, ich habe Angst, eines Tages im Rollstuhl zu sitzen und so weiter. In der Psychologie wurden in den letzten Jahren eine Reihe von Ängsten klassifiziert. Ob es sich um die Angst vor bestimmten Tieren, Wasser, Menschenansammlungen oder Versagensängste etc. handelt. Nun ist Angst an und für sich zuerst einmal etwas Positives. Angst wirkt wie ein Alarmsystem in unserem Körper. Bei Gefahr warnt uns dieses Alarmsystem vor unüberlegten Handlungen – und schützt uns dadurch. Und Angst wirkt unmittelbar: Wir erkennen eine Gefahr und werden blitzschnell in den Zustand gespannter Aufmerksamkeit versetzt. Diese gesunde Angstreaktion fördert die Leistungsfähigkeit des Menschen, indem sie alle Funktionen unseres Organismus steigert – wenn dies nötig ist.

Allerdings leiden viele Menschen unter permanenter, also ungesunder Angst. Ihr Leben wird beherrscht von negativen Vorstellungen, was alles passieren könnte, und das sogar, ohne dass Situationen eingetreten wären, die diese Befürchtungen rechtfertigen würden. Das menschliche Alarmsystem funktioniert also nicht mehr richtig. Es hat sozusagen einen Kurzschluss erlitten. Einen Kurzschluss, der sich schnell zum Kabelbrand auswirken kann – und dann fühlt sich der betroffene Mensch in seinem eigenen Haus, also seinem eigenen Leben, nicht mehr wohl. Wenn die Angst ein gewisses Maß an Erregung übersteigt, sinkt die Leistungsfähigkeit zu sinnvollem Handeln ab. Fazit: Sinnvolles Handeln ist nicht mehr möglich. Ganz im Gegenteil – man blockiert sich beziehungsweise das Unterbewusstsein, wo diese unbegründeten Ängste verankert sind. Oft beginnt die negative Prägung durch eine in der Realität negativ erlebte Situation. So erging es mir im Internat. Ich war bestraft worden und erwartete nun ständig weitere Strafen. Obwohl in 98 Prozent der Fälle die Strafe gar nicht eintrat, benahm ich mich, als ob sie eingetreten wäre oder eintreten würde. Die Angst lähmte mein ganzes Lebensgefühl, sie hinderte mich daran, Freundschaften zu schließen. Sie entfremdete mich von mir selbst. Und vor allem raubte sie mir die ganze Palette der Möglichkeiten, die mir offen gestanden wären, wenn ich nicht unter dem Stress der Angstblockade gelebt hätte. Indem ich mich auf meine drei Lichtblicke konzentrierte – die Natur, meine Oma und meinen Glauben –, tat ich instinktiv das Richtige, um einer weiteren Ausdehnung der Angst entgegenzuwirken. Aber es sollten noch Jahre vergehen, bis ich die Gegenspieler der Angst – Mut und Vertrauen ins Leben – wieder so stark in meinem Unterbewusstsein verankert hatte, dass ich nicht mehr Sklave meiner negativen Angstprägung war.

Angst ist nicht nur ein seelischer Zustand, sie drückt sich auch im Körper des Menschen aus. Muskeln werden angespannt, verkrampft, die Haltung sinkt in sich zusammen – und das alles signalisiert der Umwelt: Dies ist ein schwacher Mensch. Dies ist ein ängstlicher Mensch. Mit diesem Menschen werde ich leichtes Spiel haben. Aus diesem Grund treten auch zwei Prozent der Ängste auf. Weil die im Unterbewusstsein verankerten Angstbilder sie geradezu provozieren, sich in Realität zu verwandeln. Um aus diesem Angstkarussell auszusteigen, können Sie nicht einfach so tun, als hätten Sie keine Angst. Sie müssen das Angstübel an der Wurzel packen: in sich selbst. Ist das nicht wunderbar? Dass Sie selbst es sind, der sich helfen kann? Wie Sie das genau anstellen, wissen Sie vielleicht schon: Indem

Sie der in Ihrem Unterbewusstsein verankerten Angst positive Bilder entgegenstellen. Und zwar so viele und so lange, bis die positiven Bilder ihre negativen Kontrahenten besiegt haben.

Vergessen Sie niemals, welch unglaubliche Kraft in Ihren Ängsten steckt. Stellen Sie sich die enorme Energie vor, die Sie benötigen, um Ihren ganzen Körper, Ihren Geist, Ihre Gefühle in den angespannten Zustand der Angst zu versetzen. Mit dieser Energie können Sie – in umgeleiteter, also positiver Kraft – ganze Alpenketten versetzen. In Ihren Blockierungen liegt ein ungeheuerlich großes Potenzial. Aber Sie verschwenden es, wenn Sie es der Angst zum Fraß vorwerfen.

Holen Sie sich diese Kraft zurück! Freuen Sie sich über die Power, die in Ihnen steckt. Was einst Ihre Ängste schürte, wird nun Ihren Erfolg anheizen! Richten Sie Ihre Kraft nicht gegen sich – sondern lassen Sie sie für sich arbeiten. Beginnen Sie sofort damit!

## *Verwandeln Sie die Ängste in positive Energie*

*Notieren Sie auf einem Blatt Papier alles, wovor Sie Angst haben. Das können bestimmte Menschen sein oder Situationen. Wenn Ihre Liste fertig ist, sortieren Sie sie. Setzen Sie auf den ersten Platz Ihre kleinste Angst, auf den zweiten Platz die zweitkleinste und so fahren Sie fort bis zum letzten Punkt, an dem Sie Ihre größte Angst notieren. Ihre Liste kann ruhig zwanzig oder mehr Punkte umfassen. Nachfolgend ein Beispiel, wie eine solche Liste – kurz gefasst – aussehen könnte:*

1. *Angst vor großen Menschenansammlungen*
2. *Angst vor Behördengängen*
3. *Angst vor Lob*

*4. Angst vor meinem Kollegen*
*5. Angst, in einer Versammlung das Wort zu ergreifen*
*6. Angst, etwas falsch zu machen*
*7. Angst, den Erwartungen anderer nicht zu entsprechen*
*8. Angst, hässlich zu sein*

*Nun erklären Sie den ersten Punkt auf Ihrer Liste zur Priorität für die nächste Woche, den nächsten Monat – je nachdem, wie lange Sie brauchen, bis Sie die negative Prägung, die diese Angst in Ihnen verursacht hat, aufgelöst haben. Und dann wenden Sie sich dem zweiten Punkt zu etc. Sie beginnen die Transformation Ihrer Ängste damit, Sie geläutert zu visualisieren. Wenn Sie dies einige Male durchgespielt haben, können Sie die Probe aufs Exempel machen und sich der Angst auslösenden Situation in der Wirklichkeit stellen. Sie werden staunen, wie Sie sich verändert haben. Denn durch die Visualisierung haben Sie Angstfreiheit erreicht – vorausgesetzt, Sie haben so lange positiv visualisiert, bis Sie sich wirklich befreit und leicht fühlen.*

Stellvertretend für viele Ängste nachfolgend ein Lösungsbeispiel zum Thema »Erwartungsangst« – eine der Ängste, unter der viele Menschen leiden. Die Erwartungsangst kann in jeder Situation auftreten. Ob es sich um ein bevorstehendes privates Rendezvous handelt, eine Rede, die man zu halten verpflichtet ist, oder die Lösung einer Konfliktsituation.

*Stellen Sie sich vor, Sie tragen sich seit Monaten mit dem Gedanken, Ihren Chef um eine Gehaltserhöhung zu bitten. Sie wissen, dass Sie diese Gehaltserhöhung verdienen. Doch je länger Sie warten, desto unsicherer werden Sie. Sie haben Angst vor diesem Gespräch. Sie haben Angst, dass der Chef ungehalten reagiert. Angst, dass Sie sich nicht durchsetzen können. Sobald Sie nur an das bevorstehende Gespräch denken, spüren Sie förmlich, wie die Angst Besitz von Ihnen ergreift. Gleichzeitig werden Sie gegenüber sich selbst immer ungehaltener, weil Sie sich als Versager fühlen, wenn Sie diesen Schritt nicht endlich tun.*

*Ziehen Sie sich an einen ruhigen Ort zurück. Legen oder setzen Sie sich in bequemer Position und kommen Sie innerlich zur Ruhe. Atmen Sie ruhig. Durch die Nase ein und durch den Mund aus. Versuchen Sie, an nichts zu denken. Wenn Sie merken, dass Sie entspannt sind, stellen Sie sich das lachende Gesicht Ihres Chefs vor. Vielleicht erinnern Sie eine Situation, in der Sie Ihren Chef so gesehen haben. Das Bild der guten Laune, in dem Sie Ihren Chef visualisieren, macht Ihnen keine Angst.*
*Denken Sie jetzt an ein gemeinsames Erlebnis mit Ihrem Chef, bei dem Sie wussten, dass er mit Ihnen und Ihrer Leistung zufrieden ist oder er Sie gelobt hat. Auch dieses Bild macht Ihnen keine Angst.*
*Stellen Sie sich nun ein privates Gespräch mit ihm vor. Vielleicht sehen Sie sich in der Kantine gemeinsam an einem Tisch sitzen und von Weihnachten im Familienkreis erzählen. Ihr Chef ist ein Mensch wie jeder andere auch. Er macht Ihnen keine Angst.*
*Jetzt stellen Sie sich vor, Sie sitzen Ihrem Chef in seinem Büro gegenüber.*

*Wichtig: Sobald Sie eine Spur von Angst in sich aufsteigen merken, brechen Sie die Vorstellung ab und gehen zu jenen Bildern zurück, bei denen Sie sich wohl fühlten. Vielleicht müssen Sie einige Tage warten, ehe Sie die nächste Stufe in Angriff nehmen können: die Gehaltsverhandlung.*

*Stellen Sie sich nun vor, Sie sitzen im Büro Ihres Chefs und bringen sachlich Ihre Argumente vor. Sie sind völlig angstfrei. Stellen Sie sich auch vor, dass Ihr Chef Ihnen widerspricht und beispielsweise behauptet, die Verantwortung, die Sie tragen, gehöre nun mal zu Ihrem Tätigkeitsbereich und rechtfertige keine Gehaltserhöhung. Lassen Sie sich durch nichts aus der Ruhe bringen. Spielen Sie alle Varianten, die das Gespräch nehmen kann, durch. Sobald Sie Angst in sich aufsteigen spüren, brechen Sie die Vorstellung ab und kehren zurück zu jenem Bild, das Sie ohne Angst visualisieren können.*

*Wenn Sie diese Fantasiereise bis zum Schluss – Ihrer genehmigten Gehaltserhöhung – durchspielen können, ohne Angstgefühle zu haben, sind Sie reif dafür, sich einen Termin bei Ihrem Chef geben zu lassen.*

*Abschluss der Fantasiereise – egal, auf welcher Stufe Sie sie abgebrochen haben, sollte das Bild sein, bei dem Ihr Chef Ihnen mit einem freundlichen Lächeln zur Gehaltserhöhung gratuliert.*

## Pflegen Sie das Samenkorn der universellen Kraft

Haben Sie schon einmal beobachtet, wie oft am Tag Sie »Um Gottes Willen« oder »Mein Gott« oder »Gott sei Dank« sagen? Sie werden staunen, auf welche stattliche Zahl Sie kommen! Dazu müssen Sie nicht mal in einem Land wohnen, in dem »Grüß Gott« die gängige Grußformel ist. Wenn Sie es schaffen, sich ebenso oft bewusst mit der positiven Kraft, mit dem Göttlichen in sich zu verbinden, wird sich Ihr Leben in berauschender Geschwindigkeit grundlegend verändern – hin zu Glück, Reichtum und Gesundheit.

Egal, welcher Konfession Sie angehören. Egal, ob Sie das Göttliche als Jesus, Krishna, Buddha, Allah oder als eine universelle positive Kraft, anrufen. Egal, wie Sie es sich vorstellen – wichtig ist, dass Sie sich damit verbinden. Ein Samenkorn dieser universellen Kraft ist in jedem Menschen eingepflanzt – von Geburt an. Es liegt an Ihnen, ob Sie dieses Samenkorn gießen und düngen, vor Wind und Hagel schützen – oder es den Unwettern des Lebens schutzlos preisgeben. Es liegt an Ihnen, ob der Samen aufgeht, in Ihrem Inneren erblüht und reife Früchte trägt. Die universelle Kraft manifestiert sich überall. Besonders in der Natur. Ein farbenprächtiger Himmel, das Wunder, wenn der Wind über Weizenfelder streicht, die stolze Macht der Berge, die weise Weite des Wassers. Es ist in allem. Außen und innen. Im Blick eines liebenden Menschen, in der Natur und in uns. Und weil das universelle Prinzip in uns wirken kann, können wir selbst uns auch erlösen von allem, was uns belastet.

Mich erlöste mein Glaube von meinen Ängsten. Jedes Mal, wenn ich Zuflucht suchte, ob im Gebet oder in meinen Gedanken, verschwanden meine Ängste. Der Glaube ist die Saat, die dafür sorgt, dass der Wunsch gedeihen kann. Dies habe ich zum ersten Mal in jener schweren Internatszeit erfahren. Ich vertiefte mich in die universelle Kraft, verband mich mit ihr – und wurde ein Teil dieser herrlichen Freiheit. Ich vergaß alles um mich. Sorgen, Zweifel und Ängste lösten sich auf, wie in einer Oase des Friedens. Dort tankte ich mich auf. Dort heilten meine inneren Verletzungen. Und wenn ich dann wieder »auftauchte« in die Realität, fühlte ich mich leichter. Ich hatte das Samenkorn des Göttlichen in mir gegossen und es hatte feine Triebe geschlagen, die mich mit neuer Kraft durchströmten.

In dem Moment, wo ein Mensch betet, vertraut er seine Probleme und Sorgen Gott an. Das heißt: Er selbst ist sie los. Ist frei. Die schwere Last der Sorgen fällt von ihm ab. Deshalb beten die Menschen besonders, wenn sie in Not sind. Weil sie ihre Not lindern, indem sie sich Gott anvertrauen. Der Schöpfer nimmt das Leid von uns – wenn wir es ihm in unserer ganzen Überzeugung und mit unserem ganzen Glauben übergeben. Also beten Sie! Wenn Sie fünf Minuten beten, leben Sie fünf Minuten in der Freiheit der göttlichen Allmacht. Diese fünf Minuten wirken nachhaltig. Danach fühlen Sie sich gestärkt und können sich mit neuer Energie Ihrem Tagwerk widmen. Gebete haben eine reinigende Wirkung. Gebete bringen Ordnung in die Wirrnis des Alltags. Sie brauchen weder Alkohol noch Drogen. Beten Sie sich glücklich, reich und gesund!

Scheuen Sie sich nicht, an das Gottesbild Ihrer Kindheit anzuknüpfen. Es war keine entfernte Größe, sondern etwas Vorstellbares, das man ansprechen und dem man seine Bitten und Wünsche vortragen konnte. »Lieber Gott, mach, dass ich im nächsten Diktat eine Vier schreibe«, bat auch ich in meiner Internatszeit. Damals wusste ich nicht, dass wir Menschen von dieser universellen Kraft alles wünschen können. Dass Wünsche sich erfüllen, wenn wir mit ganzer Kraft daran glauben. Als kleiner Junge dachte ich, bescheiden sein zu sollen, und wünschte mir eine Vier. Natürlich habe ich dann eine Vier bekommen. Ich ahnte ja nicht, dass ich auch eine Eins in meinem Unterbewusstsein programmieren hätte können. Woher hätte ich es wissen sollen …

*»Darum sage ich euch: Alles, was ihr bittet in eurem Gebet, glaubet nur, dass ihr's empfangen werdet, so wird's euch werden.« (Markus 11, 24)*

## Das Gebet

Um sich einzustimmen, können Sie gerne auf Gebete, die Sie kennen, zurückgreifen. Das muss jedoch nicht sein. Wichtig ist, dass Sie Ihr persönliches Gebet kreieren. In Ihrem persönlichen Gebet sollten Sie alle Ihre Sorgen ansprechen und sie somit der Kraft des Universums übergeben. Das macht Sie frei. Zu Beginn empfehle ich Ihnen, sich an einen ruhigen Ort zurückzuziehen, wo Sie sich ungestört und konzentriert vertiefen können. Nach einiger Übung wird es Ihnen möglich sein, sich inmitten anderer Menschen mit der universellen Kraft in Ihnen zu verbinden.

Nachfolgend ein Beispiel, wie Ihr Gebet aussehen könnte:

*Tief in meinem Innersten weiß ich: Ich bin ein Teil des Universums. Ich trage überdurchschnittliche Kräfte und Eigenschaften in mir. Diese unendlichen Kräfte befähigen mich, mein Leben selbst zu gestalten. Diese unendlichen Kräfte befähigen mich, alle Probleme zu überwinden und alle Herausforderungen zu meistern. Das Licht meines Geistes leuchtet in mir. Ich will es einsetzen zu meinem Wohle und dem Wohle anderer Menschen. Dank der Kraft, die mich stärkt, kann ich alles tun. Ich bin sicher und gut behütet. Ich glaube an eine höhere universelle und schützende Kraft. Ich glaube an mich. Ich glaube an mein Tun. Ich bin stark. Ich bin frei. Alles ist gut.*

## Die Bitte

Wenn Sie Ihr psychologisches Gebet mit einer Bitte abschließen, beachten Sie, die Bitte bejahend zu formulieren. Im Falle eines Zeugnisses also nicht: Bitte, Unterbewusstsein, hilf mir, dass ich keine Sechs im Zeugnis bekomme, sondern: Bitte hilf mir, dass ich eine Eins bekomme. Sie brauchen Ihrem Innern keinen Handel anzubieten à la: Wenn du mir hilfst, dass sich meine Traumfrau in mich verliebt, zünde ich vier Kerzen an. Der positive Funke in Ihrem Unterbewusstsein ist pures Dynamit. Alles, was Sie tun müssen, ist, es zu stimulieren und hundertprozentig hinter Ihrer positiven Vorstellung zu stehen. Glück, Reichtum und Gesundheit lagern in Hülle und Fülle in Ihnen. Es hängt von Ihnen selbst ab, wie Sie Ihr Gebet gestalten. Also greifen Sie zu, benutzen Sie Ihren Geist, um alle Ihre Wünsche zu erbeten. Ihr Geist ist nicht gut oder böse, es gibt keine Naturkraft, die gut oder böse ist. Sie selbst entscheiden jetzt, morgen und in der Zukunft. Es ist schließlich Ihr Leben.

*»Jesus aber sprach zu ihm: ›Wenn du könntest glauben! Alle Dinge sind möglich dem, der da glaubt.‹« (Markus 9, 23)*

Sie sind nun also dabei, Ihre Festplatte Unterbewusstsein positiv zu prägen. Dabei stoßen Sie automatisch auf die Frage: Was ist positiv? Ist das, was für mich positiv ist, auch für andere Menschen positiv? Oder gibt es Dinge, die ich selbst als positiv empfinde, die aber andere Menschen als negativ empfinden würden? Und könnten Sie – theoretisch – mit der universellen Kraft Ihres Unterbewusstseins etwas erreichen, was anderen Menschen Schaden zufügen würde?

Nein!

Wir sprechen hier von einer universellen oder göttlichen Kraft, die prinzipiell gut ist. Deshalb reagiert Ihr Unterbewusstsein auch nur und ausschließlich auf solche Gedanken, Bilder und Zielvorstellungen, die in ethischem Einklang mit dem schöpferischen Ideal stehen. Einfacher ausgedrückt: Das, was alle Weltreligionen als »gut« bezeichnen – in unseren Breiten wird dies Christentum genannt –, ist das übergeordnete Gesetz, nach dem Ihr Unterbewusstsein funktioniert.

Ihrem Unterbewusstsein ist es egal, ob Sie in die Kirche gehen oder nicht. Ihrem Unterbewusstsein ist es auch egal, ob Sie freitags Fleisch essen oder nicht. Aber der göttlichen Kraft Ihres Unterbewusstsein ist es nicht egal, wenn Sie einem anderen Menschen absichtlich Böses zufügen. Ja, es genügt schon, wenn Sie einem Menschen Böses wünschen. Solche negativen Gedanken wirken wie ein Bumerang: Sie richten sich gegen Sie selbst.

Alles, was Sie Ihrem Unterbewusstsein in Form von Gedanken und Bildern senden, kehrt zu Ihnen zurück. Wünschen Sie anderen nur das Beste – es wird hundertfach vergolten zu Ihnen zurückkehren.

## Neuer Lebensmut

Ich schüttelte die schreckliche Zeit im Internat ab wie eine lästige Decke. Ich hatte den Wert der Freiheit erkannt. Wie war ich glücklich, der Klosterhölle entkommen zu sein! Zwar holten mich manchmal negative Erinnerungen ein, doch ich schenkte ihnen kein Gehör, sondern lebte in vollen Zügen. Ich hatte auch viel nachzuholen. Endlich konnte ich mich wieder mit meinem Freund Richard austoben. Allerhand Streiche heckten wir zusammen aus – wenn wir auch nicht mehr auf die gleiche Schule gingen. Und ich war wieder bei meiner über alles geliebten Oma in Steinebach. An vielen Wochenenden – und natürlich in den Ferien. Für mich gab es keinen schöneren Spielplatz als die dortige Umgebung. Besonders im Sommer. Da war mein liebster Spielplatz am Wasser, am familieneigenen Badeufer. Eines herrlichen Sommertages entdeckten mein Bruder Matthias und ich ein kleines untergegangenes Segelschiff in etwa 1,30 Meter Tiefe. Wir konnten es kaum fassen. Das Schiff kam uns vor wie ein Schatz. Ohne zu sprechen, wussten wir, was zu tun war. In fiebriger Aufregung bargen wir das Schiff. Es handelte sich natürlich um ein Piratenschiff. Wir brauchten Stunden für die Bergung des Schiffs, denn wir mussten kiloweise Schilf abtragen. Wir dachten weder an Essen, noch Trinken. Es gab nur eines, was uns in diesem Moment interessierte: das Schiff. Bis auf das abgebrochene Schwert war das Schiff einigermaßen okay! Die paar kleinen Lecks, die wir fanden, verschlossen wir mit Fensterkitt und Teer. Wir holten alte Betttücher, die wir zu Segeln umfunktionierten und befestigten sie an einer Bohnenstange, unserem Mast. Mast und Querbaum nagelten wir am Boot fest. Der Einbruch der Dunkelheit bremste unseren

Tatendrang. Wir konnten den nächsten Morgen kaum abwarten, saßen unruhig in der Kirche, und kaum war der Segen gesprochen, bastelten wir schon wieder an unserem Piratenschiff. Dann war der große Moment gekommen. Mit Hammer, Kitt, etwas Teer und vielen Nägeln im Gepäck stachen wir in See. Der Wind blies ablandig und unser kleines Boot machte große Fahrt. Bald schon trafen wir andere Segler, die sich den Bauch hielten vor Lachen, wenn wir unsere Bohnenstange unter der Fahrt immer wieder mal festnagelten. Der Wind ließ nichts zu wünschen übrig, und wir segelten immer weiter, vergaßen alles um uns. Wir befanden uns natürlich nicht am Wörthsee, sondern auf einem Meer, und wir waren die Herren der sieben Meere. In der Mitte des Sees überraschte uns plötzlich eine Sturmwarnung. Wie ein Korken trieb unser Boot dahin.

Uns war schnell klar, dass wir in Not waren. Zwar konnten wir beide gut schwimmen – doch zum Ufer war es weit, wir hatten keine Schwimmwesten an Bord und der immer stärker werdende Wind peitschte das Wasser hoch. Am Ufer heulten Sirenen. Wir sahen uns an. Schweigend. Wir wussten beide, dass wir in großer Gefahr waren, doch waren wir auch sicher, dass wir Hilfe bekommen würden. Krachend barst unser Mast. Ich ruderte wie wild, ruderte, wie ich niemals zuvor gerudert bin – bis die Riemen rissen. Das Boot lief voll. »Wir schaffen es!«, riefen wir uns gegenseitig zu. Das Boot begann zu sinken. Wir beteten: Lieber Gott, hilf uns! Schicke uns Rettung! Hilf uns! Unser Gebet wurde erhört, denn andere Segler sichteten unser Schiff in Seenot und alarmierten unsere Retter. Wir wollten gerade ins Wasser springen, um an Land zu schwimmen, da kam die Wasserwacht, die uns inmitten der schäumenden Gischt kaum sah. Wir riefen und winkten. Natürlich waren wir froh, doch eigentlich wunderte uns die Rettung nicht. Wir hatten fest daran geglaubt, dass wir gerettet würden – und deshalb wurden wir gerettet. Die Realität antwortete auf unseren positiven Glauben.

## Glauben Sie an sich

Der Glaube an sich selbst ist die wichtige Basis für Ihren Erfolg. Wie sollten Sie es schaffen, Ihre gesteckten Ziele zu erreichen, wenn Sie an sich zweifeln, nicht an sich glauben! Der Glaube an sich selbst weckt unendliche Kräfte. Er ist es, der uns aus scheinbar ausweglosen Situationen befreit. Indem wir wissen: Ich will es. Ich kann es. Ich tue es.

Die meisten Menschen begehen den Irrtum, an andere Menschen zu glauben. Sie suchen die Kraft nicht bei sich, sondern außerhalb von sich selbst. Sie suchen sich Gehirnstärkere, sie suchen sich Gurus, sie suchen sich Menschen, von denen sie glauben, sie könnten ihnen Kraft geben. Dies ist ein verhängnisvoller Fehler und ungefähr so logisch, als wenn sie beim Bäcker eine Bohrmaschine kaufen wollten.

Kennen Sie Menschen, die Sie als rundum erfolgreich bezeichnen würden? Menschen, die allgemein als Glückspilz bezeichnet werden – weil sie beispielsweise außerordentlich erfolgreich in ihrem Beruf sind und wie nebenbei auch noch in einer glücklichen Partnerschaft leben, in der drei prachtvolle Kinder heranwachsen – umrahmt von einem herrlichen Haus? Alles, was diese Menschen beginnen, ist von Erfolg gekrönt. Es scheint, als hätten Sie das Glück gepachtet.

Das Gegenspiel bilden Menschen, die alle Voraussetzungen hätten, glücklich und erfolgreich zu sein. Es kann sein, sie sind hochintelligent, haben vom Elternhaus ein beträchtliches Vermögen mit auf den Weg bekommen, verfügen über beste Beziehungen – aber irgendwie klappt es nie so richtig. Weder beruflich noch privat.

Woran liegt das? Denken Sie noch einmal an jene Menschen, die Sie als erfolgreich bezeichnen. Ist es nicht so, dass diese Menschen immer und unbedingt an sich selbst glauben? Dass diese Menschen darauf verzichten, an andere zu glauben. Diese Menschen stehen fest verankert im Leben. Sie leben aus ihrer Basis heraus. Sie haben den Glauben an sich selbst erfolgreich in Ihrem Unterbewusstsein verankert – und deshalb gelingen auch all ihre Unternehmungen.

Was haben Sie eigentlich davon, nicht an sich zu glauben? Seien Sie doch mal ehrlich: nur Verdruss. Außer Sie gehören zu jenen Zeitgenossen, die sich wohl fühlen, wenn Sie stets mit der Karte des Schwarzen Peters übrig bleiben. Doch Vorsicht: Irgendwann wird Sie niemand mehr bemitleiden. Irgendwann wird man über Sie spotten. Also hören Sie auf damit, sich von Zweifeln zerfressen zu lassen. Glauben Sie an sich!

Wenn ich selbst nicht an mich geglaubt hätte, stünde ich heute im Leben wesentlich schlechter da. Der Glaube an mich selbst hat es mir ermöglicht, viele gefahrenvolle Situationen erfolgreich zu meistern. Mehrmals bin ich auf dem schmalen Grat zwischen Leben und Tod balanciert. Der Glaube an mich selbst hat mich immer wieder auf die richtige Seite gebracht. Mehrmals habe ich in meinem Berufsleben schwere Entscheidungen fällen müssen, zu denen mich der Glaube an mich selbst befähigte. Und der Glaube an mich selbst ist es auch, der meine Familie mit Glück und Reichtum segnet. Doch der Glaube an mich selbst wurde mir nicht in die Wiege gelegt – ganz im Gegenteil. Mein schwierigstes Hindernis war dabei mein eigener Vater. Er unternahm nahezu alles, um mir den Glauben an mich auszureden – und zwar von frühester Kindheit an. Hatte ich eine schlechte Note, erzählte er dies seinen Freunden. Hatte ich eine gute Note, erzählte er es niemandem. Hatte ich einen Fehler gemacht, nickte er nur: Von dir habe ich ja nichts anderes erwartet. Je älter ich wurde, desto schlimmer wurden diese Bemerkungen für mich. Sie entfremdeten mich von mir selbst, von dem Glauben an mich. Ich erzähle Ihnen das, damit Sie sehen, dass man auch unter erschwerten Bedingungen lernen kann, an sich selbst zu glauben. Es ist nie zu spät! Die Speicherkapazität Ihres Unterbewusstseins ist unendlich. Also programmieren Sie sich um! Programmieren Sie sich hin zu Ihrem glücklichen Leben.

Prinzipiell haben es Männer schwerer als Frauen, an sich selbst zu glauben. Frauen sind es gewohnt, mehr wegzustecken. Sie sind es, die Kinder gebären. Da braucht es eine starke Konstitution. Diese stärkere Konstitution zeigt sich schon im Kindesalter. Meistens sind Mädchen den Buben ein paar Jahre voraus. Doch diese Jahre sind nicht verloren. Glauben Sie an sich selbst und Sie holen alles ein, was Sie bisher versäumten, weil Sie zweifelten.

Ein Mensch, der an sich glaubt, hat ein völlig anderes Erscheinungsbild und Auftreten als ein zweifelnder Mensch. Der Mensch, der an sich glaubt, wirkt entschlossen, stark, bestimmt – und deshalb verfügt er über die nötige Durchsetzungskraft, seine Ziele zu erreichen. Der Zweifler wirkt unentschlossen, unsicher, schwach und ohne Biss. Deshalb erreicht er seine Ziele nicht. Er visualisiert sie auch nicht. Visualisiert höchstens seinen Misserfolg. Kein Wunder, dass dieser, der ja im Unterbewusstsein programmiert ist, dann auch eintritt. Und ebenso kein Wunder, dass der Erfolgreiche das bekommt, was er durch seinen Glauben an sich selbst visualisiert: Ich will es. Ich kann es. Ich tue es.

## Lernen Sie, sich zu lieben!

Um an sich selbst zu glauben, muss man sich mögen. Gut finden. Man muss sich selbst lieben. Das ist auch die Voraussetzung dafür, andere Menschen zu lieben. »Liebe deinen nächsten wie dich selbst«, heißt es in der Bibel. Wie sollte ich meinen Nächsten lieben, wenn ich mich nicht selbst liebe? Die Bibel sagt, ich soll ihn lieben WIE mich selbst. Denken Sie noch einmal an jene Menschen, die Sie als glücklich einschätzen. Sind das nicht auch Menschen, die viel Wärme ausstrahlen? Das können sie, weil sie selbst diese Wärme und Liebe in sich tragen. Diese Menschen mäkeln auch nicht dauernd an sich herum. Sie haben sich akzeptiert, so wie sie sind. Sie mögen sich, so wie sie sind.

Und wie ist es mit Ihnen?

Schauen Sie in einen Spiegel. Was sehen Sie? Was denken Sie? Denken Sie vielleicht: Die Nase ist zu groß, ein Ansatz zum Doppelkinn ist auch da – und so weiter?

Ist es Ihnen unangenehm, sich selbst zu betrachten – weil Sie sich im Grunde nicht ausstehen können?

Wie sollten andere Menschen Sie dann ausstehen können?

Eben, mögen Sie denken, mich mag ja niemand: Weil ich diese große Nase habe!

FALSCH! Wenn Sie niemand mag, dann, weil Sie sich selbst nicht mögen!

Ein Mensch, der sich mag, der mit sich einverstanden ist, wird von anderen gemocht. Ein Mensch, der sich selbst schön findet, wird von anderen Menschen als schön wahrgenommen. Jeder Mensch, der es will, ist schön!

Wenn ein neues Produkt auf den Markt kommt, das gut verkauft werden soll, wird es beworben. Was macht die Werbung? Sie rückt das Positive an dem neuen Produkt in den Vordergrund und lässt das Gewöhnliche oder eventuell Negative unter den Tisch fallen. Zum Beispiel: Dieses Waschmittel wäscht extra–sauber. Denn es hat die extra–sauber Zauberformel. So lautet ein beliebiger Slogan. In dem Slogan ist keine Rede davon, dass das Waschmittel der Umwelt schadet.

Wenn Sie nicht mit Ihrer Nase einverstanden sind, suchen Sie sich etwas an Ihnen, was Ihnen gefällt. Sind es die Augenbrauen? Die Hände? Egal, was es ist: Konzentrieren Sie sich auf das, was Sie selbst an sich schön finden und mögen. Den Rest lassen Sie vorerst – wie in der Werbung – unter den Tisch fallen. Üben Sie immer wieder. Stellen Sie sich vor den Spiegel und konzentrieren Sie sich auf das, was Ihnen gefällt. Wenn Sie sich darin ganz sicher fühlen, gehen Sie zur nächsten Stelle über, die Ihnen ein bisschen gefällt. Sie verharren so lange an dieser Stelle, bis Sie deren einzigartige Schönheit erkennen – und so fahren Sie fort, bis Sie sich von Kopf bis Fuß annehmen können.

Ihre Nase hat sich kein bisschen verändert. Und doch hat sie sich fundamental verändert: Denn Sie haben begonnen, Sie mit liebenden Augen zu betrachten. Wenn Sie negativ an Ihre große Nase denken, wird diese Nase immer größer. Denken Sie positiv an Ihre Nase, wird sie kleiner.

Die Einzigartigkeit ist es, die Liebe in uns weckt. Stellen Sie sich Menschen vor, die Sie lieben oder geliebt haben. An was erinnern Sie sich? An den süßen krummen Zeigefinger von Heidi? An die zwei verschieden großen Augen von Wolfgang? An den hüpfenden Gang von Peter?

Krumme Zeigefinger, verschieden große Augen und ein hüpfender Gang gehören nicht unbedingt zu den Schönheitsmerkmalen. Dennoch: Diese Erinnerungen wecken positive Gefühle in Ihnen. Weil Sie sie mit den lieb gewonnenen Menschen verbinden.

Glauben Sie an sich selbst! Glauben Sie nicht an das, was Ihnen die Umwelt, die Medien, irgendwelche Leute einzureden versuchen! Wenn wir den Schönheitsgesetzen der Medien glauben schenkten, würden 99 Prozent der Menschen nie einen Partner finden.

Kürzlich war ich zu Gast in einer Talk-Show. Da saß ein sehr fitter, gewitzt parlierender junger Mann auf dem Podium. Der Moderator der Talk-Show, dem die besondere Rhetorik des Mannes ebenso auffiel, meinte irgendwann: Sie sollten zum Fernsehen gehen! Eigentlich könnten Sie meinen Job machen!

Der junge Mann schüttelte den Kopf: Reden kann ich ja. Aber mit meinem Gesicht schaffe ich es beim Fernsehen höchstens in die Talk-Runde, niemals würde ich mit diesem Gesicht Talk-Master werden.

Ich wäre am liebsten aufgesprungen, so empörte mich diese Bemerkung. Natürlich wird der junge Mann es nicht schaffen! Er glaubt ja selbst nicht daran und sein Unglaube ist fest in seinem Unterbewusstsein verankert. Von dem Moment, wo er selbst dies auch noch öffentlich preisgab, erschien sein Gesicht – das mir zuvor völlig normal vorgekommen war – wirklich unattraktiv.

Hören Sie auf, sich selbst schlecht zu machen! Sie haben genug damit zu tun, die negativen Prägungen, die Ihnen das Schlechtmachen anderer Menschen angetan haben, zu eliminieren. Da brauchen Sie nicht selbst noch zusätzlich Schutt in Ihrem Unterbewusstsein abzuladen!

Vorstehende Beispiele bezogen sich alle auf Äußerlichkeiten, um Ihnen zu verdeutlichen, wie die Programmierung funktioniert. Selbstverständlich ist es mit den inneren Werten genauso. Das heißt, Sie denken nicht: Ich schaffe nie etwas. Sondern: Ich schaffe alles. Sie denken nicht: Ich werde nie die Frau meiner Träume kennenlernen. Sondern: Ich weiß, ich lerne die Frau meiner Träume kennen – und zwar noch in diesem Jahr!

Rücken Sie all Ihre positiven Eigenschaften in den Vordergrund und konzentrieren Sie sich auf sie – bis sie abstrahlen auf das, was Ihnen auf den ersten Blick nicht als positiv erscheint. Denken Sie nicht an gescheiterte große Unternehmungen, sondern an kleine, erfolgreich abgeschlossene. Und wenn Sie dann ganz einverstanden mit sich sind, sind Sie auch glücklich und erfolgreich. Für reiche Menschen ist es kein Problem, gewisse Korrekturen vorzunehmen. Wenn sie sich irgendwann wünschen, wieder ein paar mehr Haare auf dem Kopf zu haben, lassen Sie sich eben welche verpflanzen. Aber ihr Glaube an sich hängt nicht an ein paar Haaren. Er ist tief verwurzelt in ihrem Unterbewusstsein. Deshalb sind sie erfolgreich.

## *Ich mag mich!*

Nachfolgende Übungen dienen dazu, Ihr Selbstbildnis auferstehen zu lassen. Vorerst sollten Sie sich lediglich wertfrei visualisieren. Es ist wichtig, ein wertfreies Selbstbildnis im Unterbewusstsein zu verankern, ehe Sie damit beginnen, das Selbstbildnis mit Ihren Zielbildern aufzuladen.

*Legen Sie eine Meditationskassette ein, am besten mit Naturgeräuschen wie Vogelstimmen oder Wasserplätschern.*

*Schließen Sie die Augen und lassen Sie Ihren Atem ruhig fließen. Wenn Sie merken, dass Sie entspannt sind, beginnen Sie damit, von Kopf bis Fuß Ihr eigenes Ebenbild entstehen zu lassen. Ihr eigenes Ebenbild sollte mit der schönsten Kleidung angezogen sein, die Sie besitzen.*

*Sehen Sie sich. Sehen Sie sich im Spiegelbild Ihres inneren Auges. Konzentrieren Sie sich. Ihr Ebenbild entsteht. Schält sich heraus. Zuerst ist es nur als Schatten sichtbar, dann in einem hellgrauen Raster, das Bild wird feiner, die Grundfarben – rot, gelb, blau, schwarz – tauchen auf, vertiefen sich, verfeinern sich – und dann sehen Sie sich von Kopf bis Fuß. Ihr Selbstbildnis. Sehen Sie es nur an. Werten Sie nichts. Sehen Sie sich in Ihrer besten Kleidung. Sie sind schön. Sie sind richtig, so wie Sie sind. Alles ist gut.*
*Atmen Sie ruhig und tief und verbinden Sie sich mit der harmonischen Kraft Ihres Bildes.*

Machen Sie diese Übung mindestens zweimal täglich. Sie beweist Ihnen immer wieder: Sie sind in der Lage, Ihr Selbstbild zu spiegeln. Das ist die Voraussetzung dafür, um später andere Zielbilder in Ihrem Unterbewusstsein zu verankern.

# Beat it: Lebensfreude durch Musik

Zwischen 1965 und 1977 war die Hochzeit des musikalischen Umbruchs. Die Revolution einer Generation. Die Beat-Welle schwappte über den ganzen Erdball. Sie erreichte uns alle und wir schwappten mit. Das war unsere Musik. Das war unser Lebensgefühl. Das war unser Kampf gegen die verkrusteten Vorstellungen der Elterngeneration, die vom Krieg geprägt war.

Durch meine Begabung, eine einmal gehörte Melodie sofort auf ein Instrument zu übertragen, hatte ich bisher Akkordeon, Gitarre, Schlagzeug, Bass und Posaune gespielt. Mein persönlicher Favorit war jedoch das Schlagzeug. Da ich kein eigenes hatte, half ich mir mit bespannten Waschpulver–Eimern und vielen Glasflaschen; mein erstes Drumset. Seinerzeit war das Thema Rauschgift – sprich Haschisch – in aller Munde, und mein Vater fand es beruhigend, den Filius und seine Freunde bei sich zu Hause im Keller beim Musizieren zu wissen. Meine erste Band trug den Namen »The Spirits«. Natürlich waren die Beatles unsere Vorbilder – wie sollte es zu dieser Zeit anders sein. Während der Rhythmus der Beatles den ganzen Planeten eroberte, probten wir mit Mikrofonständern, die eigentlich abgesägte Notenständer waren. Bis auf zwei Gitarren waren unsere Instrumente Marke Eigenbau. Als Verstärker dienten uns die guten alten Röhrenradios, deren unnachahmlicher Sound unsere Musik maßgeblich prägte. Ich spielte nicht nur Schlagzeug, sondern auch Gitarre – und ich sang – bis unsere Band durch eine fetzige blonde Sängerin Verstärkung bekam. Im elterlichen Wohnzimmer wackelte es, wenn sich die Band zum Üben traf – doch meine Eltern verlangten nicht, wir sollten leiser sein. Sie waren beruhigt, denn sie glaubten, mich unter Kontrolle zu haben. Deshalb reagierten sie auch sehr tolerant, wenn Nachbarn sich wegen des Lärms beschwerten.

Mit der Musik und der Freude an der Musik knüpfte ich dort an, wo ich als Kind die ersten positiven Kräfte in meinem Unterbewusstsein verankert hatte. Musik wirkt unmittelbar. Sie geht direkt ins Gefühl. Weckt Emotionen. Erinnerungen. Lebensfreude. In der Musik liegt eine der größten Kräfte überhaupt. Sie ist wie die Natur. Auch die Natur hat ihre Musik, ist Musik – das quirlige Plätschern eines Baches, das mächtige Tosen der Brandung, das süße Säuseln einer sanften Brise. Musik ist pure Energie. Sie machte mich stark. Ich wuchs förmlich über mich selbst hinaus und die Lebensfreude, die in mir pulsierte, riss alle mit. In Geld zahlte sich das zwar nicht aus, doch immerhin wurde unsere Band bei Auftritten mit einem Schnitzel und einer halben Bier belohnt.

Vor Auftritten plagte mich Nervosität. Manchmal hätte ich mich am liebsten irgendwo verkrochen. Gleichzeitig aber wollte ich unbedingt spielen. Auf der Bühne und im Mittelpunkt stehen. Ich liebte dieses Balancieren auf Messers Schneide. Die Herausforderung, mich selbst zu beweisen, elektrisierte mich. Und ich nahm sie immer an. Innerhalb der ersten Takte war meine Nervosität verschwunden. Die pure Energie der Musik packte mich. Ich war ein einziger Funkenregen. Und ich zündete die Funken beim Publikum. Nur ein begeisterungsfähiger Mensch kann Begeisterung bei anderen Menschen wecken – und das gelang mir immer. Besonders natürlich bei Mädchen.

Was dieses Kapitel betrifft, stand ich noch ganz am Anfang meiner Karriere. Bis dato hatten mich Mädchen nicht besonders interessiert. Das änderte sich jedoch schlagartig mit

Irmi. So hieß meine erste »Angebetete«. Irmi wohnte in meinem Viertel, war ein wunderschönes Mädchen mit einem langen, blonden Zopf. Manchmal hörte sie unserer Band beim Proben zu. Ich war dann jedes Mal außer mir vor Aufregung. Mein Herz pochte im ganzen Körper. Ich saß hinter meinem Schlagzeug und wusste nicht, wohin mit mir. Immerzu hätte ich sie anschauen mögen. Doch das traute ich mich nicht. Wenn ich sie dann doch verstohlen anblickte, schaute Irmi weg, und wenn sie mich anschaute und ich das bemerkte, schaute sie weg. Manchmal aber trafen unsere Blicke sich – und mir wurde heiß von Kopf bis Fuß. Ich war 14 Jahre alt und verliebt bis zum Wahnsinn. Niemals hätte ich es gewagt, mich Irmi zu nähern. Meine Liebe hatte kein Ziel. Einfach in Irmis Nähe wollte ich sein. Sie anschauen dürfen. Und wenn ein Hauch ihres süßen Dufts an mir vorüberzog, ging mir das Herz auf. Zuweilen berührten wir uns. Es sah zufällig aus. Das Streifen eines Arms beim Vorübergehen. Ich erlitt Stromschläge bei solchen Begegnungen. Allein der Name Irmi wurde zu einem Zauberwort für mich. Wenn irgendjemand über sie sprach, wurde mir fast schwindlig. Ich war verliebt, wie man nur in diesem Alter verliebt sein kann: Ich schwebte auf einer rosaroten Wolke. Eine »Liebeserklärung« habe ich Irmi rund dreißig Jahre später nachgeliefert. Letzten Sommer traf ich sie zufällig auf einem Seefest bei Starnberg. Ich erfuhr, dass sie wie ich glücklich verheiratet ist, als Psychologin arbeitet und vier Kinder hat. »Weisst du eigentlich«, fragte ich sie, »wie wahnsinnig ich damals in dich verliebt war?«

»Warum hast du denn nichts gesagt?«, rief Irmi. »Mir erging es genauso!«

Eines Tages stieß ein »Manager« zu unserer Band. Wie aus dem Nichts tauchte er auf und versicherte: »Lasst mich das Business mal in die Hand nehmen.« Der Manager war

»schon« 18 Jahre alt, hatte einen Führerschein und einen zweifarbig lackierten Ford 17M. Uns kam dieser Wagen wie der Cadillac von Elvis Presley vor. Ohne Zweifel war unser Manager ein mit allen Wassern gewaschener Typ. Wenn wir in seinem Wagen durch die Stadt fuhren, fühlten wir uns auch wie Elvis Presley. Der Manager organisierte eine Zeltplatztournee durch Norditalien. Meine Eltern gaben mir die Erlaubnis dazu, da sie selbst einen Italienurlaub planten. Allerdings durfte ich nicht mit der Band fahren. Meine Eltern brachten mich persönlich zu dem ersten »Gig«. Dort traf ich dann mit meiner Band zusammen und meine Eltern fuhren zu ihrem Urlaubsort. Die weiteren Stationen der Tour fuhr ich dann allerdings mit der Band – entweder in »unserem Cadillac« oder mit dem Lieferwagen, in dem auch die Instrumente und die Anlage transportiert wurden. Schon der erste Auftritt war gigantisch. Mindestens tausend Menschen tauchten auf. Eine Stimmung wie pures Dynamit, südlicher Sommer, lauer Wind, das Meer in der Nähe – und wir gaben alles. Nach dem Konzert war die Nacht jedoch noch lange nicht zu Ende – besonders nicht für mich. Ich war umringt von hübschen jungen Mädchen, die mir eindeutige Angebote machten. Ich suchte mir die aus, die mir am besten gefiel, und nahm aufgekratzt ihre Einladung in ihr Zelt an. Wahrscheinlich ahnte sie nicht, was sie sich da angelacht hatte – auf der Bühne wirkte ich wesentlich älter, als ich war. Sie wusste jedenfalls, wo es langging, und ich tat so, als wüsste ich es auch. In Wirklichkeit wusste ich nichts – oder wenig. Niemand hatte mich aufgeklärt, außer ein paar Anspielungen meiner Kumpels war da nicht viel.

Ich muss gestehen, dass mein erstes Mal nicht besonders berauschend verlief. Es war zwar schön, doch ich war dermaßen aufgeregt, dass ich nicht allzu viel mitbekam. Am nächsten Morgen reiste meine Geliebte ab, und ich hatte ein neues Territorium entdeckt, auf dem es noch viel zu erobern galt. Dem widmete ich mich während unserer ganzen Italientour. Und zwar exzessiv. Die äußeren Umstände hätten nicht besser sein können. Wir reisten von Zeltplatz zu Zeltplatz und ich schlief jede Nacht in einem anderen Zelt. Vertiefen konnten sich diese Beziehungen nicht, denn entweder die Mädchen reisten ab – oder unsere Band zog weiter. Ich betrieb mein neues Hobby wie einen Sport und lernte schnell und fleißig. Es musste ja nicht immer Nacht sein – man konnte auch tagsüber »zelten«. Mit einem Schmunzeln denke ich an jene wilde Zeit zurück. Heute, als erfahrener Mann, weiß ich, was ich von diesen Abenteuern zu halten habe. Dennoch war es eine schöne Zeit, die ich nicht missen möchte.

Selbstverständlich hatte ich lange Haare – zum Leidwesen meiner Eltern. Lange Haare waren wichtig, sie waren die Fahne unserer Revolution. Die Uniform dazu bestand aus geblümten Blusen und Hemden, Schlaghosen – je mehr Schlag, desto besser – Hirten- und Wolfsmänteln. Die jungen Mädchen der damaligen Zeit trugen unter diesen so genannten Maximänteln Miniröcke oder Hotpants. Ein solcher Schwung, eine solche Euphorie trieb unsere aufgeputschte Generation, dass sogar manche Altsemester sich davon anstecken ließen, und gelegentlich trafen wir einen Vierzig- oder gar Fünfzigjährigen, der in seiner Freizeit »Gammler« oder »Hippie«, wie es damals hieß, spielte. Die Mode, die Musik, und last but not least: die Befreiung der Sexualität war das Wichtigste in dieser Zeit. Was den Sex betraf, hatte ich es als Musiker besonders gut getroffen. Unter diesen waren die Sänger am beliebtesten. Wäre ich später lediglich auf die Auftritte mit den von mir gegründeten Bands angewiesen gewesen, hätte ich nicht so viele erotische Abenteuer erlebt, denn keine meiner Bands schaffte den großen Durchbruch. Doch oft half ich bei anderen Bands aus, an der Gitarre oder am Schlagzeug. Gesungen habe ich immer, egal, welches Instrument ich spielte. Unvergesslich sind mir die Freitag-, Samstag- und Sonntagabende, in denen ich im »PN« in München spielte. Umringt von hot girls in hot pants. Ich kam mir vor, als lebte ich im Schlaraffenland – das dank Oswald Kolle für jeden geöffnet worden war. Und so kommt es mir auch heute noch vor, wenn ich an die schreckliche Geißel Aids denke, die unserer Jugend die Lust vergällt. Natürlich konnte man sich auch damals »irgendwas einfangen«. Aber das führte noch lange nicht zum Tod. Und an den dachte bestimmt niemand. Es war eine ungeheure Wucht in dieser Zeit. Ein Aufbruch, ein Ausbruch. Der Krieg war vorbei, Deutschland aufgebaut – und jetzt wollten die Menschen nur eines: leben, leben, leben! Besonders die jungen. Und die Musik war ihr, war unser Ventil. Allein wenn ich die heißen Rhythmen der damaligen Zeit höre. Notbush City Limits von Ike und Tina Turner. Da überläuft es mich heiß und kalt. Ich bekomme immer noch unendliche Energie, wenn ich diese Songs höre.

Am ersten Morgen nach dem Ende der Tournee war unser Manager verschwunden. Er hatte sämtliche, nicht unbeträchtliche Einnahmen und die Instrumente mitgehen lassen. Alles, was mir geblieben war, war meine Gitarre und was ich am Leib trug. Die Band reiste ebenso ab – in dem fast leeren Lieferwagen. Jahre später habe ich mich gefragt, ob die Band und der Manager unter einer Decke steckten. Den Manager habe ich übrigens nie mehr gesehen. Er war wie vom Erdboden verschluckt. Und auch in der Band spielte ich nicht mehr. Ich hatte mich dort nur musikalisch wohl gefühlt. Menschlich nicht, was sich auf der Zeltplatztournee täglich neu herausstellte. Ich rief meine

Eltern an, erreichte sie jedoch nicht. Da lernte ich ein Mädchen kennen, die mich in der nächsten Nacht mit in ihr Zelt nahm. Auf den ersten Blick hatte mir dieses Mädchen gar nicht gefallen, denn sie entsprach nicht meinem Typ. Ich bevorzugte sehr zierliche Mädchen. Doch diese Nacht mit ihr war die schönste, die ich während der Italientournee erlebte.

Ich lernte die Sinnlichkeit kennen. Zum ersten Mal bekam ich eine Ahnung davon, wie berauschend erfüllender Sex sein kann – die Art der Liebeskunst, die ein erfahrener Mann kennt. Meine sinnliche Geliebte reiste am nächsten Mittag ab. Gegen Abend gelang es mir, meine Eltern telefonisch zu erreichen, und ich erfuhr, dass sie mich am nächsten Morgen abholen würden. Ich hatte kein Geld, kein Zelt – nichts. Zum Schlafen legte ich mich unter einen Feigenbaum. Mitten in der Nacht wachte ich plötzlich auf. Ich öffnete die Augen und sah in den bläulich-schwarzen Nachthimmel, wo der volle runde Mond wie ein Lampion leuchtete. Tausende von Fledermäusen schwirrten um den Feigenbaum. Ich lag unter dem weiten Himmelszelt und spürte ein großes, leuchtendes Glücksgefühl in mir. Mit diesem Glücksgefühl schlief ich wieder ein. Als ich erwachte, war es die Stimme meines Vaters, die mich aus meinen Träumen riss.

»Na, du Gammler«, begrüßte mein Vater mich, »das war ja klar, dass du über den Tisch gezogen wirst. Das hätte ich dir gleich sagen können. Aber du bist ja zu dumm, um irgendwas zu begreifen. Das hast du jetzt davon. Und dann muss man dich auch noch holen. Weil du zu blöd bist. Weil du ...«

Die Tiraden meines Vaters nahmen kein Ende. Schwerfällig stand ich auf. Die Nacht mit dem vollen Mond und den Fledermäusen – sie war schon gar nicht mehr wahr. Die Nächte in den Zelten der jungen Frauen – auch sie waren nicht mehr wahr. Wahr war mein Vater, der mir mit schießender Stimme auseinander setzte, was für eine Null ich war. Und ich wurde immer kleiner. Wurde zu der Null, die er mir übermächtig vorhielt. Ich sah nicht mehr, was ich in Wirklichkeit war – ein junger, rebellischer, attraktiver Mann. So hatten mich die jungen Frauen gesehen. So hatte ich mich selbst gesehen. Unter dem unbarmherzigen Blick meines Vaters brach das alles zusammen – und nichts blieb übrig. Doch mein Vater ließ noch lange nicht ab von mir. Die ganze Autofahrt auf dem Weg nach Hause beschimpfte er mich. Meine Mutter saß schweigend auf dem Beifahrersitz, meine zwei Geschwister neben mir im Fond des VW Käfers. Meine Eltern rauchten ununterbrochen Astor. Alle halbe Stunde hielten sie an, damit die Kinder sich erbrechen konnten. Türen auf, kotzen, Türen zu – und weiterfahren, den Pass hinauf, und die nächste Astor angesteckt. Ich hatte Hunger. Großen Hunger. Seit dem vorherigen Mittag hatte ich nichts gegessen. Am Vormittag erreichten wir Kitzbühel. Mein Vater parkte den Wagen, und wir gingen zu einem Restaurant. Gegenüber befand sich ein Friseur, und just in dem Moment, als wir die Tür zum Restaurant aufdrückten, sperrte ein Mann den Friseurladen auf. Mein Vater beobachtete den Mann, dann schaute er mich an. Und noch einmal ließ er seine Blicke zwischen dem Mann und mir hin- und herwandern. Dann fragte mein Vater »Du hast Hunger?«

»Ja.«

»Wenn du etwas zu essen möchtest, lässt du dir vorher die Haare schneiden«, sagte er und wies mit ausgestrecktem Arm in Richtung des Friseursalons.

Meine Geschwister stießen die Tür zum Restaurant auf. Ich roch Eier mit Speck. Der Geruch grub mir den Magen um. Schlagartig wurde mir fast übel vor Hunger.

»Du bekommst erst etwas zu essen, wenn du dort warst«, wiederholte mein Vater.

Ich hatte Hunger. Entsetzlichen Hunger. Ich war nicht mehr ich selber. So trottete ich also zu dem Friseursalon, mein Vater folgte mir und wies den Friseur an, wie er sich vorstellte, dass sein Sohn aussehen sollte. Dann ging er in das Restaurant. Der Friseur griff nach einer Schere. Täuschte ich mich oder grinste er dabei? Die erste lange Strähne meiner Haarpracht fiel zu Boden. Ich schloss die Augen. Das Geräusch der Schere bereitete mir körperliche Schmerzen. Mit jedem Schnitt fühlte ich mich kleiner, hilfloser, beschissener. Der Friseur zerschnitt mir die Seele bei lebendigem Leibe. Er tat, was mein Vater ihm aufgetragen hatte. Als er fertig war, war ich nicht mehr ich selbst. Der, den ich im Spiegel sah, war ein Fremder. Er sah aus wie ein Amerikaner mit seinem Stiftenkopf. Der, den ich im Spiegel sah, war ein Aussätziger. An seinem Hals und Nacken schimmerte die Haut blendend weiß. Lächerlich sah der im Spiegel aus mit seinem braun gebrannten Gesicht und dem weißen Hals. Wie ein gescheckte Pony.

Mit gesenktem Kopf schlich ich in das Restaurant.

»Ui schaut, wie schön der Burschi ist!«, rief meine Mutter.

Mein Vater winkte dem Kellner, und kurz darauf stand ein Teller mit dampfenden Eiern und Speck vor mir. Ich nahm eine Gabel voll. Und dann noch eine. Tränen brannten in meinen Augen. Ich weinte nicht. Ich verachtete mich. Nach ein paar Bissen ließ ich die Gabel sinken. Ich hatte mich verkauft. Hatte meine Ehre und meinen Stolz verkauft für einige Bissen Essen. Ich war ein labiler kleiner Scheißer. Ich hasste mich. Warum habe ich das getan, warf ich mir vor. Bis nach Hause wären es nur noch ein paar Stunden. Ich habe mich verraten. Mein Vater hätte es ausgehalten ohne Essen. Mein Vater war es gewöhnt zu hungern. Er hatte den Krieg erlebt. Ich hatte noch nie gehungert. Trotzdem. Ich war ein Versager. Ich war das, was mein Vater mir vorgehalten hatte.

Innerlich gebrochen saß im Fond des VW Käfers. Wenn ich geistesabwesend an meine Schultern fasste, griff ich ins Nichts. Da war nichts mehr. Nichts war mir geblieben. Die herrliche Zeit, die ich erlebt hatte – alles war verschwunden. Ausgelöscht. Mein Selbstvertrauen lag begraben unter meinem Vater und irgendwo zeugten ein paar Büschel Haare davon, wer ich gewesen war ... gestern, vorgestern ...

Wieder zu Hause verkroch ich mich. Ich verließ das Haus nur, um zur Schule zu gehen. Ich traf niemanden und übte wie besessen Schlagzeug und Gitarre. Das waren die einzigen Momente, die mir überhaupt Linderung verschafften. Ich war wieder im Kloster gelandet. Diesmal jedoch hauste ich in meinem eigenen Gefängnis. Ich war dabei, ein Verlierer zu werden. Es dauerte Wochen, ehe ich mich wieder aufrichtete. Meine Jugend und meine Kraft ließen mich nicht im Stich. Verbunden mit der heilenden Energie der Musik tauchte ich allmählich auf aus meiner Depression. So wie meine Haare wuchsen, fand ich Mut, mich hinauszuwagen. Ich gründete eine neue Band. Der Gesprächsstoff war – außer Musik – Mädels. Und so begann ich dort weiterzumachen, wo ich in Italien aufgehört hatte. Ich stürzte mich in den Rausch erotischer Abenteuer und sammelte sie kunterbunt. An einer festen Bindung war ich – zum Leidwesen vieler – nicht interessiert. Ich lebte nach dem Motto: Wer zweimal mit derselben pennt, gehört schon zum Establishment. Wenn ich mit einer Frau im Bett lag, liebte ich sie. Doch keine liebte ich, wie ich Irmi geliebt hatte, die ich niemals berührte.

## Licht und Schatten

Jeder Mensch hat eine helle und eine dunkle Seite in sich. In der Psychologie wird die dunkle Seite als Schatten bezeichnet. Jeder Mensch hat die Wahl, ob er seine Schattenaspekte oder seine Lichtaspekte lebt. Mit der Programmierung des Unterbewusstseins können wir es steuern, wie der Lichtschalter, der an- oder ausgeknipst werden kann. In unserem Schatten sind all jene Eigenschaften und Ängste verborgen, die wir selbst nicht gerne an uns sehen: Kleinmütige Gedanken, Neid, Missgunst, Eifersucht, Selbstzweifel und so weiter. In unserer Lichtseite findet sich das, was wir an uns selbst mögen.

Wer im Schatten lebt, der fröstelt. Wer im Licht lebt, befindet sich auf der Sonnenseite. In jungen Jahren sind nicht nur wir selbst es, die den Lichtschalter an- und ausknipsen können. Ohne unser Zutun kann er von anderen Menschen betätigt werden.

Während meiner Italientournee lebte ich ganz im Licht. Ich fühlte mich lebendig und glücklich, ich sah mich als »tollen Hecht«, fühlte mich wie ein Supermusiker und hatte den Eindruck, die Frauenwelt liege mir zu Füßen. Die Frauen sahen vor allem die Lichtgestalt in mir und das wiederum spornte mich erst recht an, noch mehr Licht auszustrahlen.

Kaum war ich wieder im Einflussbereich meines Vaters, gewann der Schatten Herrschaft über mich. Mein Vater sprach immer nur meine dunklen Seiten an und verstärkte sie. Der Vaterschatten verdunkelte das Licht – und ich war zweigeteilt. Ich hatte zwei Persönlichkeiten. Die eine glaubte an sich, war positiv und kraftvoll, optimistisch und von großer Lebensfreude erfüllt. Die andere glaubte nicht an sich, war negativ und kraftlos, pessimistisch und zurückgezogen. Und so pendelte ich in atemraubendem

Tempo zwischen Licht und Schatten – Spielball der Stimmungen. Ich wusste nicht, wie ich den Schatten besiegen konnte. Ich wusste nichts von der Kraft der positiven Gedanken, die den Schatten in ewiges Licht tauchen könnten. Ich wusste nicht, dass ich selbst es war, der den Lichtschalter anknipsen konnte. Ich wusste nicht, dass ich meinen Lichtschalter vor fremden Zugriffen schützen konnte.

## Die Kraft der Gedanken

Was ist schon ein Gedanke?, fragen Sie sich vielleicht. Nichts. Niemand sieht ihn. Nur in meinem Kopf spukt er herum. Was aber ist beispielsweise mit Gefühlen? Gefühle sieht man auch nicht. Nur Sie selbst wissen, was Sie fühlen – und dennoch. Andere Menschen können Ihre Gefühle empfangen. Was ist, wenn Sie einen Menschen lieben – das Liebesgefühl, das Sie in sich tragen, erreicht diesen Menschen. Er kann es spüren. Obwohl das Gefühl an und für sich unsichtbar ist. Unsichtbar wie Ihre Gedanken.

*Stellen Sie sich Ihre Gedanken nun so vor, als könnten Sie sie berühren. Als wären sie Dinge, die Sie beispielsweise auf einen Tisch legen können. Diese Dinge, die dann vor Ihnen liegen, bestimmen Ihr Leben. Sind es schöne Dinge? Blumen, Briefe von lieben Menschen, ist es Geld, sind es Bilder, die Sie in erfolgreichen und glücklichen Situationen zeigen? Oder liegt vor Ihnen ein Haufen rostiger Nägel oder andere dunkle und hässliche Gegenstände?*

*Verwandeln Sie die Dinge zurück in Gedanken. Sind Sie angefüllt mit Lichtbildern oder mit Schattenbildern? Stehen Sie für Situationen, an die Sie am liebsten nicht erinnert würden?*

Stellen Sie sich vor, was diese Gedanken in Ihrem Inneren bewirken. Schöne Gedanken streicheln Sie von innen und leuchten nach außen. Negative Gedanken zerfetzen Ihr Inneres und wirken nach außen hin zerfurcht, uneins und nicht mit sich im Reinen.

Sie kämmen sich mehrmals am Tag und duschen, Sie cremen sich ein und suchen mit Sorgfalt Ihre Kleidung aus – kurzum: Sie pflegen Ihre äußere Erscheinung. Vielleicht achten Sie auf gesunde Ernährung. Sie pflegen Ihren Organismus. Treiben Sie dazu noch Sport und halten sich oft an der frischen Luft auf – wunderbar! Doch was tun Sie mit Ihrer inneren Einstellung? Pflegen Sie sie – oder denken Sie nicht erstmal darüber nach?

Wenn Sie die Kraft Ihrer Gedanken nicht richtig einschätzen, missachten Sie die größte Schatzkammer, die in Ihnen ruht. Wenn Sie in den Spiegel schauen und die Zunge herausstrecken, zeigt Ihnen Ihr Spiegelbild eine herausgestreckte Zunge. Wenn Sie in den Spiegel schauen und lächeln, zeigt Ihnen Ihr Spiegel ein Lächeln. Wenn Sie mit herausgestreckter Zunge auf andere Menschen zugehen, werden Sie eine Ohrfeige kassieren. Wenn Sie mit einem Lächeln auf andere Menschen zugehen, ernten Sie ein Lächeln.

Alles, was Sie denken, sickert in Ihr Unterbewusstsein. Von dort aus steigt es nach oben, zurück – und bestimmt Ihr Leben.

Wenn Sie Schönes und Gutes denken, legen Sie damit die Saat für das Schöne und Gute, das Ihnen geschieht. Denken Sie Schlechtes, legen Sie damit ebenfalls die Saat – dann allerdings für Schlechtes, das Ihnen widerfährt. Ihr Unterbewusstsein wehrt sich nicht gegen das, was Sie ihm schicken. Es nimmt alles auf – wertfrei. Ihr Computer weigert sich auch nicht, wenn Sie schreiben: Ich bin ein Vollidiot, das abzuspeichern. Er wird es abspeichern – genauso wie: Ich bin erfolgreich. Denn Ihr Unterbewusstsein denkt nicht selbstständig. Es empfängt lediglich die Befehle, die Sie ihm erteilen – in Form von Gedanken. Dies ist keine Theorie, sondern wissenschaftlich erwiesen – denken Sie beispielsweise an Hypnose. Ein Hypnotiseur kann einem Menschen, den er in Hypnose versetzt, alles suggerieren: Weil er es im Unterbewusstsein des betreffenden Menschen verankert. Er kann beispielsweise dort verankern, dass der betreffende Mensch jedes Mal, wenn ein Telefon klingelt, zu bellen anfängt. Das ist natürlich unsinnig – doch der hypnotisierte Mensch tut es. Denn er befindet sich in einem Ausnahmezustand und ist völlig verwandelt. Er wird lediglich gesteuert von seinem Unterbewusstsein. Nun sind Sie in Ihrem Alltag zwar nicht hypnotisiert, doch Sie können dieselbe Kraft nutzen, jene Vorstellungen in sich zu stärken, die Sie verwirklicht haben wollen.

Begreifen Sie nun allmählich, welche unglaubliche Kraft in Ihnen steckt? Und das Wunder geht noch weiter: Sie können nämlich die Schäden, die negative Gedanken vielleicht seit Jahrzehnten in Ihnen angerichtet haben, jederzeit beheben: Indem Sie positive Gedanken darüber speichern. Leider ist es so, dass die negative Prägung, die uns zu schaffen macht, in den meisten Fällen in unserer Kindheit beginnt. Wir hören: Das schaffst du doch nicht! Was hast du wieder angestellt? Aus dir wird nichts! Du landest noch mal in der Gosse!

Kinder können sich gegen solche negativen Prägungen kaum wehren. Es dringt ungehindert in sie ein. Und dann übernehmen sie diese negative Seite für sich selbst. Irgendwann ist es so weit, dass sie schließlich selbst denken: Ich kann nichts. Ich schaffe nichts. Ich bringe es zu nichts. Ich lande in der Gosse. Das Schlimme ist, es wird in ihrem

Unterbewusstsein gespeichert: Du landest in der Gosse – und das Unterbewusstsein wird alles tun, damit das auch geschieht.

Deshalb ist es eine der wichtigsten Aufgaben für einen erwachsenen Menschen, die negativen Suggestionen zu erkennen und in sich auszumerzen. Die meisten negativen Suggestionen beginnen in der Kindheit. Sie verhindern es, dass sich der Mensch später zu einer ganzheitlichen Persönlichkeit entwickelt. Oft dauert es Jahrzehnte, bis Menschen es schaffen, sich zu befreien. Im Kindesalter wirken die Gegenkräfte Unschuld und Offenheit noch. Im Erwachsenenalter haben das viele verloren. Dafür können Sie nun Ihre Gedanken beeinflussen. Und Sie können ein Gespür dafür entwickeln, welche Menschen Ihnen gut tun und welche Ihnen schaden. Ich habe schon darauf hingewiesen, dass Sie Menschen, die Ihnen nicht gut gesinnt sind, die mit Ihren Schattenaspekten korrespondieren, meiden sollten.

Wenden Sie sich solchen Menschen zu, die Ihre Lichtseite ansprechen. Gleichzeitig sollten Sie selbst immer die Lichtseite anderer Menschen aktivieren. Und auch in Ihren Gedanken sollten Sie helle und gute Wünsche mit anderen Menschen verbinden. Zum Beispiel: Ein Bekannter erzählt Ihnen von einer Geschäftsidee. Der Bekannte hat etwas Geld von einer Tante geerbt und möchte dies in einen Laden investieren. Bestärken Sie Ihren Bekannten in seiner positiven Energie. Sagen Sie nicht: Das wird ja sowieso nichts. Denn damit korrespondieren Sie mit den Zweifeln, die er wahrscheinlich hat, und tragen dazu bei, ihn negativ zu stimmen. Teilen Sie seine Freude. Denken Sie mit Freude und in Erfolgsbildern an das Geschäft Ihres Bekannten. Machen Sie es sich zum Leitmotiv Ihres Leben, Ihre Umgebung positiv aufzuladen. Sowohl mit Ihren Worten und Taten als auch mit Ihren Gedanken. Vielleicht mag es

Ihnen seltsam erscheinen, doch probieren Sie es aus. Schicken Sie positive Gedanken an die Menschen, die Sie unterstützen möchten. Schicken Sie keine negativen Gedanken an Menschen, die Sie nicht mögen. Auch ihnen sollten Sie das Beste wünschen. Vergessen Sie nie: **Was Sie anderen wünschen, das kehrt zu Ihnen zurück.** Der Bekannte, den Sie motivieren, wird Ihnen dies eines Tages zurückgeben – oder ein anderer wird es tun. Keine gute Tat, kein guter Gedanke bleibt ohne Erwiderung.

Um diesen Bumerang–Effekt zu überprüfen, brauchen Sie lediglich Ihr Leben einer kritischen Prüfung unterziehen. Sie werden feststellen, dass Unternehmungen, die Sie mit negativen Gedanken begannen, sehr oft fehlschlugen. Unternehmungen aber, die Sie mit positiven Gedanken begleiteten, waren erfolgreich.

Die Formel ist einfach. Der Schriftsteller Ralph Waldo Emerson brachte sie auf den Punkt: *»Der Mensch ist das, was er den ganzen Tag lang denkt.«* Und in der Bibel steht: *»Der Mensch ist, wie er im innersten Herzen denkt.«*

Durch die Jahrhunderte gab es immer wieder Menschen, die diese Wahrheit für ihr Leben eroberten. Sie lebten glücklich und erfolgreich. Der römische Kaiser Marc Aurell schrieb: *»Das Leben eines Menschen ist das, was seine Gedanken daraus machen.«*

Die positive Kraft der Gedanken zu nutzen liegt jedem Erfolg zugrunde. Nur was wir mit unseren Gedanken bejahen, kann auch Wirklichkeit werden. Wollen Sie zu den Menschen gehören, die auf der Sonnenseite leben? Dann arbeiten Sie mit der unendlichen Kraft Ihrer Gedanken. In ihnen liegt der Schlüssel zu Ihrem neuen Leben.

## Beginnen Sie, in positiven Bildern zu denken

Einer der Hauptunterschiede zwischen positiven und negativen Gedanken und Bildern ist jener, dass die negativen von selbst kommen. Die positiven Gedanken und Bilder müssen wir uns erarbeiten. Das liegt vor allem an der pessimistischen Haltung unserer Gesellschaft, die uns von frühester Kindheit an mit Negativbotschaften bombardierte. Wir sind es nahezu gewöhnt, vom Schlechtesten auszugehen. Sich von Gewohnheiten zu trennen erfordert Übung und Durchhaltevermögen. Doch es gibt Strategien, die einem dabei behilflich sind. Wenden wir uns noch einmal der Angst als Auslöser für Sorgen, Grübeleien und negative Bilder zu. An dieser Stelle des Buches sind Sie bereits mit der Vorgehensweise vertraut, wie Sie Ihre Ängste bewältigen können – indem Sie sie so lange visualisieren, bis sie gebannt sind, weil Sie bildlich durch Ihre Angst hindurchgehen. Es gibt noch eine zweite Strategie. Diese bannt die Ängste, Sorgen und Zweifel bereits im Vorfeld.

Was wäre wenn ... sind die drei Wörter, die viele Menschen als Ouvertüre für ihre Katastrophenbilder benutzen.

Was wäre wenn ... meine Firma Konkurs anmelden würde ... mein Partner mich verlassen würde ... ich ohne Pfennig in der Tasche dastünde ... ich meinen Job verlieren würde ...

Gegenfragen: Würden Sie sterben, wenn Ihre Firma Konkurs anmelden würde, Ihr Partner Sie verlassen würde, Sie ohne Pfennig in der Tasche dastünden, Sie Ihren Job verlören?

NEIN!

Was ist das Wichtigste im Leben – gesund und am Leben zu sein! Alles andere ist zweitrangig. Und so sollten Sie es auch behandeln.

Mit dem Wort »Aber« fängt bei den meisten Menschen die nächste Sorgenspirale an. »Aber trotzdem ... kann doch dies und jenes passieren!« Wenn Sie Ihre Probleme als Bergmassiv vor sich sehen, fühlen Sie sich ohnmächtig, handlungsunfähig. Diese Lähmung führt zu immer größeren Sorgen, größeren Ängsten. Na und! Sie sind noch immer gesund und am Leben. Und wenn Ihnen dies nicht genügt, dann setzen Sie sich strategisch mit Ihren Sorgen auseinander. Ihre Sorgen sind keine Lawine, die Sie überrollt. Sie können sie beherrschen – indem Sie sie in leicht zu bewältigende Teile spalten. Kleine Häppchen sind leichter zu verdauen. Gewöhnen Sie es sich an, jedes Problem in Einzelteile zu zerlegen.

Hören Sie auf, Ihre negativen Bilder in sich wuchern zu lassen. Sorgen Sie vor!

Nachfolgend erkläre ich die Strategie der Aufspaltung anhand des Beispiels, wenn Sie Ihr komplettes Vermögen verloren hätten. Sollte Ihnen dieses Beispiel nicht zusagen, wählen Sie ein anderes.

### *Der Lichtstreifen am Horizont*

*Wenn ich mein gesamtes angespartes Vermögen verlieren würde = Problem riesengroß, Bergmassiv, nicht zu bewältigen, alles ist zu Ende.*

*Stellen Sie sich dieses Ende vor. Es ist groß und schwarz und dunkel. Es ist hoffnungslos. Aus. Die Katastrophe ist hundert Prozent. Atmen Sie einige Male tief durch. Und jetzt sagen Sie: Ich bin am Leben. Ein Lichtstreif taucht auf am Horizont. Sagen Sie: Ich bin gesund. Der Lichtstreif wird breiter. Denken Sie an Menschen, die eine scheinbar ausweglose Situation erfolgreich gemeistert haben. Hoffnung glimmt auf. Sagen Sie: Was andere geschafft haben, schaffe ich auch. Die Katastrophe ist nur noch zu achtzig Prozent vorhanden. Atmen Sie bewusst und ruhig. Der Eisenklotz, der Ihnen die Luft abzudrücken schien, löst sich auf. Und jetzt denken Sie an Menschen, die alles, was sie liebten und besaßen, verloren. Ich wünsche Ihnen, dass Sie keinen solchen Menschen kennen – doch wir brauchen nur die Nachrichten im Fernsehen einzuschalten und wir sind allabendlich mit Hunderten von Menschen konfrontiert, die alles verloren haben, was sie liebten und besaßen. Stellen Sie das Schicksal jener Menschen neben Ihre eigenen Befürchtungen. Die persönliche Katastrophe mindert sich noch einmal. Jetzt liegen Sie schätzungsweise bei sechzig Prozent. Das ist eine gute Startbasis. Bei sechzig Prozent können Sie aktiv werden. Was also können Sie tun … wenn Sie Ihr gesamtes angespartes Geld verlieren würden. Sie können von vorne beginnen! Denken Sie nicht Nein! Natürlich können Sie das! Sie haben es schon einmal bewiesen und Sie werden es wieder beweisen! Sie verfügen über das nötige Wissen! Sie besitzen wichtige Erfahrungen! Sie sind nicht hilflos und ohnmächtig! Sie können handeln! Spüren Sie, dass Sie handeln können! Und schon sind Sie bei vierzig Prozent.*

*Nun malen Sie sich Strategien aus, wie Sie in Ihrem speziellen Fall vorgehen würden. Welche Handlungen Sie als erstes, als nächstes usw. vollzögen. So landen Sie bei zirka zwanzig Prozent. Das ist keine Katastrophe mehr, sondern eine Befürchtung. Denken Sie daran, wie Sie früher von ganz vorne begannen. Das war doch auch schön! Sie standen mittendrin im Kampf. Es war elektrisierend und aufregend. Sie eroberten sich Ihre Welt Tag für Tag ein Stückchen mehr. Eine scheinbare Katastrophe kann auch eine überaus bereichernde Herausforderung sein – wenn wir auch erst immer »danach« klüger sind. Nun machen*

*Sie sich in aller Deutlichkeit klar, dass Sie mit Ihrer negativen Befürchtung herumexperimentieren. Es gibt keinen Grund, dass diese negative Befürchtung sich in Realität verwandelt. Besonders nicht, wenn Sie ab sofort aufhören, in negativen Vorstellungswelten zu leben.*

*Zwanzig Prozent sind leicht zu bewältigen. Visualisieren Sie nun das Gegenteil des vorher Genannten. Sehen Sie sich selbst hundert Prozent auf der Gewinnerseite. Visualisieren Sie Erfolge, die Sie anstreben … bis die zwanzig Prozent auf Null sind.*

Vergessen Sie niemals, Ihr Leben als das höchste Gut zu achten und zu schätzen – und es in eine vernünftige Relation zu allem anderen zu setzen.

## Der Ernst des Lebens

Ich wollte nie Buchdrucker werden. Weder als Kind noch als Jugendlicher. Niemals Buchdrucker. Und nun stand ich tagein, tagaus vor einer Druckmaschine, die ins Altertum-Museum gehört hätte. Die Druckerei selbst war klein, dunkel und lag in einem der verrufensten Viertel Münchens. Den Weg vom Bahnhof zu meinem Arbeitsplatz bewältigte ich allmorgendlich, als führte er zu meiner Hinrichtung. Das also war der berüchtigte Ernst des Lebens. So also würde es weitergehen. Bis zur Rente?! Damit konnte und wollte ich mich nicht abfinden. Im nachhinein erscheint es mir wie eine Ironie des Schicksals, dass in dieser Druckerei das allseits beliebte Monopolyspiel hergestellt wurde. Ich druckte das Spiel, bei dem man mit Leichtigkeit zum Millionär wird – und wusste nicht, dass ich es selbst bald sein würde. Seinerzeit gab es keine moderne Computertechnologie. Bleisatz hieß mein tägliches Brot – und Farben wurden von Hand angemischt. Ich war zuständig für die Umschläge des Monopolyspiels. Sie waren in Mirioliblau gehalten, einer Farbe mit beträchtlichem Kupferanteil, der meine Hände während meiner Lehrzeit arg strapazierte. Mit Gummihandschuhen zu arbeiten war erstens wegen der Unfallgefahr verboten, zweitens wäre es mir damit nicht möglich gewesen, die Bögen flink in die Maschine einzulegen.

Das Druckereigewerbe ist kein Zuckerlecken – noch dazu, weil Drucker und Setzer sich damals wie natürliche Todfeinde behandelten. Es gab viele – auch handgreifliche – Auseinandersetzungen. Ich erinnere mich an einen mindestens zwanzig Zentimeter langen Schraubenzieher, der mir ins Gesicht geschleudert wurde. Zum Glück traf er mich mit dem Griff. Und nie werde ich den heißen Augusttag vergessen, an dem mir der Chef höchstpersönlich eine Ohrfeige verpasste. Es war so heiß an meiner Maschine, dass mir der Schweiß am Körper hinabrann. Kurz vor der Mittagspause öffnete ich die Fenster, dann reinigte ich die Walzen der Maschine mit Trio-Glycerin und verließ meinen Arbeitplatz. Als ich zurückkam, hatte sich die alte Königsbauer-Maschine in ein unförmiges Monster verwandelt. Die Walzen waren Ovale – und aus allen Fugen und Ritzen tropfte Gelatine. Die Sonne hatte die damit bezogenen Walzen einfach zerschmelzen lassen. Die Ohrfeige des Chefs schleuderte mich zwischen die Walzen in die Ölwanne. Ab diesem Zeitpunkt war es für mich klar: Innerlich kündigte ich. Zwanzig-, dreißigmal kündigte ich innerlich während der Arbeitszeit und jeden Abend kündigte ich laut – bei meinem Vater. Er schaffte es immer wieder, mich so zu präparieren, dass ich am nächsten Morgen erneut in die Hölle hinabstieg. Mein Monatslohn von 18 Mark im ersten Lehrjahr reichte nicht mal, um mein Mittagessen zu finanzieren. Meine Eltern arrangierten, dass ich in einer nahe liegenden Wirtschaft verköstigt wurde. Ich weiß nicht, wie ich die Lehrzeit ohne meine Musik überlebt hätte. Sie gab mir die Kraft, den Alltag durchzustehen. Einmal spielte ich im Deutschen Theater in München vor 2000 Menschen. Bei diesem Auftritt merkte ich bis in die letzte Faser meines Körpers: Das ist es, was ich will. Ich will vor anderen Menschen mein Können präsentieren, ich will andere Menschen begeistern. Ich probierte auch immer wieder mal, eine Band auf die Beine zu stellen, blieb aber als Bandleader meistens erfolglos, da meine Mitstreiter und ich uns permanent – wie das Wort schon sagt – stritten. Wir stritten – kaum war die Band auftrittsbereit, was das Zeug hielt.

Was mich außer meiner Musik am Leben hielt, war die Freiheit beim Motorradfahren. Mit 15 Jahren hatte ich bereits eine 350er Horex Imperator, mit 16 Jahren eine

500er BMW R69. Einen Führerschein hatte ich nicht – denn weder mein Vater noch meine Mutter wussten, dass man zum Motorradfahren einen Führerschein braucht. Als ich 16 Jahre alt war, sagte mein Vater in Anbetracht meiner Kumpels, die zum Teil stolze Mopedbesitzer waren, ich würde niemals im Leben ein Moped bekommen. Ich will auch kein Moped, erwiderte ich, ich will ein Motorrad. Dagegen hatte mein Vater nun wiederum nichts. Heute erstaunlich, meine Eltern wunderten sich nicht, dass ich der einzige Junge in diesem Alter war, der mit einem Motorrad herumfuhr. Keiner meiner Kumpels verpfiff mich. Ich ließ sie auf meiner Horex und der BMW fahren – und alle waren zufrieden. Meine Motorräder steigerten meinen Erfolg bei den Frauen – was eigentlich nicht nötig gewesen wäre. Als ich eines Tages mit meiner BMW an meinem Arbeitsplatz ankam, dachte mein Chef, ich hätte einen Führerschein und beauftragte mich, Drucksachen auszuliefern – mit dem motorisierten Dreirad. Und so fuhr ich ohne Führerschein durch München. Wenn mein Vater dies gewusst hätte, hätte er mich grün und blau geprügelt. Das bewies er, als er herausbekam, dass ich seinen Wagen ausgeliehen hatte. Eine meiner Freundinnen – sie war drei Jahre älter als ich – wohnte in Fürstenfeldbruck, einer Vorstadt bei München. Sie wusste nicht, dass ich keinen Führerschein hatte. Meine Eltern waren verreist, ich schnappte mir den Lieferwagen und gab Gas: Auf nach Fürstenfeldbruck! Kaum war Gisela eingestiegen, schaukelte der Wagen wie wild … Als ich am nächsten Abend von der Arbeit nach Hause kam, empfing mich mein Vater wutschnaubend. Eine Nachbarin, die den größten Teil des Tages mit unter die Ellenbogen geschobenem Kissen vor dem Fenster zubrachte, hatte mich mit dem Lieferwagen gesehen und bei meinem Vater angeschwärzt. Mein Vater war so außer sich, dass er mir sogar Ziegelsteine nachwarf. Auf die Idee, dass ich auch zum Motorradfahren einen Führerschein brauchte, kam er nicht.

Zum ersten Mal Auto gefahren bin ich mit fünf Jahren. Während mein Vater in Steinebach einkaufte, saß ich auf dem Fahrersitz unseres VW, drehte immer wieder am Zündschlüssel und fuhr so lange an einen vor dem Auto stehenden Baum, bis die Stoßstange komplett eingedrückt war. Je älter ich wurde, desto geschickter stellte ich mich allerdings an. Bei einer befreundeten Familie in Oberammergau lernte ich Traktorfahren – und dann ist es zum Autofahren nicht mehr weit. Obwohl ich immer sehr gerne Auto fuhr – es bedeutete mir lange nicht so viel wie das Motorradfahren. »Easy Rider« – das war mein Film, das war mein Lebensgefühl. Der Kult der Freiheit. Meine Freiheit, die ich mit allen Poren genoss, wenn ich der Druckerei und meinem Vater entkommen war. Ich rauschte vorbei an Feldern und Wäldern, das satte Brummen des Motors verband sich mit der würzigen Luft und den sanften Vibrationen meiner Maschine zu einem einzigen Glücksgefühl. Ich war frei. Ich war im Jetzt. Nichts hielt mich. Es gab nur die Straße, mein Motorrad, den Himmel und mich. Selten nahm ich eine Sozia mit. Ich fuhr lieber alleine. Bei meinem Fahrstil war das auch ratsam, denn die meisten hätten Angst gehabt, wenn ich durchstartete. Ich bin mit zahlreichen, später berühmten Motorsportgrößen Rennen gefahren und klebte immerhin an ihrem Hinterreifen!

Ich fuhr nicht nur Motorrad – ich schraubte auch gern und viel. Bald hatte ich mir so viele Erfahrungen erworben, dass ich mit einem Freund zusammen eine Auto- und Motorradschmiede gründete. Meine eigene Maschine war die beste Werbung für unseren Hinterhofbetrieb. Wir ließen uns Teile aus Amerika schicken und stellten Unikate her.

Ein Kumpel hatte sich auf Tanklackierungen spezialisiert. Seinerzeit war es der Hit, wenn man beispielsweise goldenen Glitter in eine Farbe mischte oder gar den Tank mit einem Motiv künstlerisch gestaltete. Wir verdienten sehr gut. Doch wir hatten auch sehr viel Arbeit. Heute frage ich mich, wann ich eigentlich geschlafen habe, denn die Lehre, die Musik, die Motorräder und die Mädels ließen mir nicht mehr viel Zeit.

An meinem 18. Geburtstag hielt ich meinen Autoführerschein in der Hand und hatte mein erstes Ziel. »In einem Jahr«, sagte ich zu meinen Freunden, »fahre ich einen Porsche.«

»Wer's glaubt, wird selig«, lachten sie.

»Ihr werdet es ja sehen!«, erwiderte ich.

Von nun an war mein Leben meinem Porsche gewidmet. Der, den ich wollte, kam gerade brandneu auf den Markt: Porsche 912, das Nachfolgemodell des legendären James-Dean Porsche. Er kostete rund 20000 Mark. Als Lehrling im zweiten Jahr verdiente ich zirka 35 Mark im Monat – ein Witz! Doch mit meiner Motorradschmiede und meinen Auftritten als Musiker stand ich gar nicht so schlecht da. Egal, was sich mir in den Weg gestellt hätte: Ich musste meinen Traumporsche haben. Und zwar mit eigenen Mitteln. Ich wollte es nicht so, wie einer meiner Freunde, der den Porsche an seinem 18. Geburtstag vor der Tür stehen hatte – ein Geschenk seines Vaters. Ich wollte meinen Porsche selbst herbeischaffen. Ohne zu wissen, was ich tat, machte ich genau das Richtige. Ich visualisierte mein Ziel. Ich hatte niemals zuvor ein Buch über die Kraft des Unterbewusstseins gelesen. Ich wusste nichts von der Macht der Gedanken. Doch ich setzte sie ein – für mein Ziel. Ich malte meinen Porsche auf Karteikarten, die ich bei mir trug. Ich klebte Bilder meines schneeweißen Porsche über mein Bett. Egal, wo ich mich befand, immer hatte ich meinen Porsche als Bild dabei. Im Portemonnaie, im Mantel, in der Hosentasche und natürlich im Kopf. Egal, wo ich hinblickte, ich sah Porsche. Wenn ich manchmal im Kreis meiner Familie beim Essen saß und meine Blicke aus dem Fenster schweifen ließ, wo ich meinen Porsche im Hof visualisierte, sagte meine Mutter: Der Richard träumt schon wieder. Auch die Bekannten meiner Eltern nannten mich einen Träumer. Sie ahnten nicht, dass ich meditierte, indem ich mein Zielbild visualisierte. Auch wenn ich nachts in meinem Bett lag, fuhr ich meinen Porsche Probe. Ich roch das Leder meines Porsche und hörte das satte Röhren des Motors.

Als ich genug Geld beisammen hatte, lieh ich mir den Rest von meinem Vater, Opa und einer Bekannten. Mit 18 Jahren war man seinerzeit noch nicht volljährig. Ich versprach meinem Vater, was er wollte – vor allem natürlich, die Lehre nicht abzubrechen –, damit er mir die Einwilligung gab. Und dann saß ich zum ersten Mal in Wirklichkeit in meinem Porsche. Ich konnte es kaum fassen. Ich hatte das Gefühl, vor Freude zu explodieren. Dabei war es nicht anders, als ich es mir all die Monate zuvor ausgemalt hatte. Doch nun war es wahr. Ich fuhr meinen Porsche. Er war so schneeweiß, wie ich ihn erträumt hatte. Er war das schönste Auto der Welt. Und ich war der glücklichste Mensch der Welt.

Heute denke ich mit einem Lächeln an mein erstes Ziel an den Porsche 912 zurück. Ich habe viele Porsche 911 gefahren. Und auch bei all meinen anderen Auto-Zielen, ob Ferrari, Jaguar, Rolls Royce oder Bentley – alle habe ich visualisiert – wie meinen ersten schneeweißen Porsche. Doch nie wieder hat mich ein solches Glücksgefühl beim Autofahren überkommen.

## Das Geheimnis der Visualisierung

Wenn mir die Visualisierung des Porsche als Mittel bewusst geworden wäre, meine Ziele zu erreichen, wäre mir in meinem weiteren Leben vieles erspart geblieben. Doch wusste ich es damals noch nicht. Es gab auch niemanden, der mich darin bestärkte, meine Ziele zu bebildern, ganz im Gegenteil – einen Träumer nannten sie mich. Das ist das weit verbreitete Vorurteil, das Menschen begegnet, die das einzig Richtige tun: ihre Ziele visualisieren. Deshalb rate ich Ihnen, nehmen Sie davon Abstand, Ziele und Wünsche wahllos herumzuerzählen. Damit schwächen Sie die Energie zur Erreichung Ihres Ziels. Handeln Sie konzentriert und kraftvoll, anstatt sich in weitschweifigen Erklärungen zu verlieren, warum was wie klappt. Der Widerspruch, der Ihnen begegnen kann – à la »Das ist doch Unsinn! Wenn das so leicht wäre! Du spinnst doch« etc. –, hält Sie nur auf.

In meiner eigenen Lebensgeschichte gibt es unzählige Beispiele für den Erfolg, der eintritt, wenn man an sich selbst glaubt und der positiven Kraft seines Unterbewusstseins vertraut. Ich kann nur von mir sprechen – und von den Menschen, die mir ihre Geschichten erzählten. Lassen Sie Ihr eigenes Leben Revue passieren und erinnern Sie sich an Geschichten von Erfolg und Misserfolg, die Sie von anderen Menschen hörten. Sie werden stets zum gleichen Ergebnis kommen: Alles, an was wir mit ganzer Kraft glauben, verwandelt sich in Wirklichkeit. Leider akzeptieren dies die meisten Menschen nicht. Es ist ihnen schlichtweg zu einfach. Die meisten Menschen sitzen dem Trugschluss auf, dass das Schöne und Gute nur durch Schwierigkeiten zu erreichen ist. Sie glauben, Sie müssten permanent etwas dafür tun. Sie wissen nicht, dass Sie bloß geschehen zu lassen brauchen – dass sie lediglich die Basis schaffen müssen, damit sich die positiven Kräfte ihres Unterbewusstseins in Glück, Reichtum und Gesundheit entfalten können. Der Aberglaube, dass ein glückliches und erfolgreiches Leben nicht von Dauer sein kann, und irgendwann Negatives folgen muss, lässt viele von Anfang an zögern, sich für ihr Glück einzusetzen. Sie blicken in die falsche Richtung. Wenn Sie beispielsweise verliebt sind, können Sie wochenlang Strategien entwerfen, wie Sie sich Ihrer Traumfrau, Ihrem Traummann nähern könnten, hochkomplizierte Pläne entwickeln, Ihren ganzen Freundeskreis einspannen, um dem Traumpartner näher zu kommen und und und. Bis Sie eine Strategie gefunden haben, die Ihnen als erfolgsträchtig erscheint, kann es sein, dass Ihr Traumpartner sich anderweitig gebunden hat. Hätten Sie sich mal umgedreht und nicht das Hindernis vor sich gesehen, sondern die Freiheit, hätten Sie das Naheliegende getan und wären den direkten Weg gegangen – geradeaus auf Ihren Traumpartner zu. Wer Umwege geht, verliert Zeit. Der direkteste Weg zu Ihrem Ziel ist die Visualisierung des Ziels in den schönsten und positivsten Bildern. Seit ich das begriffen habe und meinen Kopf in ein Bilderbuch voller lichter und schöner Gedanken und Bilder verwandelt habe, habe ich jedes Ziel, das ich vor meinem inneren Auge sah, erreicht. Diese Methode kann gar nicht fehlschlagen. Denn was in Ihrem Unterbewusstsein verankert ist, das strebt ganz automatisch nach Verwirklichung in der Realität. Glauben Sie nicht, man könne allein durch Verzicht, harte Arbeit und Ellenbogenmentalität zu Erfolg und Reichtum kommen. Das Gegenteil ist der Fall. In der Entspannung liegt die größte Kraft. Schwimmen Sie nicht gegen den Strom, sondern vertrauen Sie der weisen Kraft des Wassers, der Kraft Ihres Unterbewusstseins, das Sie ganz automatisch an das Ufer tragen wird, an das Sie wollen.

Ich möchte Sie nun mit dem Erfolgsrezept vertraut machen, das alle erfolgreichen Menschen dieser Welt angewendet haben – egal ob bewusst oder unbewusst. Es lautet: Alles, was Sie sich verbildlicht vorstellen, wird sich verwirklichen, wenn Sie erstens an sich glauben, zweitens positiv denken und drittens der Kraft Ihres Unterbewusstseins vertrauen. Ihr Unterbewusstsein reagiert lediglich auf die tiefe Überzeugung des Unterbewusstseins. Sie können sich selbst nicht betrügen, anlügen, nicht so tun, als glaubten Sie an die göttliche Kraft, die in Ihnen ruht. Entweder Sie glauben – oder Sie glauben nicht. Das ist sozusagen die einzige Entscheidung, die Sie treffen müssen. Und dann geht es richtig los. Sobald Ihr Unterbewusstsein eine Idee aufnimmt, beginnt es mit der Verwirklichung. Und wie gesagt, dem Unterbewusstsein ist es egal, ob Sie sich als Gewinner oder Verlierer programmieren. Es beginnt mit der Verwirklichung dessen, was Sie ihm befehlen. Und was Sie ihm befehlen, sollte klar sein. Springen Sie nicht hin und her, heute konzentrieren Sie sich auf Ihr Traumhaus, morgen auf Ihren beruflichen Erfolg und übermorgen auf Ihren Traumpartner. Jedes Ziel muss konsequent verfolgt werden. Jedes Ziel muss konsequent bebildert werden. Verschwenden Sie bei der Visualisierung keinen Gedanken daran, wie Sie Ihr Ziel im Detail erreichen. Es genügt, wenn Sie selbst sich am Ziel sehen. Betrachten Sie Ihre Wünsche als erfüllt – und Ihr Unterbewusstsein hat gar keine andere Wahl, als sie zu erfüllen. Ich möchte an dieser Stelle nicht verheimlichen, dass es Menschen gibt, denen der Mut fehlt, glücklich, reich und gesund zu sein. Denn damit geben sie vielleicht das auf, worauf ihr Leben gegründet ist: Die anderen haben Schuld. Die Umstände sind Schuld. Es gehört Mut dazu, sich selbst als glücklichen und erfolgreichen Gewinner auszuhalten. Doch nur, wenn Sie mutig sind, kann sich Ihr Leben in seiner ganzen Pracht entfalten.

Ich weiß aus eigener Erfahrung, dass dies gewöhnungsbedürftig ist. Besonders, wenn man bisher im Schatten lebte und andere Menschen und äußere Gegebenheiten für das eigene Unglück und Versagen verantwortlich machte.

Alle Menschen, die im Leben etwas erreichten, hatten zuvor Visionen. Moses hatte die Vision davon, wie er sein Volk in das gelobte Land führen würde. Napoleon und viele andere Feldherren sahen ihre gewonnenen Schlachten bildlich vor sich, Politiker visualisierten die Freiheit, ehe sie sie in ihrem Land verwirklichten. Alle Forscher und Wissenschaftler trugen Visionen in sich, bebilderten sie und fanden dann den Weg zum Ziel wie von selbst – manchmal sogar im Schlaf. Alle unsere modernen technischen Errungenschaften – Auto, Flugzeug – waren zuerst Vision. Denken Sie an den Traum vom Fliegen. Oder den Traum, auf dem Mond zu landen. Jedes Ziel ist zuerst ein Gedanke, also ein Bild, der Mensch denkt in Bildern – und dann Wirklichkeit. Selbstverständlich zeigten die Menschen, die ihre Ziele bebilderten, Durchhaltevermögen. Sie blieben ihrer Idee treu, bis sie sich erfüllt hatte. Die meisten Menschen kapitulieren kurz vor dem Ziel, sie halten es nicht durch, sich und ihren Ideen bis zum Schluss treu zu bleiben. Das liegt daran, dass viele Menschen nicht wissen, dass nur derjenige, der oft hinfällt, langfristig den größten Erfolg hat. Hinfallen ist keine Schande. Eine Schande ist es nur liegen zu bleiben. Wer liegen bleibt, fühlt sich selbst immer schlechter. Ziele, die nicht erreicht werden, sind das Schmerzlichste überhaupt. Sie machen uns zum Versager. Sie machen es uns schwer, unser Spiegelbild auszuhalten. Die Folge ist, dass die nächsten Ziele, die man sich setzt, kleiner werden. Und so wird auch der Mensch immer kleiner. Wenn Sie sich aber kleine Ziele setzen, werden Sie auch nur kleine Ziele erreichen. Ein armer Mensch denkt in armen Bildern – ein reicher Mensch denkt in reichen Bildern. Also: Wollen Sie das ganz große Glück – oder wollen Sie ein bisschen Glück. Vergessen Sie niemals: Bescheidenheit ist nur ein anderes Wort für Versagen.

## *Ihr persönlicher Wunschzettel*

*Bevor Sie Ihre Ziele bebildern, sollten Sie sie aufschreiben. Verzetteln Sie sich dabei nicht, sondern gehen Sie zügig vor. Formulieren Sie knapp, klar und konkret. Formulieren Sie nur in der Gegenwart. Setzen Sie einen Zeitrahmen, in dem Sie Ihr Ziel erreicht haben wollen.*

So habe ich es damals mit meinem ersten Porsche gemacht:
Ich habe einen schneeweißen Porsche 912.
Ich habe meinen schneeweißen Porsche 912 am Jahresende.

Dies ist sozusagen die Überschrift für Ihre Visualisierung, die Sie nun immer detaillierter ausschmücken. Zu Beginn können die Bilder schwarzweiß oder schemenhaft sein, ähnlich der Visualisierung Ihres Selbstbildes. Dann kommt Farbe hinzu. Immer mehr Farbe. Details. Sie sind der Regisseur Ihres Lebens. Sie gestalten Ihr Leben selbst. Alle Ihre Ziele sind als Bilder aneinander gereiht ... und dann lernen die Bilder laufen und Ihr persönlicher Film ist fertig – Ihr Leben ist glücklich und erfolgreich.

*Sagen Sie sich mehrmals täglich folgende Sätze:*

*Mein Ziel ist erreichbar.*
*Mein Ziel ist messbar.*
*Mein Ziel ist schön.*
*Mein Ziel ist zeitlich fixiert.*

*Schreiben Sie sich Ihr Ziel auf kleine Karteikärtchen und gelbe Zettel und platzieren Sie diese überall in Ihrer Umgebung. Auf den Badspiegel, in den Kleiderschrank, im Auto, in Ihre Kleidung, in das Buch, das Sie gerade lesen und so weiter.*

Die Worte Martin Luthers sind treffend: »*Wer an die Hölle glaubt, der fährt hinab! Wer an den Himmel glaubt, fährt hinauf.*«

# Jäger und Sammler

Als es mich ins Schwäbische verschlug, kam ich dort nicht mit meinem Porsche, sondern mit dem VW Käfer meiner Mutter an. Meinen ersten Porsche hatte ich nach einem Unfall verkauft und das dafür erhaltene Geld in Aktien angelegt. Ich machte keinen großen Gewinn damit, doch dank der Aktien hatte ich nach zwei Jahren den Unfallschaden finanziell ausgebügelt.

Es war die Idee meines Vaters, mich nach der Lehre vier Semester Grafikschule absolvieren zu lassen. Im schönen und prüden Schwabenländle, so glaubte er, würde ich mich endlich für das Druckereigewerbe begeistern. Schließlich erfuhr das gerade die bahnbrechende Umstellung von Blei- auf Fotosatz. Das Schwabenländle war zwar schön – aber von Prüderie keine Spur, ganz im Gegenteil. Ich war weit genug weg von meinem Vater, um mein Potenzial uneingeschränkt leben zu können. Ich war frei.

Das grafische Institut befand sich in einer Provinzstadt. Sie war voller junger verrückter Menschen, die genauso wie ich und meine Kommilitonen von der Auslebung der eigenen Lust besessen waren. Diese Besessenheit wurde ausgelebt. Schonungslos. Musiker standen auch hier hoch im Kurs. Und das war ich, mehr noch: Ich war ein Hansdampf in allen Gassen. Ich trieb die wildesten Mutproben, fuhr Ski wie ein Rennfahrer, sah genauso aus, wie ein junger rebellischer Mann damals auszusehen hatte. Auf den Mund gefallen war ich nie – und wenn es ums Flirten ging, reichte mir so schnell keiner das Wasser. Obwohl ich nicht an eine feste Bindung dachte und erst recht nicht an Heirat, liebte ich alle Frauen, mit denen ich eine Nacht verbrachte. Da ich sie liebte, konnte ich mich nicht entscheiden. Gelegentlich flog ich auf. Einmal erwischten mich vier Freundinnen gleichzeitig – die bis dato nichts voneinander wussten – in einem Lokal mit der fünften. Ich ließ die Tobsuchtsanfälle, Wut- und Tränenausbrüche über mich ergehen. Es tat mir wahnsinnig leid. Aber ich konnte es nicht ändern. Als ich das Lokal verließ, hatte ich fünf Freundinen weniger – doch schon auf der Fahrt nach Hause lernte ich eine Anhalterin kennen, für die sechs Kilometer brauchten wir eine Stunde, weil wir die Gelegenheit für die schönen Dinge im Leben nutzten. Die fünf Exfreundinnen riefen noch ein paarmal an oder schrieben Briefe – und dann hatten sie sich neu orientiert – wie ich.

Ich war damals ein solcher Macho, dass ich Strichlisten führte. Ich sammelte sexuelle Abenteuer wie Trophäen – und diese Trophäen in allen Einzelheiten zu erzählen war die Zelebration der Lust – das Salz in der Suppe. Dennoch meinte ich es irgendwie auch immer ernst. Mindestens sechsmal war ich verlobt – und bekam jedes Mal von meinen Eltern und den zukünftigen Schwiegereltern etwas für die Wohnungsausstattung geschenkt. Eine Schlafzimmereinrichtung, einen Wohnzimmerschrank etc. Meine »Aussteuer« überließ ich stets den jeweiligen Exverlobten. Nach der vierten Verlobung reichte es meinen Eltern: Von uns kriegst du nichts mehr! Ich nahm das gelassen hin und verlobte mich weiter. Heute weiß ich, dass all diese Beziehungen in die Brüche gingen, weil unter den vielen nicht die richtige Frau für mich war. Mit meiner Ehefrau habe ich mich niemals verlobt. Ich habe sie sofort geheiratet. Denn ich habe mit jeder Faser meines Körpers gespürt: Das ist sie! Und weil alle anderen nicht die Richtigen waren, litt ich auch nicht unter den Trennungen. Natürlich vermisste ich die eine oder andere. Aber immer nur kurzzeitig. Und an der nächsten Ecke stand eine noch Schönere ...

Es ist heute – im Zeitalter von Aids – schwer vorstellbar, wie freizügig und unkompliziert sexuelle Kontakte seinerzeit verliefen. Aber heute ist auch eine andere Generation. Eine Generation, die sich nicht mit aller Gewalt jugendlicher Kraft gegen den Mief des kriegsgeschädigten Bürgertums auflehnt. Eine Generation, die selbst Eltern hat, die diese wilden Zeiten erlebten, und deshalb eher konservativ reagiert. Um eine reife Persönlichkeit zu entwickeln, muss man gegen überkommene Wertvorstellungen protestieren. Darin liegt die Innovation der Zukunft. Die Kraft des Fortschritts. In meiner Generation hieß die Innovation schlichtweg Sex. Das war unsere Droge. Das war unsere Befreiung. Egal, ob für Männer oder für Frauen. Die Pille schenkte uns grenzenlose Freiheit.

Da war diese Lehrerin ... Farbenlehre unterrichtete sie. Fantastisch sah sie aus mit ihren langen schwarzen Haaren, den ewig langen Beinen und Miniröcken, die sie häufig trug. Ich machte mir einen Sport daraus, diese Lehrerin während des Unterrichts zu fixieren – bis sie eines Tages ohne Nennung von Gründen den Unterricht abbrach und das Klassenzimmer fluchtartig verließ. Am Abend traf ich die Lehrerin zufällig in einer Diskothek. Im Keller – zwischen Leergut und Lagerraum – begannen wir unser Liebesspiel und setzten es fort, als ich über die Dachrinne in ihr Appartement im ersten Stock eines Wohnhauses kletterte. Die Lehrerin galt mir als besondere Eroberung. Der Sex mit ihr war atemraubend und die schärfste Story, die ich in der Heimat vorweisen konnte. Auch von jedem »Heimurlaub« brachte ich Trophäen mit, die ich meinen Kumpels zeigte. Fotos, Briefe – und sie zeigten mir, was sie in der Zwischenzeit erobert hatten. Wir betrieben den Sex wie einen Sport. Wir wussten noch nicht, dass es anders gehen konnte. Wir mussten uns erst die Hörner abstoßen. Meine Abenteuer beflügelten mich übrigens so sehr, dass ich kaum zu lernen brauchte. Es fiel mir leicht. Ich war frei und lebte in vollen Zügen. Am schönsten waren die Sommermonate, wenn wir mit Motorrädern in die herrliche Natur fuhren, nackt an Weihern badeten und abends am Lagerfeuer saßen. Ich erinnere mich an unendlich viele Abenteuer und Streiche, die wir – aufgeputscht von der allgemeinen Stimmung – unternahmen. Im Zentrum des Provinzstädtchens, in dem sich das Grafikinstitut befand, lag ein mittelalterlicher Marktplatz. In dessen Mitte sprudelte ein mit Blumen eingesäumter Springbrunnen. Eines Tages wettete ich mit einem Kumpel darum, wer von uns es schaffen würde, diesen Springbrunnen mit dem Auto auf zwei Rädern zu umrunden. Als Sprungschanze diente uns der Randstein. Es war helllichter Nachmittag, als wir zu unserer Wette starteten. Die hatte sich wie ein Lauffeuer herumgesprochen, und um den Brunnen standen mehrere Dutzend Zuschauer – vor allem junge Frauen. Mein Kumpel schaffte es mit seinem Ford Taunus zwar kurzzeitig, auf zwei Rädern zu balancieren, dann jedoch kippte er und landete unsanft auf dem holperigen Kopfsteinpflaster. Jetzt schlug meine Stunde. Souverän lenkte ich den Käfer in die Luft und umrundete den Springbrunnen. Beim Landen steuerte ich allerdings zu heftig gegen und der Käfer stand nicht auf vier Rädern, sondern lag auf der Seite. Unter den Augen der Polizei, die mittlerweile eingetroffen war, stellten wir den Käfer wieder auf. Ich hätte kein Nummernschild gebraucht – alle wussten, wem dieses Auto gehörte.

Es folgte eine Anzeige, die jedoch im Sande verlief. Bald darauf gab ich meiner Mutter den Käfer zurück. Ihr ist niemals aufgefallen, dass er runderneuert und neu lackiert war. Ich kaufte mir einen alten Opel Kapitän, denn es wurde Winter und ich brauchte einen großen Wagen mit Liegesitzen.

Die zwei Jahre im Schwabenland verliefen wie ein einziger Rausch. Danach fixierte ich mich auf das Ziel, mit dem Motorrad durch Europa zu fahren – doch der Einberufungsbefehl zur Bundeswehr machte mir einen Strich durch die Rechnung. Mit meinem neuen gelben Porsche 911 fuhr ich in die Kaserne. Ich parkte ihn auf dem für den Hauptmann reservierten Parkplatz und stieg langsam aus. Meine Haare reichten bis zur Taille. Ich sah aus wie D'Artagnan, der Musketier, mit meinem modellierten Bart, dem langen Wolfsfellmantel, der engen Hose mit dem breiten Westerngürtel und den hohen Stiefeln. Alle, die am Kasernenplatz standen, starrten mich an, als wäre ich vom Himmel gefallen. Die Luft vibrierte. Es gab zwei Möglichkeiten, und ich war mir dessen bewusst. Entweder sie würden mich so beneiden, dass sie mit aller Kraft versuchen würden, mich klein zu machen. Oder sie würden mich bewundern. Ich selbst war in jenem Augenblick so stark, dass es eigentlich keine Zweifel gab, was geschehen würde. Ich hatte zwei herrliche Jahre hinter mir. Ich fühlte mich großartig. Ich glaubte an mich. Ich war voll und ganz mit mir einverstanden – und das merkten die anderen. Mit einem breiten Lächeln im Gesicht kam der Hauptmann auf mich zu. Freundlich erklärte er mir, dass mein Wagen zwar schön sei, er aber auf dem falschen Parkplatz stünde. So begann meine Grundausbildung. Sie begann nicht mit einem Friseurbesuch, weil Helmut Schmidt, zu der Zeit Verteidigungsminister, Haarnetze für langhaarige Soldaten eingeführt hatte. Da ich sehr sportlich und gut durchtrainiert war, zeichnete ich mich in der Grundausbildung schnell als einer der Besten aus. Das war es jedoch nicht, was mich so beliebt machte. Es war die Zeit, die wir außerhalb des Dienstes verbrachten.

Als Musiker sorgte ich für gute Stimmung, wenn wir nachts in der Kaserne beisammensaßen. Aber vor allem galt ich als Magnet, wenn wir »auf Tournee« gingen – so nannten wir unsere Ausflüge in das Nachtleben. Bald war ich mit dem Hauptmann und sämtlichen Offizieren per Du. Sie hatten, wie die meisten meiner Kameraden, kurze Haare, und das war seinerzeit ein kaum zu überwindendes Hindernis, wenn es um erotische Eroberungen ging. Dieses Manko bügelten sie aus, indem sie sich an mich hielten.

Nach meinen wilden Jahren im Schwäbischen interessierte ich mich nun für die Kunst der Erotik. Das, was den Sex zum Liebesakt macht. Das ewige Rein-Raus-Gespiele war auf die Dauer doch langweilig. Ich sammelte vielfältigste Erfahrungen und reifte ganz allmählich zu einem talentierten Liebhaber. Und wenn wir in der Kaserne saßen und ein Offizier einen Joint kreisen ließ, fragte ich mich, warum ich solche abschreckenden Geschichten von der Militärzeit gehört hatte. Doch die gnadenlose Härte der Militärzeit stand mir noch bevor. Die fand in einer bayerischen Kasernenstadt statt. Kein Lächeln, kein Spaß – hier herrschten tatsächlich Zucht und Ordnung und rüder Kasernenton. Kurz nach meiner Ankunft fand ein Manöver statt, bei dem die Truppe vierzehn Tage lang Krieg spielte. Ich verstand nicht, wie Menschen sich so einen Blödsinn ausdenken konnten, sich freiwillig so zu quälen.

Ich war am Wochenende zu Hause, als mein Vater mich rief: »Am Gartentor steht ein wunderschönes Mädchen und fragt nach dir. Was hast du mit der wieder angestellt! Dauernd kommen irgendwelche Mädchen! Hast du die auch so behandelt wie die anderen? So ein bildschönes Mädchen!«

Ich hatte keine Ahnung, von wem mein Vater sprach, und schaute aus dem Fenster. Da sah ich sie. Sabine. Vor ein paar Wochen hatte ich mit ihr ihren ersten sexuellen Kontakt. Es war für beide nicht schön gewesen. Ich war prinzipiell nicht angetan davon, der Erste zu sein, doch es hatte sich oft so ergeben – und war nur in den seltensten Fällen berauschend. Ich war danach mit Sabine noch ein paar Mal ausgegangen – doch eigentlich hatte ich sie schon vergessen, denn ich hatte andere Frauen kennen gelernt. Nachdenklich stand ich am Fenster und musterte Sabine. Mein Vater hatte recht. Sie war verdammt hübsch, mehr noch: Sie war wunderschön, wie sie so dastand in ihrem Minikleid und mit den blonden Zöpfen.

Als ich auf sie zuging, begann ich mich in sie zu verlieben. Und ich verliebte mich immer mehr in sie – so tief, dass ich zum ersten Mal in meinem Leben treu war. In den nächsten Monaten war ich taub und blind für eindeutige Angebote. Ich dachte an meine Sabine und nutzte jede Gelegenheit, sie zu sehen. Der Gedanke an Sabine war es auch, der mir half, die schier unerträgliche Zeit in der Kaserne zu überstehen. Sabine war meine Insel. Sie war alles Gute und Schöne, und wenn ich in ihren Armen lag, war die Welt heil und gut und rund, und ich richtete mich seelisch wieder auf. Dieser Zustand der Monogamie dauerte einige Monate. Mit Sabine war ich insgesamt drei Jahre liiert, doch hatte ich bald wieder Affären. Sie wusste nichts von meinen Eskapaden – bis ein Kumpel, der schon immer scharf auf sie war –, sie darüber aufklärte. Sabine trennte sich sofort von mir. Das traf mich sehr. Ich akzeptierte es wehmütig. Doch ich wusste, es lag an mir. Ich war es, der sich nicht ändern konnte.

Doch noch waren wir zusammen. Im Sommer unternahmen wir Motorradausflüge, im Winter war Skifahren angesagt. Seit meinem fünften Lebensjahr fahre ich Ski – und damals reizte mich natürlich besonders das Trickskifahren. An einem Wochenende waren wir beim Skifahren. Bei einem meiner waghalsigen Salti stürzte ich so unglücklich, dass sich die Spitze des Skis durch meinen Knöchel bohrte. Das Unglück verwandelte sich schnell in Glück – ich wurde als heimkrank beurteilt und durfte zu Hause bleiben. Kaum war ich genesen, bekam ich schreckliche Zahnschmerzen. Der Bundeswehr-Zahnarzt brachte es fertig, mir den falschen Backenzahn zu ziehen, was eine erneute Krankschreibung nach sich zog. Danach stand die Operation meiner Nase an. Durch diverse Unfälle und auch Raufereien war sie so in Mitleidenschaft gezogen, dass ich Probleme beim Atmen hatte. Mein Vater schilderte mir in schillernden Farben, was in Kriegszeiten mit mir geschehen wäre: »Fahnenflüchtige nennt man solche wie dich«, rief er, »und die werden erschossen.« Andererseits war meinem Vater mein Status als sogenannter Heimkranker recht, denn so konnte er mich einspannen. »Wenn du schon nicht bei deiner Truppe bist«, sagte er, »hilfst du wenigstens hier zu Hause aus.« Ich fuhr Drucksachen aus und erledigte allerhand anfallende Arbeiten. Es war mir gleich. Hauptsache, ich war der Kaserne entkommen. Eines Tages – ich war gerade im Auftrag meines Vaters unterwegs – tauchte der Stabsarzt in der Druckerei auf und fragte nach mir. »Der ist beim Arzt«, sagte mein Vater und verwickelte den Stabsarzt in ein Gespräch über die gute alte Zeit während des Krieges. Mein Vater war im Zweiten Weltkrieg Bordschütze in der Stuka. Mit dem Stabsarzt verstand er sich so blendend, dass sich beide im besten Einvernehmen trennten. Als ich kurz darauf beim Stabsarzt zur Untersuchung antrat, schrieb dieser mich erneut krank. Das nutzte ich, um mit Sabine nach Italien zu fahren. Eines Vormittags rief mein Vater dort an: »Die Feldjäger waren da und haben nach dir gesucht.«

»Was hast du ihnen gesagt?«, brüllte ich.

»Nichts«, sagte mein Vater. »Aber schau, dass du sofort in die Kaserne kommst.«

Mit 240 km/h flog ich über die Autobahn, brachte Sabine heim und fuhr zu meiner Kaserne, umrundete sie. Ich hatte

Angst. Todesangst. Ich konnte mir lebhaft ausmalen, was sie mit mir machen würden. In einer Wirtschaft besorgte ich mir eine Flasche Apfelkorn, trank sie ex, fuhr mit meinem Porsche mehrfach an das Kasernentor und rief: »Jetzt könnt ihr mich einsperren, ihr Arschlöcher!« Diesem Befehl wurde umgehend Folge geleistet. Dass die Sache glimpflich ausging, verdanke ich dem Stabsarzt, der ein gutes Wort für mich einlegte, weil er von meinem Vater so angetan war. Rückblickend stelle ich fest, dass dies das erste Mal in meinem Leben war, wo mein Vater uneingeschränkt zu mir hielt. Ich hätte es ihm zugetraut, dass er meine Vorgesetzten wissen ließe, dass ich mich in Italien aufhielt. Soldaten war es strengstens untersagt, das Land zu verlassen. Wäre dies bekannt geworden, hätte mich auch die Fürsprache des Stabsarztes nicht vor einer harten Disziplinarmaßnahme bewahren können.

## Wer nichts wagt, kann auch nichts gewinnen

Bei allen Zielen, die wir im Leben erreichen wollen, haben wir die Wahl, wie viel Wert wir ihnen beimessen. Es gibt große, mittlere und kleine Ziele. Und es gibt sehr attraktive, attraktive und weniger attraktive Menschen. Die Partnerwahl, wie ich sie vorstehend beschrieben habe, ist nichts anderes als der Kampf um ein Ziel. Ich bemerkte bereits sehr früh, dass die meisten meiner Kumpels aus Angst vor einem Korb die attraktiven – also die »mittleren« – Frauen ansprachen. An die ganz attraktiven trauten sie sich nicht heran und die weniger attraktiven wollten sie nicht. Aus diesem Grund hatten die »Durchschnittsmädels« den höchsten Andrang und die beste Wahlmöglichkeit.Sie konnten es sich leisten, Körbe zu vergeben, denn die nächsten Bewerber warteten ja schon an der Tür. Die sehr attraktiven Frauen jedoch standen oft einsam da und waren offener für eine neue Bekanntschaft. Als ich das begriffen hatte, sprach ich nie mehr eine von meinem Verständnis her durchschnittlich attraktive Frau an. Ich näherte mich nur noch den Allerschönsten. Erfolg potenziert sich. Je mehr Erfolg ich hatte, desto mehr wagte ich auch. Auch mehr Männer suchten meine Gesellschaft – da sie sich erhofften, durch mich Frauen kennen zu lernen. Damit erfüllte ich damals im übertragenen Sinne die Funktion eines Coaches, was mir natürlich nicht bewusst war. Ich erklärte ihnen auch immer wieder, dass die innere Überzeugung Menschen leuchten lässt. Die innere Überzeugung ist die Lichtspur zum Erfolg.

Menschen gehen meistens den Weg des geringsten Widerstandes. Glücklich macht dieser Weg nicht unbedingt – doch er ist einfach und man hat dabei nicht viel zu verlieren. Gewinnen kann man allerdings auf diesem Weg nicht viel. Das Beispiel mit den schönen Mädchen ist übertragbar auf viele Situationen. Stellen Sie sich vor, Sie sind bei einer Party, zu der ein überaus prominenter Gast eingeladen ist, den Sie beispielsweise aus dem Fernsehen kennen. Insgeheim haben Sie sich schon immer gewünscht, einmal mit dieser Persönlichkeit sprechen zu können. Doch nun, wo sich die Gelegenheit bietet, sind Sie wie versteinert. Es fällt Ihnen nichts ein, was Sie sagen könnten. Sie stecken voller Komplexe und wissen nicht, wie Sie es anstellen sollten, sich dieser Persönlichkeit zu nähern. Jede Natürlichkeit – alles ist wie weggeblasen. Aus Ihrem Unterbewusstsein steigen wahrscheinlich gerade sämtliche negative Prägungen Ihres Lebens auf – ich bin uninteressant, ich bin langweilig, ich kann mich nicht richtig ausdrücken, ich bin ein Niemand. Sollte es Ihnen dennoch gelingen, diese Blockaden zu überwinden, werden Sie unter Umständen trotzdem so verunsichert sein, dass Sie nur Gestammel herausbringen. Im Nachhinein wird diese Situation unter »Peinlichkeiten« abgespeichert werden und Sie ertragen nicht einmal die Erinnerung daran. Das muss nicht sein! Lassen Sie die positiven Programme Ihres Unterbewusstseins ablaufen. Gehen Sie ganz automatisch davon aus, dass diese Persönlichkeit sich darüber freut, wenn jemand den Mut fasst, den magischen Bannkreis der Popularität zu durchbrechen. Allein dies ist eine Auszeichnung. Erfolg kann nämlich einsam machen – weil er andere Menschen abschreckt. Lassen Sie sich von nichts und niemandem abschrecken. Gehen Sie positiv gestimmt auf alle Menschen zu – Sie werden freundlich empfangen werden. Wer wagt, gewinnt!

Sie können im Leben nur jene Dinge erreichen, die auch in Ihnen sind. Wenn Sie Freude in sich tragen, wird diese Freude in Ihrem Inneren sich mit der Freude im Äußeren verbinden – Sie werden positiven, freudvollen Menschen begegnen. Tragen Sie Zweifel in sich, werden Sie Zweiflern begegnen. Glauben Sie an Ihren Erfolg, werden Sie erfolgreichen Menschen begegnen. Und glauben Sie an sich selbst als liebenswerte Persönlichkeit, werden Sie Menschen finden, die Sie lieben.

Ich glaubte an mich als charmanten und erfolgreichen Frauentyp. Und ich glaubte an meine Attraktivität – und konnte mich glücklich schätzen, mit den schönsten Frauen zusammenzukommen. Mein Selbstwertgefühl, das besonders durch meinen Vater arg gebeutelt war, erholte sich. Trotzdem weiß ich natürlich, dass ich damals sehr unreif war. Denn ich hatte noch keinen Kontakt zu meiner Seele – und deshalb auch nicht zu der Seele meiner Partnerinnen. Ich behandelte Frauen wie Prestigeobjekte. Heute ist mir das klar. Damals ging es gar nicht anders, denn ich selbst wusste noch nichts von meiner Seele und der Kraft des

Unterbewusstseins. Ich suchte auch keine verwandte Seele in den Frauen, denen ich mich näherte. Ich wusste nicht, was ich suchte. Man kann nur das suchen, was in einem selbst ist. Woher sollten Sie sonst wissen, wonach Sie suchen?

## *Die Macht der Wörter*

In meiner Zeit im Schwäbischen und während der Grundausbildung bei der Bundeswehr war ich bis zum Platzen voll mit Optimismus. Dieser Optimismus ließ mir alles gelingen. Ich dachte nicht im Traum daran, mich selbst klein zu machen. Ich glaubte an mich. Ohne zu wissen, was ich damit bewirkte, sagte ich mir das auch selbst vor. Beispielsweise als ich mit dem Käfer auf zwei Rädern um den Springbrunnen fuhr: Du schaffst es, sagte ich mir. Ich sagte nicht: Vielleicht schaffe ich es. Damals schon programmierte ich mein Unterbewusstsein – allerdings nicht zielorientiert, weil mir die Materie noch fremd war. Positive Suggestionen sind ein Wundermittel zur Programmierung eines positiven Unterbewusstseins. Wörter sind laut gewordene Gedanken. Um Ihr Unterbewusstsein positiv zu prägen, sollten Sie Ihren Wortschatz einer kritischen Prüfung unterziehen. Ihr Unterbewusstsein hört, was Sie sagen und reagiert darauf. Also lassen Sie Ihr Unterbewusstsein nur positive Wörter hören. Sagen Sie nicht: Ich möchte glücklich sein, sondern: Ich kann glücklich sein beziehungsweise: Ich bin glücklich etc.

*Verwandeln Sie*

| | | |
|---|---|---|
| *man* | → | *ich, wir, sie* |
| *möchte* | → | *kann* |
| *muss* | → | *will* |

| | | |
|---|---|---|
| *versuchen* | → | *tun* |
| *probieren* | → | *tun* |
| *werde* | → | *bin* |
| *vielleicht* | → | *bestimmt* |
| *unmöglich* | → | *möglich* |
| *könnte* | → | *ist* |
| | | *und so weiter* |

Diese kleine Sprachschulung bietet darüber hinaus den Vorteil, dass Sie auf Ihre Umwelt anders wirken. Ihre Umwelt reagiert auf die Art, ob Sie bestimmt oder unbestimmt auftreten. Wenn Sie sich negativ ausdrücken, werden Sie eine abschlägige Antwort ernten. Es ist leicht, jemanden zurückzuweisen, der die Zurückweisung praktisch schon in seiner Frage formuliert à la »Also wenn es dir wirklich nichts ausmacht, ich meine, vielleicht könntest du, also es würde mich freuen, aber natürlich verstehe ich, wenn du nicht, also nur, wenn es wirklich in Ordnung für dich ist« etc.

Es ist schwer, jemanden zurückzuweisen, der die Zurückweisung durch seine Formulierung ausschließt: »Sicher leihst du mir deinen Wagen für diese dringliche Angelegenheit. Ich kann mich doch auf dich verlassen!« etc.

Kreieren Sie sich selbst eine Liste von Sätzen mit positiver Sprengkraft.

*Ich bin gut.*
*Was immer ich beginne, es gelingt mir.*
*Mein Tun ist von Erfolg gekrönt.*
*Ich bin wichtig für mich und für andere.*
*Ich kenne mein Ziel.*
*Ich erreiche jedes Ziel.*

*Ich denke immer positiv.*
*Ich spreche immer positiv.*
*Ich bin ein Problemlöser.*
*Ich liebe mich und die Menschen, die mich umgeben.*
*Ich akzeptiere mich.*
*Ich vertraue mir.*
*Ich bin ein wertvoller Mensch.*

Sugerieren Sie sich diese positiven Sätze mehrmals am Tag vor, während Sie mit dem Auto fahren oder wenn Sie den Tisch decken, sich rasieren oder Kleidung aus dem Schrank nehmen. Zu Beginn ist es ratsam, diese Sätze laut zu sprechen. Später genügt es, wenn Sie sie konzentriert denken. Merken Sie allerdings, dass die gedachten Sätze weniger Kraft entfalten, sollten Sie beim Laut-Sprechen bleiben.

## *Die Kraft der Autosuggestion*

Stellen Sie sich ein zirka zehn Zentimeter breiten und rechtwinkligen Holzstamm vor – ähnlich einem Schwebebalken. Dieser Schwebebalken liegt auf einem Teppich. Wenn Ihnen jemand sagen würde: Geh mal über den Balken, würden Sie das lachend tun. Stellen Sie sich nun diesen Schwebebalken in ein paar Metern Höhe vor – aufliegend auf zwei Steinsockeln, würden Sie das Ansinnen, Sie sollten darüber gehen, empört zurückweisen: Ich will mir doch nicht das Genick brechen!

Warum haben Sie nicht die geringsten Zweifel, keinen Fehltritt zu tun, wenn der Schwebebalken am Boden liegt? Warum sind Sie sicher, einen falschen Schritt zu tun, wenn der Schwebebalken erhöht auf den Steinsockeln liegt? Weil Sie bei der einfachen Variante denken, das ist kinderleicht, während Sie bei der Variante, die Sie für schwierig halten, sicher sind, die Aufgabe übersteigerte Ihr Können. Doch die zweite Aufgabenstellung ist nicht schwerer. Das denken Sie bloß. Und wenn Sie das denken, werden Sie es auch nie schaffen. Ihre Gedanken sind die Vorboten von Erfolg oder Misserfolg. Wenn Sie aber mit dem Selbstvertrauen, das Sie dem am Boden liegenden Balken entgegenbrachten, an den in der Luft schwebenden herangehen, werden Sie nicht stürzen.

Dieses Beispiel ist übertragbar auf fast alles. Wenn Sie überzeugt sind, etwas zu können, können Sie das auch. Wenn Sie überzeugt sind, einen Fehlschlag zu erleiden, werden Sie ihn erleiden. Mit Hilfe der Autosuggestion können Sie sich selbst suggerieren, dass – um bei dem vorstehenden Beispiel zu bleiben – der Schwebebalken sicheres Territorium ist. Autosuggestion ist eine einfache Form der Hypnose. Sie brauchen niemanden dazu, nur sich selbst. Sie können Ihr Unterbewusstsein so beeinflussen, dass Ihnen alles gelingt, was Sie wollen. Denn bei der Autosuggestion schalten Sie Ihren Willen aus. Im Gegenzug stärken Sie Ihr Unterbewusstsein. Und dieses führt Sie sicher zum Erfolg.

Autosuggestion ist also nichts anderes als positive Programmierung. Sie positionieren sich und Ihre Vorhaben im Licht. Gehen Sie den Schritt aus dem Schatten an die Sonne!

*Stellen Sie sich in entspannter Haltung aufrecht hin. Atmen Sie einige Male bewusst ein und aus. Und dann suggerieren Sie sich, was Sie wollen. Um sich einzustimmen, beginnen Sie bitte mit allgemeinem positiven Gedankengut wie beispielsweise: Ich bin gut.*
*Sagen Sie dies und gehen Sie einen Schritt nach vorne.*
*Sagen Sie dann: Ich erreiche mein Ziel.*
*Sagen Sie: Ich bin ein Gewinner. Ich bin erfolgreich … und so weiter.*

*Gehen Sie bei jedem Satz einen Schritt nach vorne. Atmen Sie bewusst weiter. Visualisieren Sie, wie Sie den Schattenkreis verlassen und auf eine breite Lichtstraße gelangen. Sie stehen in einem hellen Lichtkegel. Dieser Lichtkegel ist Ihre positive Ausstrahlung. Mit diesem Lichtkegel wird Ihnen nichts und niemand widerstehen. Ganz im Gegenteil. Sie werden Glück und Erfolg magisch anziehen. So wie Sie positive Menschen anziehen, die sich von Ihnen angezogen fühlen, weil Sie selbst das Licht der unendlichen Kraft des Unterbewusstseins in sich tragen.*

## Eine verhängnisvolle Party

Eine riesengroße Fete veranstaltete ich an dem Tag, als ich meine Entlassungspapiere von der Bundeswehr in Händen hielt. Eigentlich war ich nun frei. Eigentlich konnte ich nun tun, was ich wollte. Eigentlich stand mir die Welt offen. Doch mein Vater, beziehungsweise wie mein Unterbewusstsein durch seinen Einfluss programmiert war, stand mir im Wege. Erschwerend kam hinzu, dass ich als erstgeborener Sohn das Familienunternehmen eines Tages weiterführen sollte. »Und um das so erfolgreich wie möglich zu meistern«, sagte mein Vater, »gehst du nun zwei Jahre zur Konkurrenz. Schau dir an, was für ein Wind in anderen Druckereien weht. Hör dich um und finde heraus, was du selbst als Juniorchef in unserem Betrieb verbessern kannst.«

Besondere Lust hatte ich dazu nicht. Ich wollte viel lieber mit dem Motorrad durch Europa reisen. Das war mein Wunsch seit der Lehrzeit. Damals hatte ich gedacht: Nach der Lehre tue ich es. Dann kam das Studium, und ich hatte abermals gedacht: Danach tue ich es. Diesmal hatte mich der Einberufungsbefehl gehindert. Und kaum hatte ich die

Bundeswehr hinter mich gebracht, lagen die neuen Pläne meines Vaters für meine Zukunft auf dem Tisch.

Da meine Eltern übers Wochenende verreist waren, hatte ich das ganze Haus für meine Fete zur Bundeswehrentlassung zur Verfügung. Die Party sprach sich schnell herum, und so geschah es, dass ich selbst gar nicht alle kannte, die da angefahren kamen. Bald war mein Elternhaus regelrecht zugeparkt von wild aussehenden Autos und Motorrädern. Und diejenigen, die sie fuhren, sahen zum Teil genauso wild aus. »Ihr könnt treiben, was und wie ihr wollt«, sagte ich. »Nur eines ist tabu: das Schlafzimmer meiner Eltern!« Da ich selbst meine Party sehr genoss, kann ich kaum Details berichten. Das Haus mit einem Bordell zu vergleichen ist allerdings nicht übertrieben. Laute Musik dröhnte aus allen Boxen – und so bemerkte es auch niemand, dass meine Eltern überraschend früher zurückkamen. Meine Mutter war von dem vor dem Haus parkenden Autopulk so eingeschüchtert, dass sie sich weigerte, den Wagen zu verlassen. Wutentbrannt stapfte mein Vater durchs Haus – geradewegs in das Schlafzimmer, wo er meinen Spezi Helmut in seinem Bett vorfand – und natürlich war Helmut nicht allein. Die Party war dann schnell beendet. Der unsägliche Verlauf der Party diente meinem Vater als Druckmittel. Ich hatte große Schuldgefühle – und ließ mich endgültig breitschlagen, Jahre lang Berufserfahrung im Druckereigewerbe zu sammeln.

Ich fand sofort eine überaus lukrative Anstellung in einem grafischen Betrieb. Gehasst habe ich meinen Beruf nicht – er war nur nicht das, was ich eigentlich wollte. Und obwohl ich gerade mal zwanzig Jahre alt war, hatte ich die Nase voll von Druckerschwärze, denn mein Vater spannte mich tagein, tagaus im elterlichen Betrieb ein. Egal, ob Wochenende oder ob ich beispielsweise krank war – oder ob ich – wie nun – in einer anderen Firma arbeitete. Mein Vater deckte mich mit Sonderaufgaben ein. Die fand ich gar nicht so schlimm wie das tägliche Frühstück, das mit Arbeitsessen noch harmlos umschrieben ist. Um 6.30 Uhr morgens wurde in meinem Elternhaus gefrühstückt. Einmal abgesehen von der Uhrzeit, zu der ich mich eigentlich in einer Tiefschlafphase befinde, verliefen diese Frühstücke alles andere als erfreulich. Mein Vater – ein Frühaufsteher, wie er im Buche steht – saß voller Elan am Tisch und besprach geschäftliche Probleme. Er erwartete, dass ich seinen Elan teilte und mit ihm diskutierte beziehungsweise mich seinen Meinungen unterwarf. Bis zu meinem 28. Lebensjahr – als ich dem elterlichen Haus endgültig den Rücken kehrte – vergällten mir diese Frühstücke den Tag. Einmal war ich bereits ausgezogen – zu Sabine. Nach der Trennung kehrte ich in mein Elternhaus zurück, weil ich mir lieber einen luxuriösen Fuhrpark als eine Wohnung leistete. Zwischenzeitlich hatte mein Vater mein Zimmer in ein Büro umgewandelt und ich wohnte im Keller, was mir nur recht war, da ich meinen Gewohnheiten ungestört nachgehen konnte.

## *Entlarven Sie Ihre Blockaden!*

Wenn ich damals schon etwas über die Kraft des Unterbewusstseins gewusst hätte, wäre es mir möglich gewesen, mich den Zukunftsplänen meines Vaters zu widersetzen. Ich hätte den negativen Automatisierungsprozess, der in mir ablief, konsequent unterbrochen und in positive Automatisierung verwandelt. Doch gegen den Automatisierungsmechanismus der Hemmnisse hatte mein Traum von einer Existenz als Musiker keine Chance.

Um die positive Kraft, aber auch die Gefahr der Automatisierung zu erkennen, denken Sie am besten zurück an Ihre ersten Fahrstunden. Wissen Sie noch, wie sehr Sie sich konzentrieren mussten, um alles richtig zu machen? Kuppeln, schalten, das Lenkrad nicht zu stark bewegen, dabei auch noch den Verkehr vor Ihnen im Auge behalten und nicht zu vergessen, häufig in den Rückspiegel sehen? Je mehr Fahrpraxis Sie sich erwarben, desto weniger mussten Sie sich auf die einzelnen Mechanismen konzentrieren. Es kostet Sie keine Anstrengung, denn die Speicherungen in Ihrem Unterbewusstsein steuern den Wagen. Sie können während einer Autofahrt über Ihr Leben nachdenken, die Gedanken fließen lassen, können Ihr Autoradio bedienen und und und. Das Autofahren erfordert keine Konzentration mehr. Das Auto fährt wie von Geisterhand gesteuert – denn das Autofahren ist automatisiert. Und genauso geschieht es mit den Zielen, die Sie in Ihrem Unterbewusstsein programmieren. Sie laufen automatisch ab. Ebenso all die Vorstellungen, die Sie im Laufe des Lebens über sich selbst gesammelt haben.

Alles, was Sie immer wieder wiederholen, setzt irgendwann einen Automatisierungsprozess in Gang. Und dann übernimmt Ihr Unterbewusstsein diese Vorgänge, und Sie können sich anderem widmen. Sobald Sie also Ihre Ziele im Unterbewusstsein programmiert haben, brauchen Sie sich nicht mehr darum zu kümmern. Sie müssen nur dafür sorgen, dass die Programmierung eindringlich und präsent bleibt und Sie sie mit positiven Bildern unterstützen.

Der erste Schritt hierzu ist natürlich, dass Sie sich selbst über Ihre Automatisierungen klar werden. Entlarven Sie Ihre Vorurteile über sich selbst!

*Gehen Sie an einen ruhigen Ort und entspannen Sie sich. Wenn Ihr Geist sich beruhigt hat und nicht mehr mit Alltagsgedanken beschäftigt ist, lassen Sie Ihr Leben Revue passieren. Konzentrieren Sie sich auf die Vorurteile gegen sich selbst. Jedes Mal, wenn Ihnen ein Vorurteil einfällt, notieren Sie es. Sobald Sie sich nicht mehr konzentrieren können, hören Sie auf. Sie haben nun die Grundlage dafür geschaffen, diese Vorurteile ein für alle mal aus dem Weg zu räumen.*

*Beispiel für eine Liste »Vorurteile entlarven«:*

*Ich bin faul.*
*Ich komme nie richtig in Schwung.*
*Ich habe Angst vor Veränderungen etc.*

*Überprüfen Sie Ihre Liste kritisch. Welcher der aufgelisteten Punkte hat bereits einen Automatisierungsprozess ausgelöst und welcher nicht? Strukturieren Sie die Liste um und schreiben Sie sie neu. Setzen Sie auf den ersten Platz das Vorurteil über sich selbst, das Sie glauben am leichtesten aus dem Weg räumen zu können; auf den zweiten Platz das Vorurteil über sich selbst, das Sie glauben am zweitleichtesten aus dem Weg räumen zu können und so weiter.*

*Bilden Sie nun Gegenkräfte zu Ihren Vorurteilen aus, zum Beispiel:*

| | | |
|---|---|---|
| *Ich bin faul* | *wird zu* | *Ich bin aktiv.* |
| | | *Ich packe alles mit Elan an.* |

*Nehmen Sie diese positiven Sätze in Ihr tägliches Programm der Autosuggestion auf. Konzentrieren Sie sich auf diese Sätze, wenn Sie sie sagen. Versuchen Sie, sie zu spüren, sie eindringen zu lassen bis in die Tiefen Ihres Innersten, wo sie sich heilend und Glück und Erfolg bringend ausbreiten. Ein solches Gegenprogramm ist wie ein*

*Samen. Sie setzen ihn ein – und dann schlägt er erste Wurzeln, treibt aus, wird größer – und eines Tages ist ein starker Baum mit einer weiten Krone gewachsen. Und der ehemalige Baum – Ihre Vorurteile über sich selbst – verkümmert. Er bekommt nämlich keine Pflege mehr. Weil Sie ihn nicht mehr gießen und hätscheln und düngen. Also verdorrt er. Zurück bleibt Ihre neue, positive Automatisierung.*

## Was für ein Typ sind Sie?

Und wenn Sie gerade dabei sind, sich etwas besser kennen zu lernen – was für ein Typ sind Sie eigentlich. Sind Sie ein sogenannter Früh- oder Spätaufsteher? Glauben Sie bitte nicht, das spiele keine Rolle! Denn es verrät Ihnen, wann Sie am leistungsfähigsten sind. Diese Erkenntnis können Sie gezielt für Ihren Erfolg nutzen. Es gehört zu den sturen Weisheiten unserer Nation, dass derjenige, der früh aufsteht, der bessere Mensch sei. Das ist Quatsch! Vor der Erfindung des elektrischen Lichts mag es Gründe dafür gegeben haben, früh – also mit der Sonne – aufzustehen. Um herauszufinden, was für ein Typ Sie sind, sollten Sie wissen, wann Sie geboren sind. Morgens, mittags oder nachts? Ich bin gegen Mitternacht geboren und ergo ein Nachtmensch. Es fällt mir schwer, früh aufzustehen. Ich bin morgens »noch nicht ganz da«. Dafür laufe ich nach Einbruch der Dunkelheit zu meiner Höchstform auf. Wenn ich mich nun jeden Tag quälen würde, so früh aufzustehen, wie es mir in meinem Elternhaus abverlangt wurde, würde ich niemals die Leistungen vollbringen, den Erfolg ernten, der mir zuteil wird. Denn ich würde meinen Organismus und meine Seele permanent überfordern. Ich würde ihnen etwas abverlangen, was sie zu dieser Uhrzeit nur unter starken Einbußen zu geben imstande sind. Ich würde sozusagen im roten Bereich leben. Viele Menschen, die eigentlich Nachtmenschen sind, zwingen sich selbst mit Disziplin und eisernem Willen dazu, tagsüber zu funktionieren – und das tun sie auch. Sie funktionieren. Sie brillieren aber nicht. Sie hangeln sich von Wochenende zu Wochenende, wo sie dann ihren Rhythmus leben können – schlafen bis zehn Uhr und Leistungen erbringen zwischen 14 Uhr und Mitternacht – das ist die Hoch-Zeit des Nachtmenschen. Oft entschuldigen sich Menschen dann auch noch: Ich habe eben morgens Kreislaufschwierigkeiten. Das ist die Erklärung, die von Seiten der Ärzte gegeben wird. Dass aber die Kreislaufschwierigkeiten irgendwoher kommen, wird dabei übersehen. Menschen, die im Einklang mit sich leben, erkennen ihre starken und schwachen Zeiten intuitiv und richten ihre Berufswahl danach aus. Solche Menschen haben ihr Talent erkannt und fördern es auch. Sie bekämpfen es nicht, indem sie ständig gegen den eigenen Rhythmus anboxen. Doch man muss diese Zusammenhänge einmal aufgedeckt haben, um sein Leben in die richtigen Bahnen zu lenken.

Wenn Sie Ihre eigene Ausrichtung beherzigen, dann stehen Sie morgens auch nicht griesgrämig auf. Dann können Sie jeden Tag positiv gestimmt begrüßen – denn Sie beginnen ihn in Ihrem ureigenen Rhythmus. Und sagen Sie bitte nicht: Das ist nicht möglich, ich muss doch um sieben in der Arbeit sein. Wenn Sie im Einklang mit sich leben wollen, müssen Sie Ihrem Rhythmus folgen – und gegenbenenfalls ein Wort mit Ihrem Chef sprechen, dem sicherlich an leistungsfähigen Mitarbeitern liegt – oder eine andere Stellung suchen – … wollten Sie sowieso nicht eigentlich etwas ganz anderes machen? Tun Sie es! Es steht Ihnen niemand im Weg … außer: Sie selbst.

## Heiße Öfen

Den Motorradführerschein hatte ich noch immer nicht – obwohl ich dauernd mit zwei Rädern unterwegs war. Oft begegnete mir mein Fahrlehrer – und gestikulierte wie wild. Ich grüßte freundich und gab Gas. Doch als ich mir eine Kawasaki 900 kaufte, dachte ich, ich sollte den Führerschein nun doch mal machen. Ich meldete mich also zur Prüfung an. Damals war es keine Seltenheit, dass die erste Fahrstunde gleichzeitig die Prüfungsstunde war. Man musste es ja nur schaffen, dem Wagen, in dem Fahrlehrer und Prüfer saßen, ohne Verstöße gegen die Straßenverkehrsordnung nachzufahren. Ich war mindestens 50 000 Kilometer gefahren und fuhr zur Prüfung wie zum Eisessen – mit meiner Kawa. Ich stellte sie leise im Hof ab, begrüßte den Fahrlehrer und den Prüfer, nahm Helm und Handschuhe entgegen, bestieg die 250er Honda der Fahrschule, fuhr eine dreiviertel Stunde hinter Fahrlehrer und Prüfer her, bekam einen Nachtrag in meinen Führerschein, bedankte mich, gab Helm und Handschuhe ab, ging in den Hof, startete meine Kawa und fuhr auf dem Hinterrad auf die Straße.

Meine Freunde waren ebensolche Motorradfreaks wie ich – und im Nachhinein danke ich meinem Schutzengel, denn in dieser Zeit lebte ich sehr gefährlich, ja mehr noch: Ich forderte mein Schicksal regelrecht heraus. Einmal ganz abgesehen von unserem riskanten Fahrstil, waren unsere Motorräder Marke Eigenbau alles andere als verkehrssicher. Unsere Z–Lenker waren eigentlich Stahlrohre, den Rahmen meiner Z 900 schnitt ich hinten ab – fuhr also auf einem Totalschaden – aber so musste das damals sein. Selbstredend ließen wir unsere Extras nicht beim TÜV eintragen, sie wären sowieso niemals »abgesegnet« worden.

Eines Tages war ich mit meinem guten Spezi Schorschi auf der Autobahn unterwegs. Irgendwann überholten wir einen sandfarbenen Kadett, in dem zwei Mädels saßen, deren Anblick atemberaubend war. Schorschi und ich brauchten nicht einmal Blickkontakt aufzunehmen, um zu wissen, was nun angesagt war. Wir fuhren vor den Kadett und provozierten ihn zum Bremsen, wir fuhren rechts und links an ihm vorbei – kurzum – wir versuchten alles Mögliche, um die Holden in dem Wagen auf uns aufmerksam zu machen. Aber sie taten doch tatsächlich so, als bemerkten sie uns nicht. Mit dem Motorrad konnte ich nicht das tun, was ich sonst mit dem Auto tat: auffahren. Also mussten wir zu anderen Mitteln greifen. Ein einziger Blick zwischen Schorschi und mir genügte – und wir wussten, was wir tun würden. Wir hatten das schon einige Male geübt – allerdings noch nie bei 150 km/h. Wir fuhren dicht nebeneinander – und dann stiegen wir um. Bei 150 km/h. Es ging in Sekundenbruchteilen. Und dann saß ich auf Schorschis Maschine und er auf meiner. Da vorne kam das nächste Parkplatzschild. Wir blinkten. Der sandfarbene Kadett fuhr uns nach, als wäre er hypnotisiert. Die Wahnsinnsfrauen im Kadett waren es garantiert – und Schorschi und ich ernteten unsere Lorbeeren ...

Auch ohne Kumpels forderte ich mein Schicksal heraus. Einmal belegte ich meine Scheibenbremsen mit neuen Bremsklötzen, machte anschließend mit der Badehose bei etwa 100 km/h eine Vollbremsung – um zu testen, ob die Bremsen gut griffen. Das taten sie. Sie griffen sogar ausgezeichnet. Ich überschlug mich, schlitterte auf der Straße entlang und landete im Maisfeld. Kurz darauf – diesmal bei Tempo 180 km/h – rutschte ich auf einer Ölspur aus und auf dem Hosenboden über die Autobahn in die Büsche. Spurlos gingen diese Ausrutscher nicht an mir vorbei – doch niemals verletzte ich mich ernsthaft. Nicht mal einen

Knochen brach ich mir. Mein Schutzengel half mir in jeder Situation.

Anke hieß meine feste Freundin in jener Zeit. Ich war rasend verliebt in sie und zog wieder einmal aus meinem Elternhaus aus. Diesmal zog ich jedoch nicht zu meiner Freundin, sondern mietete eine luxuriöse Wohnung für uns. Anke war begeisterte Sozia, und wenn ich sie hinter mir auf der Maschine spürte und die Landschaft an uns vorbeiflog, fühlte ich mich glücklich. Ich schenkte Anke eine rote Lederkombi, auf Maß gearbeitet, und genoss den Anblick dieser rassigen Schönen. Anke stand auf Cat Stevens, der seinerzeit total »in« war. Eines Tages fragte sie, ob ich mir die Haare und den Bart schwarz färben könnte. Warum nicht, dachte ich und tat es. Doch als ich dann in den Spiegel schaute, kam ich mir selbst wie ein Fremder vor. Und dann fiel mir der aufgezwungene Friseurbesuch in Kitzbühel ein und ich erkannte die Parallele. Meinem Vater war es nicht recht gewesen, wie ich aussah, er wollte mich anders haben. Und auch Anke wollte mich anscheinend anders haben. Aber wenn man einen Menschen liebt, dann liebt man ihn so, wie er ist. Leider benutzen viele Menschen die Liebe dazu, ihren Partner in das verwandeln zu wollen, was sie sich wünschen. Sie sehen nicht ihren Partner, sondern das, was ihn von ihrem Traumbild unterscheidet, und schnitzen dann an dem Partner aus Fleisch und Blut herum – anstatt ihr Traumbild anzugleichen und sich über die wunderbaren Eigenschaften zu freuen, die den geliebten Menschen auszeichnen.
Ich ließ mir die Haare kein zweites Mal färben. Gut erinnere ich mich an eine Fahrt in die Schweiz. Freitag starteten wir in München – und blieben schon bald liegen. Floris Honda hatte einen Relaisausfall. Flori und sein Motorrad – das war sowieso ein Kapitel für sich. Wenn wir mit ihm

unterwegs waren, standen wir mehr, als wir fuhren. Schließlich besorgte ich ein Relais, baute es ein – und dann fuhren wir Richtung Lindau. Bald blieben wir schon wieder stehen. Zum Glück hatte ich ein Ersatzrelais dabei. Dennoch war es zu spät, um weiterzufahren, und wir gingen in eine Pension. Am nächsten Morgen starteten wir Richtung Schweiz und gerieten in einen Stau. Nach einer Weile erkannten wir den Grund: ein schwerer Motorradunfall. Der Motorradfahrer war eben mit dem Rettungshubschrauber abtransportiert worden, die Polizei vermaß die Unfallstelle und ein Polizist notierte die Daten mithilfe eines mit Rollen versehenen Holzpultes, das er auf die Straße schob. Flori und Schorschi wurden von dem Polizisten durchgewinkt und passierten die Unfallstelle. Ich merkte zu spät, dass der Polizist sein Pult, nachdem Schorschi vorbeigefahren war, wieder auf die Straße schob. Mir blieb nichts anderes übrig, als durch die Mitte zu fahren – das heißt zwischen Pult und Bordstein zu balancieren. Mit dem Vorderrad blieb ich am Bordstein hängen, gab Gas, um den Hinterreifen hochzubringen, schaffte es aber nicht und kippte samt Motorrad und Anke auf den Polizisten und dessen Pult. Und so lagen wir dann auf dem Asphalt. Der Polizist begraben unter seinem Pult und auf dem Pult die schöne Anke, das Motorrad und ich. Das gibt Ärger, dachte ich. Doch wider Erwarten konnten wir unbehelligt weiterfahren.

Herrliche Passstraßen ließen unsere Motorradherzen höher schlagen. Und dann schossen zwei gelben Ferrari Dino an – in meinen Augen übrigens die schönsten Karosserien, die Pininfarina je entwickelt hat. Anke saß hinter mir. Anke hatte nie Angst. Mit kleinen, leichten Bewegungen gab sie mir zu verstehen, dass ich Gas geben sollte. Wir waren ein wunderbares Team. Wie verschmolzen, wie ein Körper saßen wir auf der Kawa – und wir gewannen dieses spontane Passrennen. Anke und ich mussten eine

Weile warten, ehe Flori und Schorschi auftauchten. Sie hatten schlechte Chancen gegen mich, fuhren sie doch eine 350er und 450er Honda. Mittlerweile wurde es dunkel, und wir suchten uns eine Pension. Nun hatte ich ja meine Anke dabei – doch Flori und Schorschi waren unbeweibt, also galt es, etwas für die beiden aufzutreiben. Ich weiß nicht mehr, wer auf die Idee kam, doch als wir am Marktplatz eines hübschen Schweizer Städtchens einen Fotoautomaten sahen, besetzte Schorschi die Kabine, ließ die Hosen runter, setzte sich die Sonnenbrille auf den Schwanz und ließ sich fotografieren. Fünf Minuten später spuckte der Automat vier Passbilder aus. Vor Lachen konnten wir kaum mehr gerade stehen. Doch es sollte erst so richtig losgehen – denn dass die Fotos nicht in einem Portemonnaie vor sich hinvegetieren sollten, war klar.

Schorschi trennte die Fotos sorgfältig voneinander und überreichte das erste einer stolz dreinblickenden Mittdreißigerin, die so arrogant wirkte, dass ein Bannkreis um sie gezogen schien. Sie nahm das Foto, sah es an, drehte sich zu uns, ohne das Gesicht zu verziehen, öffnete ihre Handtasche, ließ das Bild hineinfallen und stöckelte auf ihren hohen roten Schuhen von dannen. Das zweite Bild überreichte Schorschi einer hübschen jungen Frau, Anfang zwanzig. Sie lachte los. Platzte regelrecht heraus. Wir fühlten uns ein wenig blamiert. Doch wir gaben nicht auf. Das dritte Bild überreichte Schorschi einer zirka vierzigjährigen rassigen Italienerin. Sie blickte das Foto lange an, gerade so, als suche sie etwas, dann presste sie mit einer blitzschnellen Bewegung ihre Hand zwischen Schorschis Beine – und zwar so heftig, dass er aufschrie. Das letzte Foto überreichte Schorschi einer blonden Schönheit. Sie steckte es, ohne ein Wort zu sagen, in ihre Tasche, dann hakte sie sich links und rechts bei Flori und Schorschi ein und führte sie ab – so sah es wenigstens auf den ersten Blick aus. Gegen fünf Uhr morgens tauchten Flori und Schorschi in der Pension auf und erzählten bis sechs Uhr morgens, was sie mit der Blondine erlebt hatten.

Es war mir sehr wichtig, dass meine Freundin Anke all diese Späße mitmachte. Ich konnte damals nicht gut allein sein – und deshalb fühlte ich mich wohler, wenn ich eine Freundin dabei hatte. Andererseits – wenn meine Kumpel loszogen und ich mit meiner Freundin zurückblieb – hatte ich das Gefühl, etwas zu versäumen. Doch meine Zeit mit Anke näherte sich sowieso dem Ende. Als sie mir verkündete, dass sie nach Gran Canaria fliegen würde, war mir klar, was dort passieren würde: Sie würde sich einen Cat-Stevens-Verschnitt zulegen. Anke wurde von ihrem Bruder abgeholt, der sie zum Flughafen fahren wollte. Kaum hatte sie die Wohnung verlassen, rief ich eine meiner Freundinnen aus der Bundeswehrzeit an.

»Natürlich komme ich«, sagte Katrin – und stand eine Stunde später in meiner Wohnung. Kurz darauf stand auch Anke in der Wohnung – sie hatte nämlich ihren Pass vergessen. Als sie von Gran Canaria zurückkehrte, überließ ich ihr fast die gesamte Einrichtung. Ich selbst blieb noch einige Wochen in dieser Wohnung, zog dann jedoch wieder zu meinen Eltern, da ich in der Wohnung nicht Schlagzeug spielen konnte, ohne dass sich pausenlos jemand beschwerte.

## Verzögerungen und Zufälle haben ihren Sinn

Sicher kennen Sie solche Situationen: Sie müssen zu einem Termin, haben es sehr eilig – und dann geschieht irgendetwas, das Sie aufhält. Ein Stau, ein Anruf, egal was. Wahrscheinlich ärgern Sie sich – weil Sie zu spät kommen oder glauben, etwas zu versäumen. Haben Sie sich schon einmal überlegt, dass Sie vielleicht damit überhaupt nichts versäumen, sondern, ganz im Gegenteil: Ihr Leben retten?

Wir haben unsere Pläne, Absichten, Vorstellungen, wie die Dinge laufen sollen. Und dann geschieht etwas anderes. Etwas, das uns nicht in den Kram passt und das wir vielleicht sogar sehr ärgerlich beurteilen. Doch was ist, wenn diese Steuerung von außen – Schicksal genannt – es ist, die dafür sorgt, dass die Dinge so laufen, wie sie in einem höheren Plan festgehalten sind. Also nicht in unserem Wollen, sondern in dem Willen des Göttlichen, des Universellen …

Wenn Sie sich dies vor Augen halten, werden Sie reich belohnt: innere Gelassenheit wird in Ihr Leben einziehen. Sie müssen sich nicht mehr aufregen über Kleinigkeiten, die angeblich nicht reibungslos funktionieren. Sie lernen zu begreifen, dass Ihr Leben geborgen in den Händen einer unendlichen, guten Macht liegt. Als Menschen können wir die Gesetze dieser Weisheit nicht verstehen, doch wir können sie akzeptieren – und in unserem guten Denken und Tun täglich neu Dankbarkeit beweisen.

## Sie werden beschützt

Einen guten Schutzengel gehabt heißt, dass man einem Unglück knapp entronnen ist, weil man spontan anders handelte oder durch einen »Zufall« gerettet wurde. Das passierte mir des Öfteren. Und ich bin überzeugt davon, dass in so manchen gefährlichen Situationen ein guter Geist seine Fittiche schützend über mich breitete.

Bevor ich ein paar Begebenheiten aus meinem Leben schildere, die dies dokumentieren, möchte ich zwei Vorurteile nicht unerwähnt lassen.

Vorurteil Nummer 1: Schutzengel seien etwas für Gutenachtgeschichten für Vorschulkinder.

Eine solche Meinung werde ich Ihnen nicht ausreden können. Das will ich auch gar nicht. Es gibt keine handfesten Beweise für die Existenz von Schutzengeln und Schutzgeistern. Es gibt so vieles im Leben, das nicht zu beweisen ist – und dennoch glauben Menschen daran. Auch Gott ist nicht beweisbar, kann man argumentieren. Menschen, die an Gott glauben, werden über diese Frage nicht mal diskutieren. Doch sie haben keine Beweise. Sie haben einen Papst, sie finanzieren Gott eventuell mit Kirchensteuern und Spenden – doch Gott spricht nicht im Fernsehen, stellt sich keiner Wahl und tut überhaupt nichts, um zu beweisen, dass er existiert. Das muss er auch nicht, sagen die Menschen, die glauben. Man braucht sich nur umzusehen auf der Welt, dann entdeckt man Gott überall – in dem Wunder Natur.

Vorurteil Nummer 2: Spiritualität und Reichtum seien unvereinbare Begriffe.

Diese Anschauung wird von vielen Weltreligionen vertreten. Der gläubige Mensch fastet und kasteit sich und lässt es sich so schlecht wie möglich ergehen. Seinen Körper behandelt er mit Geringschätzigkeit – denn was ist er schon, nichts im Gegensatz zur Reinheit eines geläuterten Geistes. Dass diese zum Teil überlieferten Gesetze heute noch funktionieren, kann ich in meiner Eigenschaft als gleichermaßen gläubiger und wohlhabender Mann nur bestätigen. Doch schlagen Sie die Bibel auf – und Sie werden von guten und wohlhabenden Menschen lesen! Was jedoch noch viel entscheidender ist: Wir können unserem Körper nicht entfliehen. Nur wenn wir dafür sorgen, dass es unserem Körper gut geht, können wir die Möglichkeiten des Lebens ausschöpfen. Nur, wer selbst reich ist, kann andere reich machen – ob es sich hierbei um materielle Güter oder geistigen und seelischen Reichtum handelt. Ein armer Mensch hat wenig zu geben. Also wieso sollten wir Armut – geistige, körperliche, seelische, materielle – anstreben? Wie ist das zu vereinbaren mit dem Gedanken des Teilens? Wo nichts ist, kann auch nichts geteilt werden. Wenn wir die Wahl haben, sollten wir ganz automatisch die Füllhörner ausschütten – anstatt im Kargen zu darben. Ich halte den angeblichen Widerspruch zwischen Spiritualität und Reichtum für einen der schlimmsten Trugschlüsse überhaupt. Denn im Grund fördert er eine Haltung der Gleichgültigkeit. Das aber kann nicht der Wille unseres Schöpfers gewesen sein, dessen Ebenbild wir sind!

Aus eigener Erfahrung weiß ich, dass es Mut kostet, diese Position zu vertreten. Leider leben wir in einer Zeit, in der man manchmal glaubt, sich schämen zu müssen, wenn man glücklich ist. Scheren Sie sich nicht darum! Machen Sie das Beste aus Ihrem Leben. Wenn Sie glücklich mit einer Harley Davidson sind, dann sorgen Sie dafür, dass Sie eine in der Garage stehen haben. Wenn Sie beim Fernsehen gerne Kreuzworträtsel lösen, tun Sie es. Und wenn Sie sich wohl fühlen in dem Wissen, von Schutzengeln und Schutzgeistern begleitet zu sein – lassen Sie sich das nicht ausreden! Sorgen Sie so gut wie möglich für sich und Ihr Wohlergehen. Nur dann können Sie sich dem Wohlergehen anderer widmen! In der Bibel ist das folgendermaßen ausgedrückt: Liebe deinen Nächsten wie dich selbst. Wenn ich mich selbst nicht liebe, kann ich auch meinen Nächsten nicht lieben!

Da ich schon immer sehr sportlich war, habe ich viele gefährliche Situationen durch meine Hobbys erlebt. Seit meiner Jugend segle ich. Für einen Menschen, der an einem der herrlichen bayerischen Seen geboren wurde, ist das nichts Ungewöhnliches. Mein erstes Segelboot der Klasse 470 hatte ich mit zwanzig Jahren. Eines nachmittags bei eigentlich zu stürmischem Wind stach ich in See. Ich wollte es wissen. Bei einer großen Regatta mitzusegeln interessierte mich nie – ich wollte mich ausprobieren inmitten der Naturgewalten. Ich takelte meine Jolle auf, setzte sie aufs Wasser und los ging es mit prallen Segeln. Meine Spezialität war es damals, mit vollem Zeug im Trapez stehend, inklusive Spinacker, nahe am Ufer auf und ab zu segeln – zur Freude der Passanten an der Promenade. An die Grenzen des Möglichen zu gehen, war meine besondere Leidenschaft. Die kurzen Seewellen wuchsen so hoch an, dass das Boot zu jumpen anfing, Spritzwasser schoss über Deck. Es wurde glitschig und plötzlich rutschte ich aus. Das Boot überholte sich praktisch selbst, schlug einen Salto, ich fiel in die Steuerbordwanten und landete hart. Es krachte, als ob eine Bombe eingeschlagen hätte. Die Zuschauer, die Strandbadbesucher und Badegäste waren überaus erfreut, dieses nicht alltägliche Schauspiel miterleben zu dürfen, das ich ihnen bot. Ich war mein eigener Stuntman – allerdings fehlte mir wohl das Training, denn ich schlug so hart auf, dass ich mir die Schulter auskugelte, und meine Beine zierten dunkelblauviolette Striemen. Im Schock verspürte ich keine Schmerzen, und es gelang mir, das Schiff wieder aufzustellen. Großsegel und Spinacker hingen in Fetzen. Doch erst als ich das Schiff klar hatte, durchzuckte mich der Schmerz. Da waren schon ein paar Segler zur Stelle – unter ihnen ein Arzt, der mir die Schulter mit einem Ruck einrenkte. Unvergessen sind mir die Worte dieses Mannes: »Da haben Sie aber einen guten Schutzengel gehabt!«

Auch in der Luft holte ich mir einige Blessuren. Ein Freund hatte aus Amerika einen Drachen mitgebracht. Wir beide wussten nicht so genau, wie wir ihn steuern sollten – doch unsere Entschlossenheit war ungebrochen. Am Brauneck übten wir, den Drachen zu lenken, verbogen ihn so manches Mal – und dann stürzten wir uns in den Abgrund. Zuerst flog mein Freund. Sein Landemanöver sah alles andere als elegant aus – doch er verstauchte sich nur den Knöchel. »Es ist der Wahnsinn!«, rief er vor Begeisterung, und ich konnte es kaum abwarten, die Freiheit über den Bergen selbst zu erleben. Das ging dann schneller als erwartet, denn eine Bö erfasste mich und riss mich zuerst einmal ein paar Dutzend Meter in die Höhe. Das kam doch etwas überraschend. Ich wollte mich Richtung Erde schrauben, doch ich schraubte mich höher und höher – und fragte mich, ob ich zur Kaffeezeit endgültig im Himmel anlangen würde. Irgendwann gelang es mir, die Richtung zu wechseln – und als ich landete, deckte ich dabei das halbe Dach eines alten Schuppens ab. Ich war so froh, wieder festen Boden unter den Füßen zu haben, dass ich die davongetragenen Prellungen leicht wegsteckte. Die nächsten Landungen verliefen schon weicher. Und im Winter – wenn wir mit Skiern »flogen« – war das Landen überhaupt kein Problem. Selbstverständlich hatte ich damals keinen Drachenflugführerschein. Den gab es seinerzeit auch nicht. Und was Führerscheine betrifft, zeichnete ich mich von jeher durch eine besondere Haltung aus …

Auch den Tauchschein machte ich erst in reifem Alter – und das, obwohl ich seit meinem 14. Lebensjahr aktiver Taucher bin. Viele riskante Situationen meisterte ich unter Wasser. Manche von ihnen bewahre ich unter dem Kapitel »Schutzengel« auf. Zum Beispiel, als mir in der Karibik ein Tigerhai begegnete. Wir wussten, dass ein solches Prachtexemplar in unserem Revier unterwegs war – doch wir bekamen es nicht zu Gesicht – erst am vorletzten Tag unseres Urlaubs. Mittlerweile war unsere Gruppe nachlässig geworden. Der Tauchlehrer drückte nur mir eine Haifischharpune in die Hand. Die Harpune war mit einer Pressluftpatrone versehen, die den Hai sofort zerreissen würde, wenn … Doch wir glaubten nicht mehr daran, ihn zu Gesicht zu bekommen. In zirka dreißig Meter Tiefe machte der Tauchlehrer plötzlich aufgeregt Zeichen, indem er mit der Hand ein Haifischmaul nachahmte, das auf- und zuklappte. Und da sah ich den großen langen Schatten, der unter unserem Boot wirbelte.

Ich weiß nicht, wie lange dieser Zustand anhielt. Und dann bewegte der Hai seine Flosse und war – so kam es mir vor – in Sekundenbruchteilen bei mir. Er schoss auf mich zu wie ein Torpedo. Reflexartig drehte ich ihm den Rücken zu. Der Stoß, den ich an meine Taucherflaschen bekam, ließ mich das Gleichgewicht verlieren. So schnell, wie er aufgetaucht war, war der Spuk vorbei. Träumte ich? Oder war das ein Wunder? Mein Tauchlehrer brachte mich beschützend bis auf 10 Meter nach oben. Wir wussten nicht, wie stark der Hai meine Flaschen beschädigt hatte. Die letzten zehn Meter legte ich allein zurück – mit rasendem Herzschlag. Irgendwo da unten lauerte der Hai. Dieses Wissen setzte so viel Energie in mir frei, dass ich mit Bleigürtel, Taucherflaschen praktisch aus dem Nichts in das hochwandige Leichtmetallboot sprang. Sie starrten mich an wie einen Geist. Im Boot stellten wir fest, dass meine Flaschen einwandfrei funktionierten – allerdings zierten sie Kratzer – Spuren der Haifischzähne!

Ich könnte viele weitere Begebenheiten aufzählen, in denen ich mich in scheinbar ausweglosen Situationen befand, und dann doch immer wieder Rettung bekam. Wenn Sie Ihr Leben diesbezüglich einmal durchleuchten, werden Sie eventuell auf ähnliche Erfahrungen stoßen – und vielleicht revidieren Sie Ihre Meinung über Schutzengel.

Die Literatur zu diesem Thema ist umfangreich. Viele Autoren haben verschiedene Meinungen. Es gibt Berichte von Menschen, die behaupten, Schutzengel gesehen zu haben. Es gibt Veröffentlichungen, in denen erklärt wird, was ein Schutzengel genau ist und so weiter. Dies alles ist unwichtig, wenn man nicht daran glaubt. Deshalb lautet die Kernfrage: Glauben Sie, dass im Kosmos mehr existiert, als wir mit unseren Augen zu sehen, mit unseren Ohren zu hören imstande sind? Vielleicht sagen Sie ja, weil Sie an moderne Erfindungen –, Errungenschaften des technischen Zeitalters denken. Zum Beispiel an die Möglichkeit, Unsichtbares sichtbar zu machen – mit Hilfe von Mikroskopen. Menschen, die vor einigen hundert Jahren lebten, hätten es nicht geglaubt, wenn man ihnen gesagt hätte, dass der menschliche Körper aus Abermillionen von Zellen besteht – weil sie sie ohne Hilfe eines Mikroskopes nicht sehen konnten. Was können wir alles nicht sehen? Ist die Tatsache, dass wir nicht sehen, ein Beweis dafür, dass es nicht existiert?

Ich glaube an eine universelle Kraft im Universum und die göttliche Kraft, die jedem Menschen innewohnt. Ich glaube, dass jeder Mensch an dieser Kraft teilhaben kann –

wenn es ihm gelingt, die Kanäle zu öffnen, die damit verbunden sind. Ich bin überzeugt davon, dass wir uns unser Leben ausgesucht haben – und zwar noch vor der Geburt. Was kann ich dafür, dass ich diese und jene Genmischung habe, mögen Sie vielleicht denken. Dann denken Sie zu kurz. Ich bin davon überzeugt, dass wir in dem Zustand im Jenseits natürlich auch die Genstrukturen unserer zukünftigen Eltern überprüfen – und feststellen, ob sie der Biografie, in die wir inkarnieren möchten, förderlich sind.

Ich glaube, dass uns Menschen eine Reihe unsichtbarer, hilfreicher Gestalten zur Verfügung steht, die uns auf unserem Lebensweg begleiten – und auch beschützen. Ich stelle mir diese Wesen wie gute Geister vor, die immer bestrebt sind, uns auf den rechten Weg zu führen. Wir Menschen sind es, die Fehler machen. Deshalb bedürfen wir der Hilfe. Doch wir können uns auch vor dieser Hilfe verschließen. Nur wenn wir selbst den Weg des Lichtes bejahen, dann wird das Licht in uns wachsen können. Das Leben in der Mitte von wohlgesinnten Helfern ist wesentlich schöner und leichter – und vermittelt ein wunderbares Gefühl der Geborgenheit –, als wenn Ihr Leben abgeschnitten und isoliert von der göttlichen Kraft ist.

Egal, was Sie glauben – lassen Sie sich Ihren Glauben nicht von anderen Menschen ausreden. Vielleicht fahren Sie am besten damit, wenn Sie stillschweigend glauben. Man muss ja nicht gleich alles an die große Glocke hängen. Meiner Überzeugung nach wirkt unser Denken von innen nach außen. Was wir denken und fühlen – diese Kombination macht unseren Glauben aus. Ist es ein positiver Glaube oder ein negativer Glaube?

Ich finde, an Schutzengel zu glauben, ist etwas sehr Schönes, und selbst wenn manche Autoren behaupten, verstorbene Menschen aus dem persönlichen Umfeld könnten nicht zum Schutzengel werden, so ist es für mich eine wunderbare Vorstellung, meine Oma aus Steinebach als meinen Schutzengel zu visualisieren. Damit fühle ich mich wohl. Und es ist mir egal, wenn andere es belächeln. In diesem Sinne möchte ich Sie auch motivieren. Entwerfen Sie Ihren persönlichen Lebensplan nach Ihren Vorstellungen. Haben Sie Mut zu unkonventionellen Ideen. Es ist Ihr Leben! Gesetze gibt es schon genug. Wenigstens in ihrem Allerinnersten sollten Sie die Freiheit haben, nach eigenem Gutdünken zu verfahren. Und vergessen Sie nie: Wenn Sie sich in Ihrem Leben wohl fühlen, können Sie auch dafür sorgen, dass es den Menschen, mit denen Sie zu tun haben, gut geht.

# Abenteuer

Nun hielt mich nichts und niemand mehr! Ich hatte fast zwei Jahre in verschiedenen Druckereien und grafischen Betrieben gearbeitet, hatte also dem Willen meines Vaters wieder einmal Genüge geleistet. Nun aber würde ich nicht sofort als Juniorchef in den elterlichen Betrieb einsteigen. Egal, wie mein Vater auch auf mich einredete. Jetzt war es so weit: auf nach Saudi-Arabien! Auf dieses Ziel war meine Weltumrundung mittlerweile fixiert. Und noch etwas hatte sich geändert: Ich würde nicht mehr alleine, sondern mit meinem Freund Flori fahren. Allerdings sollte er als mein Sozius mitkommen – schließlich wollten wir ja ankommen, und was passierte, wenn Flori Motorrad fuhr, habe ich bereits beschrieben …

Flori und ich hatten je 1500 Mark. Das musste genügen für ein Jahr. Wenn wir kein Geld mehr hätten, würden wir uns Arbeit suchen, so lautete unsere Vereinbarung. In letzter Minute erstanden wir noch einen alten Ford Transit mit gerade einem Jahr TÜV für ein paar hundert Mark. Dieser Ford sollte unser Basislager sein. Wenn wir einmal kein Dach über dem Kopf hätten und es in Strömen regnete, konnten wir im Wagen schlafen. Unser Motorrad war meine Kawasaki Z 900 Chopper. Heute würde eine Maschine, die so aussieht, sofort aus dem Verkehr gezogen. Aber ich explodierte fast vor Lebensfreude. Endlich konnte ich diese Freiheit genießen, nach der ich mich so lange gesehnt hatte. Ich verschwendete keine Gedanken an die zurückliegenden Monate und Jahre und dachte auch nicht, was die Zukunft mir bringen würde. Ich war im Jetzt, unterwegs in den Süden – und das Leben war wundervoll. Versüßt wurde dieses Lebensgefühl von den wunderbaren jungen Frauen und Mädchen, die wir kennen lernten. Flori und ich stürzten uns mitten in den bunten Trubel des Strandlebens. Unseren Ford Transit brauchten wir so gut wie nie – wir hatten genügend charmante Einladungen. Die Tage und Nächte verflogen geradezu. Ich fühlte mich so leicht und unbeschwert und frei, wie niemals zuvor. Ich hatte alles, was ich brauchte: herrliche Natur, wunderbares Wetter, hübsche Mädchen, mein Motorrad und einen guten Freund. Mit Flori vertrug ich mich erstklassig. Wir waren schon immer ein gutes Team gewesen – doch dieser Urlaub schweißte uns erst recht zusammen. Wir wussten genau, was wir voneinander zu halten hatten, kannten unsere Stärken und Schwächen. Und vor allem: Wir wussten, dass wir uns aufeinander hundertprozentig verlassen konnten. Jeden Morgen beim Frühstück sagten entweder Flori oder ich: »Heute brechen wir noch nicht auf, oder?« Und der andere antwortete nach einem bedächtigen Schweigen: »Heute noch nicht.« Und so vergingen die Wochen, die Monate. Allmählich näherte sich die Saison dem Ende. Flori und ich hatten mittlerweile Einheimische kennen gelernt, halfen bei der Arbeit und wurden dort mit leckerem Essen versorgt, als gehörten wir zur Familie. Egal wo zwei kräftige Burschen gebraucht wurden – wir waren zur Stelle.

Am besten gefiel es uns bei den Fischern. Früh am Morgen oder spät abends fuhren wir mit ihnen hinaus aufs Meer, holten Netze ein oder angelten, halfen beim Reparieren von Netzen und allem anderen, was anfiel – bis eine der warmherzigen Mamas rief: Ragazzi! Mangiare! Wir fühlten uns so wohl in diesem einfachen und herzlichen Leben, dass wir momentan nicht mehr an Frauen dachten. Die Töchter der Familien waren tabu – meist hielten wir uns auch daran. Es bereicherte uns, wenn wir die prächtigen Sonnenauf- und untergänge beobachten konnten, in denen sich alle Farben der Welt atemberaubend zu mischen schienen. Manchmal flimmerte am äußersten Horizont die orangegelbe Silhouette von Venedig. Ein Anblick, der mein Herz aufgehen ließ. Dieser Anblick ist es heute noch, der mir Venedig zur malerischsten Stadt der Welt macht.

Manchmal verdiente ich Geld als Straßenmusiker – meine 12-saitige Gitarre hatte ich natürlich dabei. Mit der fixierten Mundharmonika stand ich am Markusplatz und Flori grinste, wenn unser Hut recht voll war. Doch es gab auch Zeiten, in denen wir kaum etwas zu essen hatten. Trotzdem dachten wir nicht daran, unser Erspartes auszugeben. Eines Nachts litten wir so großen Hunger, dass wir aus einer Legebatterie drei Hennen stahlen. Da der Hunger so groß war, nahmen wir natürlich die dicksten Hennen. Die waren zusammen ungefähr tausend Jahre alt und so zäh, dass sie beim besten Willen nicht zu essen waren. Flori, der heute in den USA ein berühmter Fernsehkoch ist und schon damals ausgezeichnet kochen konnte, kochte die Hühner, bis sie fast zerfielen. Wir luden unsere Freunde ein zu Hühnerfrikasse mit Reiscurry. Das aßen Flori und ich dann noch tagelang. Morgens, mittags, abends.

Eines Morgens – diesmal war es an mir, nach Saudi-Arabien zu fragen – antwortete Flori: »Was hältst du davon, wenn wir Skifahren gehen?«

»Was?«, rief ich. Ich konnte mir beim besten Willen nicht vorstellen, was Flori damit meinte. Ski fahren in Saudi-Arabien?

»Wir haben schon November«, führte Flori aus. »Die Saison hier ist schon lange zu Ende. In den Bergen, geht sie jetzt los. Ich kenne eine Skischule in Österreich – die stellen uns bestimmt als Skilehrer ein. Da verdienen wir super – und dann brauchen wir nicht gar so zu sparen, wenn wir auf dem Weg nach Saudi-Arabien sind.«

Die Idee begeisterte mich. Am nächsten Tag brachen wir auf. Für die letzten Kilometer verluden wir das Motorrad in den Transit – denn wir waren im tiefsten Winter gelandet und manche Straße war nur mit Schneeketten passierbar. Ich war mir nicht sicher, ob Floris Plan aufgehen würde. Im Skiort wurden händeringend Skilehrer gesucht, da einige abgesprungen oder erkrankt waren und sich zudem viele unangemeldete Gäste eingeschrieben hatten. Der Inhaber der Skischule musterte besonders mich sehr lange. »Kannst du überhaupt Skifahren?«, fragte er.

»Der fährt wie ein junger Gott!«, rief Flori.

»So, so«, brummte der Inhaber. »Trotzdem, dir geb ich bloß Kinder.«

Und so stand ich am nächsten Vormittag inmitten von drei- bis sechsjährigen Kindern und übte Stemmbogen mit ihnen. Sehnsüchtig schaute ich den anderen Skilehrern nach, wenn sie ihren Schäfchen voran elegant an mir vorbeiwedelten. Am dritten Tag hatte ich von Stemmbogen und Pflug genug. Es machte mir zwar Spaß, die Kinder bei Laune zu halten, doch ich wollte richtig Ski fahren. »Entweder ich krieg einen anständigen Kurs«, verlangte ich, »oder ich gehe.«

»Mittelstufe«, brummte der Inhaber und teilte mich neu ein.

Er wird mir schon noch den besten Kurs geben, dachte ich. In einem Café am Marktplatz bestellte ich einen Kaffee – und da sah ich sie. Sie war schwarzhaarig, trug das Haar zu einem dicken Zopf geflochten und hatte so ein liebreizendes Gesicht, dass mir fast schwindlig wurde. Sie schaute auch recht oft zu mir – und als ich das Café verließ, waren wir verabredet. Am Abend verliebte ich mich dann vollkommen in sie.

»Sehen wir uns wieder?«, fragte ich beim Frühstück am nächsten Morgen.

»Komm doch einfach ins Café«, sagte sie.

In der Mittagspause begegnete sie mir allerdings schon auf der Straße. Freudestrahlend lief ich zu ihr. »Ja Heidi!

Dass wir uns jetzt treffen – ich denk schon den ganzen Tag an dich!« Und ich meinte es ehrlich.

»Ach, ja?«, sagte Heidi. Irgendwie kam sie mir komisch vor. Verändert.

»Du vielleicht nicht?«, fragte ich.

»Doch«, sagte sie. »Schon. Ich hab halt nur nicht mit dir gerechnet.«

»Sehen wir uns heute Abend?«

»Freilich!«

Heute frage ich mich, warum ich es nicht früher gemerkt habe – doch es vergingen sage und schreibe zwei Wochen, ehe ich bemerkte, dass ich einem Zwillingspärchen auf den Leim gegangen war. Einmal war ich mit der einen zusammen – einmal mit der anderen. Sie glichen sich tatsächlich wie ein Ei dem anderen!

Schließlich gelang es mir, den Inhaber der Skischule von meinen Fähigkeiten des Skifahrens zu überzeugen: Er bot mir einen Jetkurs an. Der Jetschwung war damals der letzte Schrei und löste den Parallelschwung ab. Da nur sehr gute Skifahrer den Jetschwung lernen konnten, war mein Kurs überschaubar klein. Er bestand vor allem aus sportlichen Damen zwischen 30 bis 35 Jahren. Nach kurzer Zeit hatte ich Oberschenkel wie ein Fußballspieler – denn der Jetschwung erfordert enorme Kraft. Zeit zum Regenerieren hatte ich keine, denn kaum war es dunkel, ging es erst richtig los. Ich war – was Sex betrifft – zu diesem Zeitpunkt längst kein Waisenknabe mehr, doch was ich am Arlberg erlebte, hätte ich nicht für möglich gehalten. Über Liebe wurde nicht mal gesprochen. Alles, was zählte, war bestmöglicher Sex.

Nichts, was im Leben geschieht, ist umsonst. Diese wilde Zeit in Österreich hat insofern ihr Gutes, dass es mir heute leicht fällt, ein treuer Ehemann zu sein. Denn ich habe in meiner Jugend nichts ausgelassen, also auch nicht das Gefühl, ich hätte etwas versäumt oder müsste etwas nachholen …

Irgendwann hatten Flori und ich aufgehört, von Saudi-Arabien zu sprechen. Ohne, dass wir es klären mussten, wussten wir, dass wir nach Saisonende in die Heimat zurückkehren würden. Den Schlussakkord der Skisaison bildete das große Firngleiter-Abfahrtsrennen. Es traten Skilehrer, Extremskifahrer und natürlich die Einheimischen an. Obwohl ich von der zurückliegenden Zeit wirklich sehr beansprucht war – war ich auch bestens trainiert. Und so gelang es mir, in heftigstem Schneetreiben an der Zugspitze beim Herrenabfahrtslauf unter 48 Skilehrern den ersten Platz zu erringen. Mit dieser Trophäe kehrte ich von Saudi-Arabien zurück nach Hause.

## Leben Sie erfüllt – bereuen Sie nichts!!

Heute würde ein solcher Urlaub, wie vorstehend beschrieben, mich nicht mehr begeistern. Und das ist auch gut so, denn jedes Alter hat seine Herausforderungen. Es ist ein Zeichen von Lebenskunst, sich seinem Alter entsprechenden Herausforderungen zu widmen. Heute – wo ich eingebunden bin in mein Unternehmen und meine Familie – hätte ich gar nicht mehr die Ruhe dafür, einen solchen Trip wie damals zu unternehmen. Er würde mich auch nicht erfüllen. Doch hätte ich ihn damals nicht erlebt, würde mir heute vielleicht die Ruhe fehlen, die es mir im Kreis meiner Familie und in meinem ganzen Leben ermöglicht, zu genießen. Denn dann würde ich wahrscheinlich stets den Stachel in mir tragen, etwas versäumt zu haben. »Hätte ich nur«, würde ich vielleicht denken. Es ist wie ein Fluch, von »hätte« und »wenn« angenagt zu werden. Sie vergällen einem alles.

Wenn ich mein Leben an mir vorüberziehen lasse, stelle ich fest, dass ich zwar sehr viel Mist gebaut habe – ich habe mich aber jeder Herausforderung gestellt. Dies gibt mir das gute Gefühl, am richtigen Ort zu sein. Ich habe nichts nachzuholen, denn ich habe nichts versäumt. Dieses Gefühl ist der Schlüssel zu einem erfüllten Leben – nicht nur für den einzelnen Menschen, sondern für die ganze Gesellschaft, die sich nämlich – wenn alle Menschen ihr volles Potenzial nutzen würden – wesentlich friedfertiger gestaltete. Neid, Habsucht, Gier, Eifersucht – alles wäre wie weggeblasen, wenn Menschen lernen würden, aus der Fülle ihrer Möglichkeiten zu schöpfen – und das Richtige zur richtigen Zeit zu tun.

Vielleicht haben Sie schon einmal von der magischen Bedeutung der Zahl Sieben gehört. Alle sieben Jahre erneuern sich nicht nur die Zellen des menschlichen Körpers komplett, sondern alle sieben Jahre stehen gravierende Veränderungen an: Mit ungefähr sieben Jahren kommt ein Kind in die Schule, mit 14 in die Pubertät, mit 21 ist es sozusagen erwachsen, mit 28 erfolgt oft die Familiengründung – bei mir mit 29 Jahren – oder Elternschaft oder man begegnet einem für das eigene Leben bedeutungsvollen Menschen – viele stellen dies erstaunt fest, wenn sie in ihrer persönlichen Biografie zurückgehen. Nicht umsonst spricht man auch in der Ehe vom »verflixten siebten Jahr«, in dem sich zeigt, ob sich beide Partner im Gleichklang entwickelt – oder voneinander entfernt haben. Bei manchen Indianerstämmen gilt die Zahl 49 als etwas Besonderes, da sie die Summe aus sieben mal sieben bildet. Wer dieses Alter erreicht hat, hat die Reife erworben, in den Ältestenrat aufgenommen zu werden.

Möchten Sie noch mal 18 oder 20 sein? Wenn ja, dann tut es mir Leid, denn das würde bedeuten, dass Sie eine Menge versäumt haben. Die meisten Menschen – übrigens auch jene, die von der ewigen Jugend schwärmen – rufen bei dieser Vorstellung entsetzt: Nein! Nein, das möchte ich nicht noch mal durchmachen. Und so ähnlich ergeht es mir auch. Obwohl ich es in meinen Jugendjahren wahrhaft kunterbunt trieb – ich möchte nicht noch einmal in meiner Haut von damals stecken. Ich hatte doch keine Ahnung davon, worauf es im Leben ankommt. Und obwohl ich keiner Herausforderung aus dem Weg ging, fühlte ich mich im Grunde unsicher und spürte nicht, wo mein Platz im Leben ist.

Leider kenne ich viele Menschen, die seit Jahren an der Vergangenheit hängen. Rechnet man ihnen vor, was sie seither alles hätten schaffen können, hört man »Wenn, das oder jenes gewesen wäre ...«. Es ist zwar bitter – doch manchmal eben unabdinglich zu erkennen, dass es Menschen gibt, die lieber im Tal bleiben, als das Panorama auf dem Gipfel zu genießen. Menschen, die lieber davon klagen, was sie alles versäumt haben, anstatt das zu sehen, was vor ihnen liegt und es freudig an sich nehmen. Solche Menschen bezichtigen immer das Gleiche für ihr angebliches Unglück: »Die Umstände waren gegen mich«, pflegen sie zu sagen. Welche Umstände eigentlich? Wir selbst sind es, die die Umstände schaffen! Die Menschheit braucht sich nicht zu wundern, wenn sie bald mit Gasmasken herumlaufen muss. Dann noch zu sagen: »Die Umstände sind schuld«, wäre naiv. Menschen produzieren das Gift. Oder: Wenn ein Ehemann jahrelang seine Freizeit nur mit sonst jemandem verbringt, den Hochzeitstag vergisst, sich dann wundert, wenn seine Frau ihn verlässt – und klagt: Die Umstände waren gegen uns! Sie merken, worauf ich hinauswill: Umstände gelten nicht als Entschuldigung. Wer sich mit Umständen entschuldigt, hat die Verantwortung für sein Leben nicht übernommen. Es gibt sehr wenige Situationen, in denen tatsächlich Umstände verantwortlich gemacht werden können. Seltsamerweise stellen sich solche Situationen im Nachhinein oftmals als förderlich heraus. Man glaubte zuerst, ein Umstand würde eine Sache zum Scheitern bringen – und dann war es gerade dieser Umstand, der sie gelingen ließ. Vor allem aber ist wichtig, dass Sie sich nie von irgendwelchen Umständen beeinflussen lassen!

Fragen Sie einmal ältere Menschen, wie sie ihr Leben genutzt haben, um glücklich und erfolgreich zu sein. Wetten, dass Sie oft – zu oft – hören werden: Wenn der Krieg nicht gewesen wäre, wenn die Firma nicht pleite gegangen wäre, wenn mein Mann mich nicht verlassen hätte, wenn, wenn, wenn! Wenn heißt hier wiederum: Die Umstände sind schuld. Meistens fügen Menschen dann noch hinzu: Wenn ich damals solche Möglichkeiten gehabt hätte, wie sie heute den Menschen zur Verfügung stehen, wäre mein Leben anders verlaufen. Nichts wäre anders verlaufen! Sie hätten neue Umstände gefunden, die sie verantwortlich hätten machen können für ihr tristes Dasein.

Diese Erkenntnis ist nur auf den ersten Blick eine traurige. Kratzt man ein wenig an der Oberfläche, zeigt sich ihr Glanz: Es liegt an uns selbst, es liegt in unseren Händen, was wir aus unserem Leben machen. Wollen wir glücklich, reich und gesund sein? Oder wollen wir jeden Tag aufs Neue Umstände erfinden, die uns daran hindern?

Das Wunderbare ist, dass wir jederzeit damit beginnen können, unser Leben zu ändern. Die positive Programmierung des Unterbewusstseins, der Glaube an sich selbst und die göttliche Kraft – das alles sind herrliche Hilfen auf dem Weg zu einem erfüllten Leben. Verabschieden Sie sich von den »Wenns« und »Abers« der Vergangenheit. Verabschieden Sie sich von allen Chancen, die Sie jemals hatten – und widmen Sie sich jenen Chancen, die Sie jetzt haben. Wenn Sie die Vergangenheit nicht loslassen, müssen Sie Ihre Blockaden – und verpasste Chancen sind die größten Hemmnisse – mit sich herumschleppen. Je leichter Sie sind, desto schneller sind Sie. Je weniger Altlasten Sie mit sich herumtragen, desto mehr Erfolg können Sie ernten.

### *Sätze, die Sie meiden sollten!*

Die meisten Sätze, die Sie mit Vorsicht genießen sollten, beginnen mit dem Wort »Wenn« und führen dann über »Hätte« … ins Nichts!

Wenn ich eine Beziehung hätte …
Wenn ich etwas Kapital hätte …
Wenn ich eine bessere Ausbildung hätte …
Wenn meine Eltern Geld gehabt hätten …
Wenn ich gesund wäre …
Wenn ich einen guten Job hätte …
Wenn ich genügend Zeit hätte …
Wenn man mir je eine Chance gegeben hätte …
Wenn ich jünger wäre …
Wenn ich so talentiert wäre wie …
Wenn nicht alle gegen mich wären …
Wenn die Zeiten besser wären …
Wenn ich noch einmal von vorne anfangen könnte …
Wenn die Situation anders wäre …
Wenn ich in einer anderen Stadt leben würde …
Wenn ich nicht so dick wäre …
Wenn ich keine Schulden hätte …

… ja, was wäre, wenn?
Nichts wäre, wenn. Dann würden die Menschen, die sich an solche Sätze klammern wie an Strohhalme, weil sie glauben, damit ihr angeschlagenes Selbstunterbewusstsein aufzupäppeln, neue »Wenns« und »Hättes« finden.

Werfen Sie »Wenn« und »Hätte« aus dem Fenster! Diese zwei Wörter sind wie Fußfesseln. Mit ihnen am Bein brauchen Sie sich nicht zu wundern, wenn Sie kaum von der Stelle kommen!

## Machen Sie sich frei für Neues!

Gehen Sie an einen Ort, wo Sie sich wohl fühlen, und versetzen Sie sich in eine ruhige, schöne Stimmung. Atmen Sie leicht und frei und lassen Sie Ihre Gedanken kommen und gehen wie die Wellen am Meer.

Wenn Sie spüren, dass Sie entspannt sind, konzentrieren Sie sich auf Situationen Ihres Lebens, in denen Sie eine gebotene Chance nicht ergriffen haben oder sich diese Chance später nicht so erfüllte, wie Sie sich das vorstellten. Ihre Beispiele können einen Geschäftsabschluss, eine Wohnung oder einen Partner betreffen – egal, um was es sich dreht, wichtig ist, dass Sie jene Ereignisse aus der Vergangenheit Revue passieren lassen, die Sie aus welchen Gründen auch immer nicht für sich nutzen konnten. Denken Sie intensiv an die Ihnen einst gebotene Chance – und dann geben Sie sie frei, indem Sie sagen: *Ich lasse dich los. Du bist Vergangenheit. Du bist vorbei. Neues kommt. Ich bin offen für das Neue. Ich freue mich auf das Neue. Das Neue ist gut und schön und richtig. Ich vertraue mich allem Neuen mit offenem Herzen und Geist an.*

In dieser Art gehen Sie alle verpassten Chancen durch, die Ihnen einfallen. Sie fühlen sich bald immer leichter und immer wohler. Sie räumen gründlich auf! Am Ende dieses Großreinemachens empfehle ich Ihnen eine Lichtmeditation, um Frische und Freude einziehen zu lassen in Ihr auf Hochglanz gebrachtes Lebenshaus.

## *Lichtmeditation*

*Zünden Sie eine Kerze an, setzen Sie sich im Abstand von zirka einem Meter davor und sehen Sie in die Flamme. Nach einer Weile schließen Sie die Augen. Das Licht der Flamme nehmen Sie in sich auf. Sie verpflanzen es an die Stelle Ihres dritten Auges – also an die Stirne, zwischen beiden Augen. Von dort breitet sich das Licht aus. Es erfüllt Ihren ganzen Kopf und wandert weiter über den Hals in den Körper, die Arme bis zu den Fingerspitzen, es erreicht Ihr Herz, das sich öffnet wie eine Lotusblüte, es erfüllt Ihren Bauch und Unterleib, Ihre Beine, Waden, Füße, Zehen. Sie sind voller Licht. Pures Licht. Dieses Licht fließt nun aus Ihnen, breitet sich in dem Raum aus, in dem Sie sind, fließt weiter wie Lava, wohin Sie es schicken. Vielleicht zu Menschen, die es gerade brauchen? Bekannten oder Fremden? Sie können Ihr Licht in ein Land schicken, in dem Not herrscht. Oder zu Menschen, mit denen Sie in Unfrieden leben – sie brauchen es ganz besonders. Aber natürlich auch zu Menschen, die Sie lieben. Und es strömt und strömt unaufhörlich aus Ihnen – bis Sie das Licht wieder in Ihrem Herzen und Ihrem dritten Auge bergen.*

*Kehren Sie langsam wieder in die Realität zurück. Betrachten Sie die Flamme der Kerze – und löschen Sie sie dann. Wann immer Sie möchten, können Sie das göttliche Licht des Friedens in sich zum Fließen bringen.*

# Juniorchef in der Druckerei

Es fiel mir nach all den Abenteuern in Saudi-Arabien nicht leicht, mich wieder in den Berufsalltag einzugliedern. Doch diesmal gab es kein Entkommen. Ich stieg als Juniorchef in den Familienbetrieb ein. Das war nicht nur für mich persönlich eine schwierige Situation, da ich ja noch immer nicht begeistert von der Branche war – sie war auch schwierig, weil Juniorchefs oftmals hart dafür kämpfen müssen, akzeptiert zu werden – besonders, wenn die Belegschaft sie von Kindesbeinen an kennt. Einige der Angestellten kannten mich, seit ich ein Schulbub war. Sie hatten in der Mittagspause mit mir Fußball gespielt, ein Meister hatte mich mit einer Nachbarstochter in der Altpapierhütte erwischt und so weiter. Ich musste mir Respekt, Ansehen und Toleranz hart erarbeiten, wollte jedoch nicht zu hierarchischen Mitteln greifen. Ich sah meine Mitarbeiter und mich als Team. In dieser Haltung durfte ich mir keine Schwäche leisten. Gleichzeitig verlangte mein Vater von mir autoritäres Vorgehen, und dass ich an allen Maschinen der Beste sein sollte – was unsinnig war, denn wie sollte ich »über Nacht« Dutzende von Jahren Berufserfahrung nachholen. Am gravierendsten wirkten sich aber die Konflikte zwischen meinem Vater und der Belegschaft aus. Die Belegschaft wollte mich auf ihrer Seite wissen – »gegen« den Seniorchef. Ich selbst fühlte mich meinem Vater verpflichtet – und so wusste ich manches Mal nicht, wie ich den verschiedensten Anforderungen gerecht werden sollte. Es kam mir vor, als wäre ich in eine Falle gegangen. Ich konnte nach den verhassten Frühstücken im elterlichen Haus nicht mehr irgendwohin »flüchten« – etwa in einen anderen Betrieb. Ich blieb da. Den ganzen Tag. Ich wohnte auch wieder zu

Hause. Mein Vater verrechnete meine Benzin- und Versicherungskosten mit meinem Gehalt. Das betrug knapp über die Hälfte eines normalen Druckergehaltes. Das Argument meines Vaters lautete: Du erbst ja sowieso einmal alles.

In der Druckerei durchlief ich sämtliche Abteilungen, von der Kalkulation über die Buchhaltung zur Herstellung, sprach mit Kunden und sprang überall ein, wo es »brannte«. Zwischendurch machte ich oft das, was ich auch früher getan hatte: Ich lieferte Aufträge aus. Dabei kam ich mit den Kunden ins Gespräch und hatte gleich die nächsten Aufträge in der Tasche. Eigentlich war mein Vater für die Akquisition zuständig. Er war ein fähiger Geschäftsmann und beherrschte den Balanceakt zwischen unternehmerischen und privaten Interessen, der zum Erfolg führt. Da ich eine Grafikausbildung absolviert hatte, setzte ich viele der Aufträge, die mein Vater brachte, grafisch um. Doch es fiel weder meinem Vater noch mir auf, dass im Umgang mit Menschen mein großes Talent lag. Ich merkte wohl, dass es mir Spaß machte zu akquirieren, aber ich begriff nicht, dass es das war, was ich am liebsten tat. Hinzu kam, dass sich in manchen der Firmen, für die unsere Druckerei arbeitete, wie bei uns ein Generationswechsel vollzog. Oft kam mein Vater mit den neuen Juniorchefs nicht zurecht – ich, natürlich umso besser. Und so zog ich viele Aufträge an Land. Die hatten wir auch nötig, denn es ging uns nicht besonders rosig und die Konkurrenz war riesig. Wahrscheinlich bemerkte mein Vater nicht, wie gut ich mich zur Akquisition eignete, weil ich manches andere schleifen ließ. So geschah es mehrfach, dass ich beim Ausliefern ein Päckchen vergaß. Ich war recht sportlich um die Kurve gefahren und irgendein Paket irgendwohin gerutscht. Es war ein herrlicher Sommertag, ich wollte zum Baden, hatte es also eilig. Abends empfing mich mein

Vater wutentbrannt, weil ein Kunde am Telefon getobt hatte, wo seine Menükarten blieben … Meine Nachlässigkeit resultierte daraus, dass ich im Grunde nicht motiviert war. Mein Vater legte mir viele Steine in den Weg. Niemals anerkannte er meine Leistungen. Wenn ich einen Fehler machte, erzählte er es überall herum – bei Kunden, Freunden, Verwandten. Das kannte ich ja schon aus meiner Schulzeit. Egal, wie gut die Verbesserungsvorschläge waren, die ich einbrachte, mein Vater schmetterte sie ab. Kurzum: Es herrschte ein Klima, in dem jede Motivation im Keim erstickt wurde. In einer motivierten Atmosphäre blühe ich auf, wachse über mich selbst hinaus – und es gelingt mir, andere Menschen mit meiner Begeisterung anzustecken – und ebenfalls zu Höchstleistungen zu motivieren. Manchmal blitzte mein Talent dazu auf. Doch dann wurde es schnell wieder überschattet von der schuldzuweisenden Haltung meines Vaters.

Nach einigen Monaten hatte ich mir innerhalb des Personals einen guten Stand verschafft. Ich war akzeptiert und wohl auch beliebt, besonders, weil ich oft ein gutes Wort für einen Angestellten einlegte. Die harte, patriarchalische Gangart, die mein Vater an den Tag legte, fiel mir schwer. Aber ich gehörte einer anderen Generation an – mit anderen Werten und Idealen. Dass ich damit ausgenutzt werden konnte, erlebte ich eines Tages schmerzlich. Es gab einen Angestellten in unserem Betrieb, den ich sehr gern mochte. Ich kannte ihn schon viele Jahre und hatte mich immer gut mit ihm verstanden. Eines Tages musste ich entdecken, dass dieser Mann Privataufträge in unserer Druckerei erledigte. Ich kam durch Zufall darauf und traute meinen Augen zuerst nicht. Fieberhaft suchte ich in der Buchhaltung nach einem Auftrag für das, was der Mitarbeiter druckte. Ich fand keinen. Am liebsten hätte ich vergessen, was ich gesehen hatte – doch ich fühlte mich meinem Vater verpflichtet. Nach und nach gelang es mir, das Ausmaß des Schadens zu recherchieren. Es ging in die Tausende. Ich rang lang mit mir, dann sprach ich mit meinem Vater. Mittlerweile war mir klar, dass die ganze Belegschaft wusste, was der Angestellte »privat« erledigte. Mein Vater fragte den Mann, ob die Anschuldigungen korrekt seien. Er bejahte. Ich hätte mein Motorrad darauf verwettet, dass mein Vater den Mitarbeiter fristlos entlassen würde. Doch mein Vater machte keine Anstalten. Er wollte es bei einer Abmahnung belassen. In Sekundenbruchteilen war mir klar, was das für mich bedeuten würde. Der Mann, dem ich vertraut hatte, der sich vielleicht meine Freundschaft erschlichen hatte, dieser Mann würde weiterhin zu unserem Personal gehören – und die ganze Belegschaft wüsste Bescheid über das Vorgefallene. Und da explodierte ich. »Entweder ich oder er!«, rief ich.

Mein Vater musterte mich irritiert.

»Wenn du ihn behältst, gehe ich«, sagte ich.

»Wenn das so ist«, sagte mein Vater und wandte sich an den Angestellten, »muss ich Sie fristlos entlassen.«

Dies war das erste Mal in meinem Leben, dass ich mich gegen meinen Vater durchsetzte.

Diese Episode ließ mich etwas vorsichtiger werden. Ich unterstellte Menschen selten schlechte Motive. Doch nach dem Vorfall mit dem Setzer fragte ich mich, ob ich nicht von manchen Angestellten benutzt wurde. Einen wirklichen Freund hatte ich jedoch in der Druckerei. Horst war in meinem Alter und schon einige Jahre im Betrieb tätig. Wir waren uns auf Anhieb sympathisch. Unsere Freundschaft half mir, den ungeliebten Alltag durchzustehen. Nach Feierabend zogen Horst und ich los. Ich ahnte nicht, dass Horst es sein würde, der mich zu meiner späteren Ehefrau »führen« sollte …

Dennoch – trotz Horst und einem intensiven Nachtleben – glücklich war ich nicht. Es kam mir so vor, als würde ich vom Geschäft aufgesogen. Das Geschäft stand immer im Mittelpunkt, von morgens bis abends, und ich sollte mich damit identifizieren. Ich sollte mich mit etwas identifizieren, was ich intuitiv für den falschen Weg für mich erkannte. Ich wollte nicht in diesem zermürbenden Kreisel aus geschäftlichen Fragen leben: Bleibt uns am Jahresende etwas übrig? Wie wird es wohl im neuen Jahr weitergehen? Hoffentlich springt unser großer Kunde nicht ab! Hoffentlich bekommen wir einen günstigen Steuerbescheid! Wie werden wir die Lohnerhöhungen verkraften? Nein, das war nicht meine Welt. Doch ich gab mir Mühe – als ob man es damit zu etwas bringen könnte ...

## Tun Sie, was Sie wirklich wollen!

Tun Sie, was Sie wirklich wollen – das möchte ich Ihnen ans Herz legen, obwohl ich selbst bis zu dieser Stelle meiner Lebensgeschichte kein gutes Beispiel dafür abgebe. Ich habe viel zu lange das getan, was ich nicht wollte – weil ich nicht wusste, wie ich mich gegen meine angebliche Vorbestimmung wehren sollte. Es sollte auch noch ein paar Jahre dauern, ehe mir der endgültige Ausbruch gelang, der dann zu meinem Durchbruch wurde – weil ich endlich das tat, was ich wollte.

Es ist erschreckend, wie viele Menschen in einem Beruf arbeiten, den sie im Grunde gar nicht ausüben wollen, der sie langweilt, anödet – oder, um einmal sehr deutlich zu werden: ankotzt. Und damit verbringen sie einen Großteil ihrer Zeit. Ist das nicht erschütternd? Menschen, die in einem ungeliebten Beruf tätig sind, greifen dann meistens zu der »List«, sich vorzumachen, ihr Leben wäre zweigeteilt. Auf der einen Seite der öde Beruf – und auf der anderen Seite das schöne Privatleben, in dem sie all das tun können, was sie tun wollen. Oft ist es allerdings so, dass sie dann gar nicht mehr so genau wissen, was sie eigentlich tun wollen. Das ist auch kein Wunder. Denn wenn man sich selbst täglich stundenlang verleugnet und Tätigkeiten nachgeht, die einem widerstreben – woher sollte dann die Energie kommen, ein erfülltes Privatleben zu genießen? Andererseits erleben wir das Phänomen, dass Menschen, die ihren Beruf lieben, selbst wenn sie wesentlich mehr als der Durchschnitt arbeiten, die Fähigkeit haben, ihr Privatleben voll ausgefüllt zu genießen. Das erscheint nur auf den ersten Blick unlogisch. Denn Menschen, die ihren Beruf lieben, erhalten Energie durch ihre Arbeit; während Menschen, die einen Beruf ausüben, den sie nicht mögen, davon sozusagen ausgesaugt werden. Ich muss an dieser Stelle wohl nicht betonen, dass nur der Beruf, den man mit Leib und Seele ausfüllt, Erfolg bringen kann! Jede Blockade, jede Tätigkeit, die uns innerlich widerstrebt – und die wir gegen besseres Wissen dennoch ausüben –, schwächt das Resultat. Erfolg ist nicht durch fadenscheinige Kompromisse zu erreichen. Der Erfolg verlangt das Entweder-oder. Den totalen Einsatz – also den ganzen Menschen und nicht bloß achtstündiges Zeitabsitzen in irgendeinem Büro.

Aus dem Dilemma der falschen Berufswahl gibt es nur einen Ausweg: Machen Sie Ihr Hobby zu Ihrem Beruf! Und sagen Sie jetzt nicht: Das geht nicht. Sie wissen ja, was Sie damit in Ihrem Unterbewusstsein anrichten! Hören Sie auf, irgendwelche Ausreden zu suchen. Gehen Sie wohl überlegt vor!

Am Beispiel meiner ehemaligen Sekretärin möchte ich Ihnen dies verdeutlichen. Mir fiel auf, dass sie oft einen niedergeschlagenen und bedrückten Eindruck machte. Eines Tages gelang es mir, aus ihr herauszulocken, dass ihre große Leidenschaft das Singen war, und sie gerne Sängerin wäre. Doch glaubte sie nicht an sich.

»Wann singen Sie denn?«, fragte ich.

»Unter der Dusche«, sagte sie. »Und manchmal vor Freunden.«

»Singen Sie gut?«, fragte ich.

»Ich weiß nicht«, sagte sie.

»Dann kommen Sie wieder zu mir, wenn Sie mir ins Gesicht sagen können, dass Sie gut singen«, erwiderte ich.

Tatsächlich kümmerte sich meine Sekretärin rasch um eine Gesangslehrerin, die ihr ein phänomenales Talent bescheinigte. Und als sie mir dann sagte; »Herr Wandl, ich kann sehr gut singen«, legte sie mir auch gleich ihre Kündigung auf den Tisch. Meine Sekretärin hatte genau das Richtige getan, wie sie mir einige Jahre später bei einem Treffen erzählte. Sie hatte sich ein Ziel gesetzt: In vier Jahren werde ich auftreten. »Zufällig« lernte sie den Besitzer eines Tonstudios kennen, der »zufällig« gerade eine Sekretärin suchte, sodass sie schon mal in die richtige Branche rutschte. »Zufällig« erkrankte bei einer Aufnahme eine Backgroundsängerin, sodass meine ehemalige Sekretärin »zufällig« einsprang. Und dann wurde sie »zufällig« entdeckt. Ich schreibe zufällig in Anführungszeichen, weil es keine Zufälle gibt, darauf werde ich später noch zu sprechen kommen. Meine Sekretärin hat ihr Unterbewusstsein mit der Umsetzung ihres Zieles beauftragt. Und zwar so konsequent und mit solch einer Power, dass sie ziemlich schnell ans Ziel ihrer Wünsche kam. Ich habe eine mittelmäßige Sekretärin verloren – mittelmäßig, weil sie eigentlich etwas ganz anderes machen wollte – und eine erstklassige Sekretärin dazugewonnen –, weil sich nämlich herausstellte, dass eine in einer anderen Abteilung tätige Dame, die bis dato nicht einmal tippen konnte, schon immer den Berufswunsch Sekretärin hatte ...

*Arrangieren Sie sich nicht mit den Umständen! Verändern Sie Ihr Leben so, dass Sie sich rundum darin wohl fühlen! Sie brauchen Ihrem Unterbewusstsein nicht zu erklären, wie es vorzugehen hat. Es genügt, dass Sie Ihr Ziel formulieren und fest daran glauben. Bebildern Sie Ihr Ziel. Kämpfen Sie für Ihr Ziel. Ihr Unterbewusstsein findet die richtigen Wege, an das Ziel zu gelangen, das Sie ihm aufgetragen haben. Sobald Sie auf der richtigen Spur sind, werden Dinge geschehen, die »zufällig« erscheinen. Sie sind nicht zufällig!*

## *Zehn Leitsätze für Ihre Autosuggestion zum Erfolg*

*1. Ich nutze die positive Suggestion!*
*Unser Gehirn hat ca. 23 Trillionen Gehirnzellen. Diese riesige Denkmaschine registriert »ungefiltert« alle täglichen Einflüsse. Und das sind leider überwiegend negative Informationen. Diese »Bösewichte« lassen keinen Erfolg zu, da sie Energie vom Positiven abziehen. Um diese Energie aber für den Erfolg zu nutzen, sage ich jedesmal, wenn negative Gedanken auftauchen, laut und deutlich: »Mein Körper und mein Geist sind durchflutet von energiegeladenen Sonnenbällchen, voller Glück, Gesundheit und Freude. Glückseligkeit durchströmt mich und macht mich glücklich und reich.«*

*2. Ich automatisiere meinen Erfolg!*
*Ich übe den ersten Punkt meiner zehn Leitsätze so lange, bis der Vorgang automatisch abläuft. Ich denke an meine ersten Fahrstunden zurück, an die ersten 1000 Kilometer, die ich nach der Fahrschule alleine gefahren bin. Jeden weiteren*

*Kilometer bin ich »automatisch« gefahren, das heißt, ich habe nicht über jeden Handgriff nachdenken müssen. Auch für die Einübung des Erfolgs gilt das Gleiche. Ich übe den ersten Punkt, bis ich Weltmeister im positiven Denken bin.*

*3. Ich habe meine Ziele bereits erreicht!*
*Ich sehe vor meinem geistigen Auge mein Wunschbild, mein Ziel. Ich übe diesen bewusst herbeigeführten Tagtraum so lange, bis ich mich als Hauptdarsteller in meinem eigenen Hollywood-Film sehe. Ich fühle es. Ich sehe es. Ich schmecke es. Ich rieche es. Ich lebe es und ich habe es bereits erreicht.*

*4. Ich will es!*
*Ich halte durch und wiederhole diese Sätze so oft, bis mein Bild Wirklichkeit ist – mein Ziel, meine Vision.*

*5. Ich kann es!*
*Denn ich tue und glaube es. Diese zwei Wörter ICH KANN reißen die Sterne vom Himmel. Ich lasse mich von nichts abhalten!*

*6. Ich tue es!*
*Nur Aktivität bringt eine positive Veränderung. Wenn ich mich nicht ändere, ändert sich nichts. Wenn ich es nicht tue, tut es ein anderer.*

*7. Ich bin ein Optimist!*
*Pessimisten machen sich das Leben unnötig schwer. Optimisten dagegen haben es viel leichter. Ich sage täglich zu mir: »Ich bin ein Optimist!« Ich denke nur an meine Stärken – an die schönsten Momente meines Lebens, an meine Wünsche, Ziele und Visionen. Und jedes Mal sind sie echter und lebendiger.*

8. *Ich orientiere mich nach oben!*
*Ich höre nur auf positive Menschen. Ich suche mir meinen persönlichen Coach, mein Vorbild. Ich verkehre mit Menschen, die erfolgreicher sind als ich, denn ich bin einer von ihnen.*

9. *Ich glaube an mich!*
*Ich bin selbst mein bester Freund und mein Unterbewusstsein schenkt mir Glück, Gesundheit, Macht und Reichtum in Hülle und Fülle. Denn so wie ich mein Unterbewusstsein programmiere, so bin ich. Ich schlafe nie mehr ohne mein Schlaflied ein: »Ich will es! Ich kann es! Ich tue es!«*

10. *Ich habe kein Ohr für dummes Geschwätz!*
*Ich lasse mich nie mehr von Gehirnschwächeren oder Neidern von meinen Zielen abbringen. Ich vertrete meine Interessen. Ich zeige Mut zur Größe. Ich habe keine Ängste und Sorgen. Ich höre auf meine innere Stimme und verschließe meine Ziele in meinem inneren Safe, im Unterbewusstsein. Ich spreche nicht über meine Ziele mit anderen, es sei denn mit meinem Partner, wenn er ähnliche oder dieselben Ziele hat.*

## Schulden, Scherben und um eine Erfahrung reicher

Ich arbeitete nun schon mehrere Jahre im elterlichen Betrieb und hatte es in dieser Zeit geschafft, genügend Geld zusammenzusparen, um einen schwarzen Porsche 911 Carrera zu kaufen. Mein monatlicher Verdienst in der Druckerei war zwar gering, doch ich hatte ja noch meine Auftritte als Musiker, so manches Motorradgeschäft nebenbei, und ich verfügte auch über einiges Ersparte. Das Auto wurde direkt vom Werk angeliefert. Natürlich ohne Nummernschild. Im Münchner Westen hatte ich seinerzeit eine Garage gemietet und stand mit vor Freude klopfendem Herzen dabei, als der Porsche abgeladen wurde. Ich konnte es kaum abwarten, ihn zu fahren – aber: Es war Freitag –, und die Zulassungsstelle hatte bereits geschlossen. Es fiel mir sehr schwer, doch ich schaffte es, mich von dem Anblick des Porsche zu lösen. Als ich ihn jedoch am frühen Abend einem Freund zeigte, fiel es mir schon schwerer. Die Begeisterung des Freundes steckte mich an. »Das gibt's doch nicht«, rief Peter immer wieder, »da steht dieser Wahnsinn in der Garage, und wir können nicht fahren!«

»Ich melde ihn Montag früh an«, versicherte ich.

»Heute ist Freitag! Das sind noch drei Tage!«

»Zwei«, erwiderte ich zögernd.

»Sag mal«, fragte Peter langsam, »die Nummernschilder von deinem Käfer ...«

»Was ist damit?«, fragte ich, obwohl ich es schon wusste.

»Die müssten doch genau passen.«

»Na und?«

»Mensch! Wir montieren die Käferschilder an den Porsche. Komm! Stell dich nicht so an! Nur einmal um den Block!«

Ich wollte nicht. Alles in mir sträubte sich dagegen. Andererseits – ich wäre schon gerne gefahren. Aber ... ich fühlte mich wie auseinander gerissen von meinem Wunsch und dem Zweifel.

»Was soll da schon passieren!«, rief Peter und schaute mich so bittend an, dass ich mir einen Ruck gab: »Also gut!«

Wir montierten die Schilder um. Das ungute Gefühl verließ mich nicht. Mehrmals spürte ich das Verlangen, einen Rückzieher zu machen. Doch ich dachte: Ein Mann, ein Wort – und schwieg. Und dann fuhren wir los. Doch ich konnte meinen Porsche nicht genießen. Ich sah hinter jeder Ecke einen Polizeiwagen stehen.

»Fahr schneller!«, spornte Peter mich an.

Irgendwie wollte ich nicht. Doch dann tat ich es doch – gegen meine Überzeugung.

»Lass uns die Kurvenlage ausprobieren!«, rief Peter und ich gab erneut Gas. Dies führte zum endgültigen Sieg meiner negativen Gedanken. Der Porsche geriet ins Schleudern, raste auf die Gegenfahrbahn, rammte ein Taxi, dessen Vorderfront er komplett abriss, schleuderte weiter, rutschte über den Bordstein – und landete in einem Schaufenster. Auf einmal wimmelte es von Menschen. Keine Ahnung, wo die so schnell herkamen. Und man hörte schon das Martinshorn. Peter und ich hatten einen Schock erlitten, sonst war uns nichts passiert. Ich besaß die Geistesgegenwart, mich an Ort und Stelle für schuldig zu erklären, tauschte Adressen mit dem Taxifahrer, dem ebenfalls nichts passiert war, und der Wäscherei, in deren Schaufenster mein ehemaliger Porsche und jetziger Schrotthaufen stand, verpflichtete mich, den Sachschaden sowie Verdienstausfall und Leihwagen für den Taxifahrer komplett zu begleichen – ebenso natürlich die Inneneinrichtung der Wäscherei – Theke, Türrahmen, Glasfront etc. Punkte in

Flensburg gab es damals noch nicht. Ich kam mit einer Verwarnung davon. Einer Verwarnung, an die ich mich noch fast zwei Jahre erinnerte – denn so lange dauerte es, bis ich meine Schulden getilgt hatte, die ich zur Begleichung des Schadens aufnehmen musste. Da ich keine Vollkaskoversicherung hatte, kostete mich die Spritztour zirka 35 000 Mark. Trotzdem – ich war glimpflich davon gekommen. Außer einem Schrecken war keinem der Unfallbeteiligten etwas passiert. (Und dass ich mit falschen Nummernschildern unterwegs war, fiel in dem ganzen Tohuwabohu niemandem auf.)

## Vertrauen Sie Ihrer Intuition

Ich hatte damals nicht den geringsten Schimmer davon, was negative Gedanken auslösen können. Deshalb war mir auch nicht klar, dass ich mit meinen negativen Gedanken den Unfall geradezu provozierte. Heute würde ich anders reagieren – aber heute würde mich auch niemand mehr dazu überreden können, einen solchen Unsinn anzustellen. Ich kenne nicht mal Menschen, die versuchen würden, mich zu derartigem Schwachsinn anzustiften. So etwas ist das Privileg der Jugend.

Immer wieder gibt es Situationen im Leben, in denen sich unsere innere Stimme meldet: Tu das nicht! Wenn wir solche Warnungen leichtfertig in den Wind schlagen, brauchen wir nur noch auf die Quittung zu warten. Aber auch wir selbst sind es, die negative Ereignisse anziehen – indem wir sie in unseren Gedanken sozusagen vorwegnehmen. Wenn wir geradezu auf einen Unfall warten – ihn gedanklich schon durchspielen –, was hat dann unser Unterbewusstsein für eine andere Möglichkeit, als dafür zu sorgen, dass unsere negative Voraussage eintrifft! Am besten ist es, die

Finger von den Sachen zu lassen, über die man negativ denkt. Und am allerbesten ist es, überhaupt nicht negativ zu denken! Die Wahrheit dieser banal klingenden Feststellung können Sie selbst an sich und anderen Menschen immer wieder überprüfen. Die Einstellung, mit der man an eine Sache herangeht, entscheidet darüber, ob sie gelingt oder misslingt.

Intuition heißt Eingebung. Jeder Mensch verfügt über Intuition. Leider wurde die Intuition im vergangenen Jahrhundert des technischen Fortschritts oftmals als Stiefkind behandelt. Erst in letzter Zeit erkennen wir allmählich wieder, welche Sprengkraft in dieser unserer Fähigkeit liegt. Erfolgreiche Menschen wissen und wussten das von jeher. Lesen Sie die Biografien bedeutender Menschen und Sie werden feststellen, wie oft beispielsweise nobelpreisgekrönten Wissenschaftlern die Intuition zu ihren Erkenntnissen verhalf. Erfolgreiche Menschen haben den Mut, ihren Eingebungen zu vertrauen – ganz einfach, weil sie sich selbst vertrauen. Erfolgreiche Menschen haben den Mut, eingefahrene Denk- und Handlungsbahnen zu verlassen. Manchmal werden sie dafür für verrückt gehalten. Aber auch nur so lange, bis sie mit großem Erfolg bewiesen haben, dass sie Recht hatten. Denn sie vertrauten ihrer inneren Stimme. Die innere Stimme verfügt über die ganze Weisheit der Schöpfung.

Viele ganz große Geschäftsabschlüsse wurden in der letzten Konsequenz »aus dem Bauch heraus« getätigt. Zwei Projekte mit der gleichen Erfolgsaussicht stehen zur Auswahl. Man entscheidet sich für eines. Kann vielleicht gar nicht begründen, warum. Mutig diejenigen, die dann sagen: Ich vertraue meiner Intuition. Unsere Intuition begleitet uns wie ein Schatten. Sie zu nutzen heißt, ein mächtiges Potenzial anzuzapfen. Sie links liegen zu lassen, wäre dumm. Sicherlich kennen Sie Situationen, in denen Sie ohne zu wissen, warum, an einer Ampel stehend, einen Schritt beiseite traten. Oder Sie mit dem Auto nicht gleich losfuhren, obwohl die Ampel bereits auf Grün geschaltet hatte. Sie zögerten – und dann raste noch ein Auto über die Kreuzung, das Sie gerammt hätten, wenn Sie ohne Verzögerung losgefahren wären. Was aber hat Sie nun anhalten lassen? Ihre Intuition! Und wie würden Sie das Phänomen beschreiben, wenn Sie eines Tages – scheinbar aus heiterem Himmel – immer wieder an eine Schulfreundin denken mussten, die sie gut zehn Jahre nicht mehr gesehen haben … und am Abend klingelt das Telefon, und Sie können nur noch perplex rufen: »Das gibt's doch nicht! An dich habe ich heute schon den ganzen Tag gedacht!«

Manchmal wissen wir auch ganz intuitiv, wer am Telefon sein wird. Oder wir denken an eine Angelegenheit, die eigentlich abgeschlossen ist – und dann erhalten wir einen Brief oder irgendetwas – und die Angelegenheit ist wieder auf dem Tisch. Jeder Mensch kennt solche Ereignisse. Man kann sie auch mit dem Stichwort »sechster Sinn« beschreiben. In vielen anderen Kulturen hat dieser sechste Sinn einen gleichberechtigten Stand neben rationalen Fähigkeiten. Diese Entwicklung befindet sich in unserer Gesellschaft noch in den Kinderschuhen. Um intuitiv zu handeln, braucht man weder ein Studium noch besondere Vorkenntnisse. Alles, was man tun muss, ist auf seine innere Stimme zu hören – indem man die Antennen nicht nur nach außen, sondern eben auch auf das eigene Innenleben ausrichtet. Beides zusammen gibt unserer Intuition die Möglichkeit, die für uns besten Entscheidungen zu treffen. Denn einerseits können wir intuitiv die Gefühlslage anderer Menschen erfassen – und andererseits eben unsere eigene. Jeder Mensch, der uns begegnet, sendet Signale. Die offensichtlichsten sind jene, die wir als Körpersprache bezeichnen. Sitzt uns ein Mensch mit verschränkten Armen gegenüber, zeigt er damit beispielsweise seine Vorbehalte. Viele Manager trainieren ihre Körpersprache in Seminaren – um ihr Gegenüber bei wichtigen Gesprächen mit Hilfe ihrer positiven Körpersprache von positiven Absichten zu überzeugen. Dies ist eine Möglichkeit – doch sie funktioniert nur, wenn Körpersprache und die dahinter stehenden Absichten im Einklang sind. Denn den sechsten Sinn täuscht auch eine perfekte Körpersprache nicht, er bleibt nämlich nicht an der äußeren Hülle eines Menschen hängen – er blickt tiefer. Und deshalb sollten Sie diesem Seismographen in Ihrem Inneren auch höchstmögliche Aufmerksamkeit widmen. Ihre Intuition können Sie nicht bei einem Kurs bei der Volkshochschule verbessern. Sie sind auf sich alleine gestellt – aber es ist leicht, sich eine intuitive Lebensart anzueignen. Alles, was Sie tun müssen, ist, sich ein wenig Zeit dafür zu nehmen. Wenn Sie Entscheidungen treffen müssen und Sie bereits alle Argumente pro und contra aufgelistet haben, lehnen Sie sich zurück, und horchen Sie in sich hinein. Was sagt Ihre innere Stimme? Oder stellen Sie sich vor, Sie haben die Wahl zwischen zwei Mitarbeitern – mit einem von ihnen sollen Sie in der Zukunft eng zusammenarbeiten oder Sie planen gar, ein Unternehmen zu gründen. Egal, welcher der beiden Kandidaten den besseren Abschluss haben mag – was sagt Ihre innere Stimme? Manchen Menschen, die noch nie Kontakt zu ihrer Intuition aufgenommen haben, kommt es anfänglich vielleicht vor, als hätten sie mehrere innere Stimmen. Das kann gut sein – aber eine Stimme wird laut und klar und deutlich zu Ihnen sprechen. Schenken Sie Ihr Gehör. Ihre Intuition ist gleichermaßen Ihr Schutzschild vor negativen Einflüssen – und ein wunderbarer Ratgeber auf dem Weg zu einem glücklichen und erfolgreichen Leben. Wenn Sie einmal gelernt haben, diesen Ratgeber aktiv in Ihre

Entscheidungen mit einzubeziehen, werden Sie Entschlüsse ganz automatisch in Sekundenschnelle fällen können. Und es werden die richtigen Entschlüsse sein!

## Lassen Sie die Vergangenheit los, vertrauen Sie der Zukunft

Wenn Sie einmal einen Fehler gemacht haben – wie ich beispielsweise mit der Fahrt mit den falschen Nummernschildern – dann grübeln Sie nicht: »Ach hätte ich doch«, »Ach wäre doch bloß«. Akzeptieren Sie die Tatsachen so, wie sie sind. Verschwenden Sie keine Energie auf die Vergangenheit. Die können Sie nämlich nicht mehr ändern. Aber Ihre Gegenwart und vor allem die Zukunft, die können Sie beeinflussen. Wenn ich meinem kaputten Porsche Ewigkeiten nachgetrauert hätte, hätte ich es nicht weit gebracht. Stattdessen habe ich beschlossen, mich mit den Umständen zu arrangieren. Ich hatte zwar dabei nochmals Pech, denn der Freund, der den Unfallwagen herrichtete, übersah den gravierenden Rahmenschaden. Mein Traum(a) Porsche Carrera fand erst ein Ende, als ich den aufbereiteten Totalschaden einem Autohändler verkaufte. Und obwohl ich noch lange mit den finanziellen Folgen des Unfalls zu tun hatte, verschwendete ich keinen Gedanken mehr daran. Auch als ich auf den Rat eines Bekannten Optionsscheine kaufte – und dann so gut wie alles verlor – trennte ich mich ohne zu hadern von dem Verlust. Ich hatte versucht, schnell zu Geld zu kommen – der Freund hatte mir von 50 bis 80 Prozent Gewinn vorgeschwärmt – es hatte nicht geklappt, vergiss es! Hätte mir damals jemand prophezeit, dass ich selbst einmal ins Finanzgeschäft einsteigen würde – ich hätte ihn für irrsinnig gehalten.

Man kann im Leben nicht alles auf einmal bekommen. Schritt für Schritt arbeitet man sich vor zu Glück, Reichtum und Erfolg. Wer stehen bleibt, geht eher zurück. Egal, wie aussichtslos eine Situation erscheinen mag – und die eigene persönliche Misslage erscheint ja immer am aussichtslosesten – verlieren Sie nie die Hoffnung! Glauben Sie an sich! Es gibt Auswege! Immer! Setzen Sie sich Ziele – und dann investieren Sie Ihre ganze Energie in das Erreichen dieser Ziele. Zwei Tage nach meinem unfreiwilligen »Parken« in der Wäscherei setzte ich mich an meine Lieblingsstelle am Wörthsee. Nach einer Stunde wusste ich genau, was ich zu tun hatte, um meine Schulden zu begleichen und wieder auf die Füße zu kommen. Als ich den Ausweg vor mir sah, ging es mir besser. Fast fühlte ich mich, als hätte ich die leidige Angelegenheit schon hinter mir. Das war auch im übertragenen Sinne so. Ich hatte sie bereits innerlich gelöst und die Lösung in meinem Unterbewusstsein verankert. In solchen Situationen ist es enorm wichtig, sich mit schönen Dingen zu umgeben. Lesen Sie gerade dann erheiternde Literatur. Suchen Sie die Gesellschaft fröhlicher Menschen. Schauen Sie lustige Filme mit Happyend an. Das alles stärkt die positive Kraft in Ihrem Inneren. Und lachen Sie! So viel und so oft Sie können. Das bringt Energie und ist obendrein noch sehr gesund!

Es liegt an Ihnen, ob Sie fröhlich oder deprimiert durchs Leben gehen. Wenn Sie bedenken, dass sich beide Gedankenrichtungen multiplizieren, erkennen Sie vielleicht, wie sehr Sie sich selbst im Weg stehen können – oder sich den Weg freimachen können. Wenn Sie es zulassen, dass Sie negativ denken, dann prägen Sie sich negativ. Leider kann man fast von der Krankheit Sorgensucht sprechen. Es gibt doch tatsächlich Menschen, die vermitteln den Eindruck, sie wären ohne Sorgen nicht lebensfähig. Obwohl sie eigentlich keine haben, müssen sie sich ständig welche machen, und wehe, es sind mal keine greifbar. Wenn solche Menschen aus Versehen einen guten Tag haben, klingt das so: Ich fühle mich heute einigermaßen, aber das hat nichts zu bedeuten. Wahrscheinlich werde ich mich morgen wieder schlechter fühlen.

Das sind wahrhaft umwerfende Suggestionen! Natürlich wird sich die betreffende Person morgen wieder schlechter fühlen. Aber anscheinend ist es ja das, was sie will. – Sonst würde sie anders mit dem Geschenk des Lebens umgehen!

# Die Kraft der Liebe

Sie war anders. Anders als alle Frauen, mit denen ich jemals zu tun gehabt hatte. Meine Freunde fanden sie »komisch«. Ich fand sie rasend aufregend. Annabell war erst siebzehn Jahre alt – aber ihre Schlagfertigkeit war allseits gefürchtet. Ihre spitzen Bemerkungen trieben so manchem die Röte ins Gesicht. Annabell hatte eine Begabung dafür, die Schwachpunkte anderer Menschen herauszufinden. Und darauf deutete sie dann. Schonungslos. Aber sie konnte auch sehr charmant sein – und diese Mischung war es, die mich regelrecht verrückt machte. Eigentlich war Annabell gar nicht mein Typ. Sie hatte schwarze kurze Haare. Ich stand prinzipiell nur auf Langhaarige. Aber – bei Annabell war eben alles anders! Und mit ihr zusammen veränderte ich mich. Obwohl Annabell noch in der Lehre war, legte sie das Engagement einer Managerin an den Tag. Wenn ich sie manchmal von der Arbeit abholte und beobachtete, wie sie zwischen ihren Kunden hin- und herwieselte, wusste ich mit Bestimmtheit: Annabell wird ganz nach oben gelangen. Das war es auch, was Annabell wollte. Und sie wollte es nicht nur für sich, sie wollte es auch für mich.

Immer wieder erklärte sie mir, welche Talente und Fähigkeiten in mir brachlagen – und zeigte mir die Blockaden auf, warum ich nicht wirklich weiterkam. »Du musst deinen Freundeskreis wechseln«, sagte Annabell, »die ziehen dich nur runter. Merkst du nicht, dass du in deiner Gutmütigkeit ausgenutzt wirst? Hör auf, den sozialen Doktor für alle möglichen Versagertypen zu spielen! Kümmere dich um dein eigenes Fortkommen!« Ein Teil von mir war überhaupt nicht einverstanden mit den Verbesserungsvorschlägen an meinem Leben, die Annabell einbrachte. Ein anderer Teil von mir spürte jedoch: Annabell hat Recht. Und so ließ ich mich auch überzeugen – allerdings ging so manche Verbesserung nicht in zivilisierten Gesprächen über die Bühne. Annabell und ich stritten, dass die Fetzen flogen. Wir waren beide noch zu jung, um konstruktive und einfühlsame Gespräche zu führen. Anstatt uns kreativ zu fördern, verteidigte jeder seine Position. Irgendwann vergaßen wir, worum es ging, und zum Schluss war nur noch wichtig, Recht zu haben. Oft habe ich um des lieben Friedens willen nachgegeben. Heute weiß ich, dass das ganz gut so war, denn Annabell brachte neuen Wind in mein Leben.

Ich war Annabell mehrere Jahre treu – doch suchte ich weiter. Sie musste um 22 Uhr zu Hause sein, und danach lebte ich mein Leben. Manchmal suchte ich Trost bei dem Frauentyp, bei dem ich mich früher so wohl gefühlt hatte. Die sanften, engelsgleichen, langhaarigen Wesen. Doch seltsamerweise fehlte mir bei diesen Mädchen dann etwas. Ich vermisste die starke Persönlichkeit, die Annabell hatte. Wieder bei ihr vermisste ich das mädchenhafte Wesen. Und so trieb es mich hin und her. Drei Jahre dauerte unsere Beziehung. Wir passten uns nicht aneinander an, ganz im Gegenteil: Unsere Streits wurden immer heftiger. So kam es, dass sogar die Eltern von Annabell, die mich im Übrigen sehr gerne mochten, zu einer Trennung rieten. »Ihr könnt so nicht weiterleben«, warnte Annabells Mutter mich, »ihr macht euch gegenseitig kaputt.«

Eines Tages war es dann so weit – ich trennte mich von Annabell. Ich war am Ende meiner Kräfte. Ich gab den Kampf auf, zu dem unsere Liebe eskaliert war. Was sich mir in den drei Jahren mit Annabell offenbart hatte, sollte ich erst nach und nach erkennen. Ohne die harte Schule mit Annabell hätte ich niemals meine Frau erobern können. Annabell war eine Vorbereitung auf das große Glück in meinem Leben ...

Die Beziehung mit Annabell hat mich gereinigt. Sie vermittelte mir eine andere Sicht auf die Welt. Ich lernte, mich von Menschen, die mich nur benutzen wollten, zurückzuziehen. Ich lernte, mich auf meinen Erfolg zu konzentrieren. Ich lernte Durchsetzungsvermögen und zielbewusstes Vorgehen. Annabell war in gewisser Hinsicht mein Coach. Ich glaube nicht, dass sie mir diese Veränderungen bewusst vorlebte. Als liebende Frau spürte sie das Potenzial, das in mir ruhte. Sie half mir dabei, es ans Licht zu bringen. Allerdings waren ihre Methoden nicht die besten – sonst hätten wir nicht so viele Tage und Nächte im Streit zugebracht.

Die Dichterin Marina Zwetajewa schreibt: »Lieben: den Menschen so zu sehen, wie ihn Gott im Sinne hatte und die Eltern nicht verwirklicht haben.«

In diesem Satz liegt das ganze Geheimnis der Liebe. Wenn wir lieben, sehen wir den geliebten Menschen in seinen kreativen Fähigkeiten als unversehrtes Wesen mit seinem ganzen Potenzial. Ein liebender Blick aktiviert diese Power. Der geliebte Mensch wächst sozusagen über sich selbst hinaus, denn wir fördern seine Möglichkeiten. Die Liebe möchte den geliebten Menschen zum Erblühen bringen. Möchte ihn unterstützen und wachsen lassen und zu Erfolg und Reichtum führen. Leider geschieht es sehr oft, dass dieser positive Ansatz sich eines Tages ins Gegenteil verkehrt und Ehepartner nicht mehr Kontakt mit der positiven Seite ihres Partners aufnehmen – sondern mit dessen Schattenseite. In der Schattenseite ruhen alle negativen Vorstellungen und Prägungen, die wir in unserem Leben angehäuft haben und die uns zum Teil von Kindheit an aufoktroyiert wurden. Egal, welche Seite wir ansprechen, die angesprochene Seite wird antworten. Es liegt also an uns, ob wir die helle oder dunkle Seite unseres Partners aktivieren. Wir haben die Wahl, ob wir mit einem bejahenden oder einem verneinenden Menschen zusammenleben. Wir haben die Wahl, ob wir unserem Partner Kraft geben, indem wir ihn bestärken: »Du kannst es! Du schaffst es! Ich glaube an dich! Du bist der Beste!« Oder ob wir unseren Partner hemmen: »Das wird doch sowieso nichts. Dir gelingt nie etwas. Das ist ja mal wieder typisch. Das schaffst du doch nicht.«

Die erste Entscheidung, die wir immer wieder aufs Neue treffen müssen, betrifft allerdings uns selbst: Wollen wir aus unserer hellen Seite oder aus unserer Schattenseite herausleben? Wenn wir selbst unsere hellen Aspekte leben, gelingt es uns leicht, dadurch in Kontakt mit der hellen Seite unseres Partners zu treten. Wir möchten schließlich auf demselben Niveau mit unserem Partner sein. Ziehen wir es jedoch vor, in unserem Schatten herumzukrebsen, wo alle negativen Bilder gespeichert sind, ertragen wir einen hellen Partner nicht und werden alles tun, um ihn auf unser dunkles Niveau herabzuziehen. Dies geschieht natürlich nicht mit Absicht. Ein solches Verhalten schleicht sich nach und nach ein – wenn man sich selbst gegenüber unaufmerksam ist und sein Unterbewusstsein nicht immer wieder reinigt und es sorgfältig pflegt.

Auch der Faktor Macht spielt eine große Rolle. Macht ist eines der Bindeglieder in menschlichen Beziehungen. Wer ist der Stärkere? Wer ist unten, wer ist oben? Sobald in Beziehungen um den ersten Platz gekämpft wird, sind sie zum Scheitern verurteilt. Entweder man entscheidet, dass es keinen ersten Platz gibt – oder man akzeptiert, dass es einen ersten Platz und einen sehr guten zweiten Platz gibt. In meiner Beziehung mit Annabell kämpfte ich mit ihr fortwährend um den ersten Platz. Und so verspielten wir das Potenzial, das in unserer Begegnung lag. Wir kämpften gegeneinander – anstatt miteinander für ein gemeinsames Ziel.

Um in expansiven Beziehungen leben zu können – ob privater oder geschäftlicher Art –, ist es nötig, ihre Dynamik zu fördern. Alles, was festgefahren ist, droht in die Brüche zu gehen. Denn dann ist die Entwicklung nicht mehr im Fluss, sondern stagniert. Es kann sein, dass Sie in puncto Organisation die Nummer eins in Ihrer Beziehung sind. Vielleicht ist Ihr Partner in konstruktiver Lösungsfindung die Nummer eins. Dies sollten Sie anerkennen und nicht auf einen eingebildeten ersten Platz beharren. Leben Sie Ihre Beziehung so fließend und dynamisch wie möglich. So lernen Sie auch am meisten voneinander. Freuen Sie sich über die Fähigkeiten Ihres Partners, die Sie durch sein Vorbild an sich selbst entwickeln können. Wenn Sie diese Fähigkeiten, die Ihnen Ihr Partner voraus hat, bekämpfen, werden Sie sie nie selbst entwickeln können und mehr noch: Sie werden es womöglich schaffen, sie bei Ihrem Partner zum Verschwinden zu bringen. Und was haben Sie davon? Die Schatten, die Ihre Beziehung verdunkeln, werden immer größer. Gebieten Sie dem frühestmöglich Einhalt. Überprüfen Sie immer wieder kritisch, wie Sie mit Ihrem Partner umgehen: Bestärken Sie ihn oder hemmen Sie ihn? Und vergessen Sie niemals: Was Sie Ihrem Partner »antun«, das tun Sie letztlich sich selbst an – und umgekehrt! Machen Sie Ihren Partner klein, zeigen Sie damit, dass Sie selbst klein sind, und werden noch kleiner durch die negative Beurteilung Ihres Partners, die ihn kleiner macht, was auf Sie abstrahlt. Machen Sie Ihren Partner groß, zeigen Sie damit, dass Sie selbst groß sind, und werden noch größer durch die positive Beurteilung Ihres Partners, die ihn größer macht, was auf Sie abstrahlt.

## Konstruktive Gesprächsführung

Sollte es in Ihrer Beziehung zu Meinungsverschiedenheiten kommen, hüten Sie sich vor Eskalationen um des Rechthabens willen. Zum Schluss haben Sie zwar Recht – aber Sie haben einen geliebten Menschen zutiefst verletzt, weil Sie sich hinreißen ließen zu irgendwelchen Bemerkungen, die Sie besser nicht einmal gedacht, geschweige denn ausgesprochen hätten.

Ich habe schon oft betont, wie wichtig es ist, dass wir selbst die Verantwortung für unser Leben, für unser Tun und Handeln übernehmen. Wenn wir mit uns im Reinen sind, können wir auch im Reinen mit unserer Umwelt in Kontakt treten. Also bleiben Sie in Ihren Meinungen bei sich und lassen Sie sich im Eifer des Gefechts nicht zu irgendwelchen Unterstellungen hinreißen. So manches Mal liegt in einem im Ärger dahingesagten Satz eine Waffe, die eine Beziehung in das Stadium des Siechtums versetzt.

Um solche Situationen zu vermeiden, sollten Sie sich angewöhnen, niemals verallgemeinernde Bemerkungen zu machen wie: Immer machst du ... Das ist ja typisch ... Jedes Mal ... Du hast die Angewohnheit ...

Was soll der Mensch, dem Sie so etwas an den Kopf werfen, darauf antworten? Er steht mit dem Rücken zur Wand und kann eigentlich nur noch um sich schlagen – oder in Tränen ausbrechen.

Unterlassen Sie es, Ihrem Partner Anschuldigungen in die Schuhe zu schieben. Sagen Sie nicht: Du bist schuld, dass ich nicht mehr gerne nach Hause komme. Sondern – wenn es denn unbedingt sein muss – sagen Sie: Ich fühle mich schrecklich, wenn ich heimkomme und zuerst einmal das aufräumen muss, was du überall liegen gelassen hast. Darauf kann Ihr Partner eingehen. Schließlich möchte er ja nicht, dass Sie sich schrecklich fühlen, wenn Sie heimkommen. Doch wenn Sie ihn zubetonieren, kann er nicht mehr frei reagieren und die Situation fährt sich fest.

Also atmen Sie lieber ein paar Mal durch und verdeutlichen Sie sich den geliebten Menschen in seiner hellen Seite. Diese ist vielleicht gerade von Zweifeln verdunkelt. Dann sollten Sie Ihrem Partner helfen, wieder ans Licht zu finden – statt gemeinsam in den Abgrund zu trudeln.

Vergessen Sie niemals: Gemeinsam sind Sie stark. Fördern Sie diese Stärke. Bauen Sie sie aus. Sie sind ein Paar. Zwei Menschen, zwei Leben, zwei Vorstellungen und Vergangenheiten unter einen Hut zu bringen ist nicht einfach. Doch wenn Sie sich lieben, haben Sie die stärkste Kraft überhaupt zur Verfügung, um dies verwirklichen zu können.

## Die Zeit der Hemmnisse

Ich war zirka zwei Jahre als Juniorchef in unserer Druckerei tätig, als mein Vater sich allmählich zurückzuziehen begann. Er arbeitete zunächst nur noch vier Tage in der Woche, dann zwei – aber trotzdem war er allgegenwärtig. Zum einen gab es das gemeinsame Frühstück, das mir nach wie vor den Tag vergällte. Zum anderen ließ mein Vater die Firma nicht wirklich los. Egal, was ich vorschlug, es war ihm nie recht. Ich wollte neue Maschinen anschaffen und den Betrieb insgesamt modernisieren. Mein Vater wollte nicht. Und so ging es Tag für Tag, Woche für Woche. Ich war jung und risikofreudig und wollte weiterkommen. Mein Vater wollte kein Risiko eingehen. Es machte mich verrückt, dass ich einerseits die Verantwortung für alles übernehmen und die Druckerei zum Erfolg führen sollte, andererseits aber keine Mittel in die Hände bekam, meine Ideen umzusetzen. Dennoch war ich in dieser Zeit meines Lebens überzeugt davon, dass ich meine berufliche Karriere im Druckereigewerbe machen würde. Ich dachte nicht mehr darüber nach, dass ich eigentlich etwas ganz anderes hätte tun wollen. Ich hatte mich mit der Situation abgefunden und war bereit dazu, mein Bestes zu geben. Dazu gehörte auch, dass die Druckerei endlich umziehen sollte. Mir bot sich eine fantastische Gelegenheit. Mitten in Schwabing an der Leopoldstraße wurden einige Fabrikhallen einer ehemaligen Modefabrik zum Verkauf angeboten. 20 000 qm – und das alles zu einem für diese Lage regelrechten Spottpreis. In diesen Hallen würde ich die Druckerei, die mir vorschwebte, verwirklichen können. Hundert Leute dort unterzubringen war überhaupt kein Problem. Eine zentralere Lage gab es praktisch nicht – und alle Bedingungen waren optimal. Das wusste ich nicht nur, weil ich mit der Infrastruktur etc. vertraut war – ich roch es förmlich. Vor meinem geistigen Auge entstand die Druckerei fertig umgebaut. Ich wusste, dass mein Vater, wenn ich ihm das erzählte, sofort »Nein« sagen würde, ohne das Gelände auch nur besichtigt zu haben. Unter einem Vorwand lockte ich ihn nach Schwabing und führte ihn durch die Hallen. Ich glühte förmlich vor Begeisterung. Mein Vater ließ sich davon nicht anstecken, ganz im Gegenteil. »Du spinnst wohl total!«, rief er. »Das ist viel zu groß für uns! Wie sollen wir das finanzieren!«

»Wir können es finanzieren! Wir müssen zwar unser Grundstück in Allach verkaufen – aber das willst du doch sowieso, und was glaubst du, wie wir ...«

»So ein Schmarrn! Das sind Hirngespinste! Das können sich andere leisten! Wir nicht! Von mir kriegst du keinen Pfennig!«

»Aber hier können wir hundert oder gar zweihundert Leute beschäftigen. Wir werden zur größten Druckerei der Stadt. Wir ...«

»Unsere Leute wohnen alle in Allach, Karlsfeld und Dachau. Da können wir nicht einfach nach Schwabing umziehen!«

»Glaubst du denn«, brüllte ich meinen Vater an, »ich will dein altes Personal? Glaubst du, ein Unternehmen hat Erfolg, wenn es sich am Wohnort seines Personals orientiert? Aber selbst das würde ich tun, wenn du darauf bestehst – obwohl ich es nicht will! Aber gib mir wenigstens die Möglichkeit, neue Maschinen und neue junge Leute zu erwerben! Du hast mir dieses Geschäft aufgedrückt! Schon in den Kinderwagen hast du mir die Druckerei reingepresst! Dann ergreif auch die Konsequenzen und lass mich so machen, wie ich es für richtig halte!«

Mein Vater musterte mich, als wäre ich wahnsinnig geworden. Er sagte keinen Ton mehr. Das Thema Leopoldstraße war vom Tisch. Gleichzeitig war meine letzte, aufgeflammte Motivation vom Tisch. Endgültig.

Einige Monate später erwarb mein Vater ein Grundstück in Dachau. Gegen meinen Traum an der Leopoldstraße war das ein popeliges Anwesen. Dennoch half ich meinem Vater dabei, unser Grundstück in Allach zu verkaufen, um die neue Druckerei in Dachau zu finanzieren. Ich schaffte es, von allen Nachbarn die Unterschrift für einen geradezu aberwitzigen Bebauungsplan zu bekommen. In Zusammenarbeit mit einem Architekten stopfte ich unser Grundstück mit Häusern voll. Die Nachbarn waren so froh, die Lastwagen mit Papierlieferungen loszuwerden, dass sie alles unterschrieben. Damit ermöglichte ich es meinem Vater, seine Idee umzusetzen. Er baute seine Druckerei in Dachau. Eine Mehrzweckhalle, in der ich arbeiten sollte. Doch für mich war der Glaube an den Erfolg im graphischen Gewerbe vorbei. Mir wäre es viel lieber gewesen, mein Vater hätte die Druckerei verkauft und mir 100 000 Mark zur Verfügung gestellt. Davon hätte ich mir ein Haus gebaut – für meine Familie, die ich zu gründen beabsichtige, auch wenn ich meine Frau noch nicht kannte. Dann hätte ich mein eigenes Geschäft aufgemacht. Ich wusste nicht, in welcher Branche. Nur eines war mir klar: Es würde keine Druckerei sein. Doch davon wollten mein Eltern nichts hören. Und so blieb ich weiterhin der Juniorchef – ohne Befugnisse, Einfluss und wenig finanzieller Mittel.

## Leben Sie Ihren eigenen Rhythmus

Der Rhythmus meines Vaters und mein eigener Rhythmus unterschieden sich grundlegend voneinander. Das lag nicht nur daran, dass wir verschiedenen Generationen angehörten. Es lag auch in unserer unterschiedlichen Art. Ich schlug mehr nach meinem Großvater, der stets ein Macher war. Mein Vater fühlte sich wohler in sicheren Gewässern und wollte sich finanziell nicht zu weit aus dem Fenster lehnen.

Insofern hat mein Vater Recht gehabt – denn hätte er meinen Ratschlägen Folge geleistet, wäre er sicherlich überfordert gewesen. Mein Vater ist nicht der Typ Mensch, der mit einem großen Risiko gut leben kann. Mich dagegen spornt eine solche Situation erst recht an. Heute bin ich froh darüber, dass aus der Druckerei an der Leopoldstraße nichts geworden ist – denn dann hätte ich mein Leben tatsächlich im grafischen Gewerbe gefristet, und das wollte ich ja nicht. So gab mir die bremsende Haltung meines Vaters die Chance, etwas ganz anderes zu machen. Alles hat einen Sinn im Leben – auch wenn er uns in vielen Augenblicken nicht einleuchtet. Das nennt man Schicksalsbestimmung. Später ist man immer am klügsten.

Wenn Sie Ihren eigenen Rhythmus suchen, sollten Sie sich dabei keinesfalls von Ihren Zweifeln leiten lassen. Der Rhythmus, den Ihre Zweifel diktieren, ist kein Rhythmus, es ist ein Auf-der-Stelle-Treten: Stagnation. Ihr Rhythmus soll bestimmt sein vom positiven Takt der Möglichkeiten, die in Ihrem Unterbewusstsein verankert sind. Mit dem Rhythmus, den Sie dann für sich als richtig erkannt haben, erobern Sie Ihr Ziel.

Wenn es Ihnen gelingt, sich immer wieder positiv zu bekräftigen, werden Sie sich auch mit einem schnellen Rhythmus wohl fühlen. Er wird Ihnen Freude machen, weil Sie sich immer wieder neu ausprobieren können.

## Es geht voran!

Zu vielen meiner Kunden in der Druckerei hatte ich einen sehr guten Kontakt. Wir besprachen nicht nur die allgemeine geschäftliche und wirtschaftliche Situation, sondern sie vertrauten mir auch das eine oder andere aus ihrem Privatleben an. Eines Tages erzählte mir ein langjähriger Kunde von dem Grundstück, das er eben erworben hatte. »Hast du nicht Lust, dir auch mal ein Grundstück zu kaufen?«, fragte er mich. »Neben meinem Grundstück ist noch was zu haben. Guter Baugrund. Überleg's dir!«

Ich brauchte nicht lange zu überlegen. Mein Vater würde nicht dafür sorgen, dass ich mir ein Haus bauen konnte, das war klar. Also musste ich das selbst in die Hand nehmen. Ich besichtigte das Grundstück, sprach mit meiner Bank – und erwarb es. Nach zwei Jahren wusste ich, dass ich in dieser Gegend doch lieber kein Haus bauen wollte und verkaufte es – mit einem beachtlichen Gewinn. Diese Summe plus 20 000 Mark »tauschte« ich gegen eine Eigentumswohnung in Germering. 1982 verkaufte ich diese erneut. Wieder mit beträchtlichem Gewinn – steuerfrei! Denn bis 1998 galt das Gesetz, dass man Immobilien nach 24 Monaten steuerfrei verkaufen konnte. Seit 1998 ist die Spekulationsfrist auf zehn Jahre erhöht. Heute braucht man also einen längeren Atem – und eventuell bessere Nerven. Doch wenn man an sich glaubt, seine Ziele im Auge behält und sie vertrauensvoll in seinem Unterbewusstsein abspeichert, ist auch dies kein Hindernis.

Ich war immer voller Vertrauen, dass meine Immobilien Käufer finden würden. Ich visualisierte Menschen, die sich über diese Immobilien freuen, und stellte mir vor, wie sie glücklich und zufrieden dort wohnen. Die unfehlbare Weisheit des Unterbewusstseins sorgte für die Umsetzung dieser Bilder in die Wirklichkeit.

## Sprengen Sie den Rahmen Ihrer finanziellen Herkunft

Für mich waren diese Geschäfte Aha-Erlebnisse. So geht das also, dachte ich. Ich hatte den Mut, das Risiko einzugehen, das der Immobilienmarkt bietet. Es ist zwar ein geringes Risiko, doch es ist vorhanden. Wer mit einer Sparstrumpf-Mentalität lebt, sollte nicht die Finger davon lassen, sondern an seiner Mentalität arbeiten. Natürlich hatte ich den Vorteil, im Lauf der Zeit wenigstens ein bisschen mehr vertraut zu sein mit dem Immobiliengeschäft. Schließlich hatte ich das Grundstück meines Vaters veräußert. Außerdem lernte ich viel von meinem Großvater, der ein überaus aktiver Kaufmann war. Doch auch, wenn Sie aus einer weniger wohlhabenden Familie kommen, können Sie mit Immobilien jonglieren. Alles, was Sie tun müssen, ist, sich aus dem Rahmen Ihrer finanziellen Vergangenheit zu befreien. Sie müssen lernen, weiterzudenken und weiter zu handeln, als es in Ihrer Ursprungsfamilie vielleicht üblich war. Ein Arbeiter denkt in den Dimensionen eines Arbeiters. Ein Angestellter denkt in den Dimensionen eines Angestellten – denn so wurde er erzogen. Ein Mensch, der in einer Akademiker- oder Künstlerfamilie groß geworden ist, hat andere Maßstäbe. Und wer in der Umgebung von Reichtum und Erfolg aufwuchs, hat wiederum andere Erfahrungen gemacht, ist beispielsweise mit Immobilien und Aktien vertraut. Anderen Menschen erscheint gerade mal der Gedanke »Irgendwann mein eigenes Haus« schon als das Höchste Ihrer Ziele.

Es liegt an Ihnen, ob Sie in Ihrem finanziellen Ursprungsrahmen verbleiben – oder ihn sprengen und sich die ganze Palette der Möglichkeiten erobern. Denken Sie klein, werden Sie Kleinigkeiten ernten. Denken Sie groß, werden Sie in Hülle und Fülle ernten. Mit Hilfe der positiven Kraft Ihrer Gedanken können Sie jederzeit Ihren finanziellen Rahmen verlassen und aufsteigen.

Es ist offensichtlich, dass wir Deutschen mit dem Tempo ein Problem haben. Der Durchschnittsbürger denkt ungefähr so langsam, wie ein Öltanker in der Nordsee braucht, um zu wenden: zehn Kilometer. Nach dem Krieg hat es zehn Jahre gedauert, bis die Deutschen vom Sparstrumpf zum Sparbuch wechselten. Dann dauerte es abermals zehn Jahre, bis sie vom Sparbuch zum Bausparvertrag wechselten und weitere zehn Jahre, bis sie eine Lebensversicherung abschlossen. Gleich zwanzig Jahre hat es gedauert, bis einige begriffen, welche Rendite sie mit Investmentfondspolicen statt Kapitallebensversicherungen erzielen können.

Menschen, die in einem Elternhaus groß wurden, in dem finanzpolitische Themen auf der Tagesordnung standen, finden sich etwas schneller zurecht, wenn es darum geht, wie man sein Geld für sich arbeiten lässt. Doch jeder Mensch kann seine Herkunft überflügeln. Wer sich mit ihr entschuldigt, hat den Zug zu Erfolg und Reichtum verpasst!

## Sie brauchen kein Talent

Menschen, die es im Leben zu nichts gebracht haben, entschuldigen sich oft damit, sie hätten einfach kein Talent. Kein Talent für irgendetwas. Diese Menschen sitzen dem

Trugschluss auf, Talent führe automatisch zum Erfolg. Das ist nicht richtig! Erfolg besteht zu 98 Prozent aus Handlung. Manche Menschen verfügen über zwei Prozent Talent. Andere nicht, die arbeiten eben etwas mehr – und kommen so auch auf ihre hundert Prozent. Aber mit zwei Prozent allein – wenn man sich nur auf sein Talent verlassen würde – passiert überhaupt nichts. Ganz im Gegenteil: Ohne konsequentes Engagement verkümmert das Talent. Ein Talent braucht Pflege. Es ist ja nur eine Anlage, die ausgebaut werden muss.

Verabschieden Sie sich von der Entschuldigung, Sie hätten kein Talent. Eigentlich ist es eine Unverschämtheit, erfolgreichen Menschen Talent zu unterstellen – damit mindert man nämlich die enorme Arbeitsleistung, die sie vollbringen. Franz Beckenbauer – ein begnadeter Ballkünstler. Alles Talent? Von wegen! Hartes, jahrelanges Training begründete seinen Erfolg. Jeder kann so gut wie ein Franz Beckenbauer, ein Boris Becker werden.

Bei einem kleinen Kind weiß man nicht, wo seine Talente liegen. Woher sollte man auch wissen, ob der Sechsjährige, der da so gerne Fußball spielt, die Fähigkeit erwirbt, einmal in die erste Liga aufzusteigen? Man weiß es nicht. Aber eines Tages hat der Vater eben seinen Sohn beim Fußballverein angemeldet, und dann ist der Junge mit Feuer und Flamme bei der Sache. Er übt nicht nur im Verein, er dribbelt durch das Wohnzimmer und er träumt von einer Fußballerkarriere. Und er übt und übt und übt ... Er übt so viel, dass es unerheblich ist, ob er einmal Talent gehabt hat. Natürlich werden die Leute sagen: Der hat Talent. Die Leute sagen nicht: Er hat einen starken Willen! Er erreicht seine Ziele! Er arbeitet hart für seinen Erfolg! Er trainiert in jeder freien Minute.

Auch Sie können in die erste Liga aufsteigen, wenn Sie es wollen. Sollte in vorstehendem Beispiel etwa ein Elternteil vehement Druck ausüben, damit der Junge einmal zum Sportler des Jahres wird, wird daraus nichts werden. Nür was wir aus freiem Willen und mit Begeisterung tun, führt uns zum Erfolg. Vielleicht ist es sogar der freie Wille, der ab und an mit Talent verwechselt wird. Sie können alles, was Sie wollen. Die Arbeitsleistung, die Sie dafür zu erbringen haben, wird Ihnen leicht fallen. Denn Sie wissen, was Sie wollen. Es ist übrigens eine Gnade, zu wissen, was man tun will. Viel zu viele Menschen haben nicht die geringste Ahnung, was Sie eigentlich tun wollen – und so verpufft ihre Energie. Am Ende steht die Entschuldigung von den leider nicht mitgegebenen Talenten. Das ist nichts anderes als Selbstbetrug!

Und noch etwas: Es ist nie zu spät anzufangen. Mit dreißig Jahren ist es zwar zu spät, in der Bundesliga zu spielen, wenn Sie niemals zuvor auf einem Fußballplatz standen – aber es gibt andere Möglichkeiten. Wenn Sie wollen, werden Sie sie finden. Wenn Sie wollen, werden Sie darin erfolgreich sein. Je mehr Sie es wollen, desto größer wird Ihr Erfolg sein!

## In den Startlöchern zum Millionär

Der Tag, an dem ich beschloss, Millionär zu werden, kennzeichnet den Wendepunkt meines Lebens. Ich schloss innerlich ab mit der Karriere im Druckereigewerbe, die meine Eltern für mich vorbestimmt hatten. Ich trennte mich von den Sorgen eines Betriebes, der vor sich hinkrebste. Ich wollte mein Leben leben – nicht ein fremdes, nämlich das meiner Eltern. Und ich wollte weiterkommen. Weiter als meine Eltern, viel, viel weiter.

Ich griff zu denselben Methoden, die ich schon einmal angewendet hatte, als es um das Erreichen meines Zieles »Porsche« ging. Ich visualisierte mich als Millionär. Ich sah mich in einem Rolls Royce Cabriolet sitzen, mein Handgelenk zierte eine Rolex, ich rauchte eine Havanna und meine wunderschöne Frau schmückte den Rolls wie eine zusätzliche Kühlerfigur. Ich spürte den Rolls Royce und die Havanna, ich fühlte die Rolex, ich atmete den Erfolg, ich lebte meinen Film. Vor dem Einschlafen, beim Aufwachen und wann immer ich tagsüber die Zeit dazu hatte. Nach einer Weile hatte er sich so automatisiert, dass er ganz von selber losstartete. Und mein Unterbewusstsein wurde regelrecht bombardiert mit dem Befehl »Millionär«.

Auf direktem Wege unternahm ich nichts. Ich überlegte mir nicht, wie ich es im Detail anstellen sollte, reich zu sein. Das brauchte ich auch nicht, denn ich hatte das Ziel ja an mein Unterbewusstsein delegiert. Es antwortete mir mit Teilerfolgen – dem Grundstück und der Wohnung und weiteren Erträgen, die mich in die richtige Spur brachten. Ich war auf dem Weg!

Ein einziges Mal puschte ich mein Mentalbild real, indem ich mir übers Wochenende von einem Freund einen Rolls Royce Silbershadow auslieh. Das motivierte mich erst recht und gab mir noch mehr Power, die ich in meine Arbeit steckte. So lebte ich die Formel, die zwangsläufig zu Glück, Erfolg und Reichtum führt. Ich hatte mir ein Ziel gesetzt, es in meinem Unterbewusstsein verankert, und ich arbeitete mit voller Kraft mindestens vierzehn Stunden am Tag, um es zu automatisieren, meinen Computer Unterbewusstsein mit dem Befehl »ich bin glücklich, reich und gesund« zu programmieren, immer und immer wieder.

## Sie haben ein Recht auf Reichtum – in jeder Beziehung!

Jeder Mensch ist geboren zu einem glücklichen Leben. Jeder Mensch hat das Recht darauf, glücklich und gesund zu sein. Doch leider gehen die meisten Menschen vom Gegenteil aus. Sie glauben, sie seien auf der Welt, um das Leben mehr schlecht als recht zu ertragen oder gar zu erdulden. Dabei würde ihnen ihr Unterbewusstsein die Welt zu Füßen legen und seine Füllhörner ausschütten – wenn sie es nur wollten.

Wer den herrlichen Kräften des Unterbewusstseins vertraut, trägt das Wissen in sich, niemals Mangel erleiden zu müssen. Egal, wie die wirtschaftliche Lage auch aussehen mag: Ein Mensch, der den Wohlstand in seinem Unterbewusstsein verankert hat, wird im Wohlstand leben.

Es gibt nur eine einzige Einschränkung: Geld macht zwar zufrieden, doch Geld allein darf nicht der Sinn des Lebens sein. Auf Ihrem Weg zum Reichtum dürfen Sie also niemals die eigene persönliche Entwicklung aus den Augen lassen. Zu einem erfüllten Leben gehört nicht nur Geld, es bedarf auch solcher Werte wie Freundschaft, Liebe, Harmonie und Seelenfrieden. Mit Geld kann man sich diese nicht kaufen. Um sie in sich zu kultivieren, braucht es die Bestrebung, sich menschlich zu vervollkommnen.

Charaktereigenschaften wie Neid und Missgunst gehören nicht zu einer reifen Persönlichkeit. Doch viele Menschen neiden anderen Menschen ihren Erfolg und ihr Vermögen. Im gleichen Atemzug wünschen sie sich ihren eigenen Erfolg und ihr eigenes Vermögen. Vielleicht wundern sie sich, wenn das nicht eintrifft – obwohl sie doch so fest daran glauben und auch hart dafür arbeiten. Diese Menschen haben etwas Entscheidendes übersehen: Wie sollten sie etwas erlangen, was sie bei anderen verdammen? Hier fließt so viel Energie durch Neid ab, dass die eigene Power nachlässt. Weil keine zusätzliche Energie aus dem Universum nachfließen kann. Energie zu bekommen ist deshalb leicht, wenn man sich an die Spielregeln der kosmischen Gesetze hält. Nur wenn wir uns über das Glück und den Erfolg unserer Mitmenschen aufrichtig freuen können, haben wir den Boden bereitet für unser eigenes Glück und und unseren eigenen Erfolg.

Menschen, die sich aufrichtig mit anderen Menschen freuen können, leben gesünder, haben eine bessere Ausstrahlung und sind mit ihrem Leben rundum zufriedener – denn es nagen keine missgünstigen Gefühle an ihnen. Jedes negative Gefühl, das Sie verspüren, schmälert Ihre Lebensfreude. Jedes negative Gefühl, das Sie in die Welt hinausschicken, kehrt wie ein Bumerang zu ihnen zurück. Dass dies der Wahrheit entspricht, offenbart sich darin, wie unsere Welt aussieht. Es würde weder Kriege noch Not geben, wenn die Menschheit insgesamt das Gute fördern würde. Und das Gute fängt bei jedem Einzelnen an. Alles

Schöne und Gute und Edle, das Sie freudig schenken, wird tausendfach vergolten zu Ihnen zurückkehren. Was Sie zu halten versuchen oder widerwillig oder mit negativen Gedanken geben, wird nie wiederkommen.

Vielleicht glauben Sie, es sei nicht möglich, sich von negativen Gedanken zu trennen. Sie werden feststellen, dass es tatsächlich nicht möglich ist, wenn Sie es krampfhaft versuchen. Je mehr Sie sich nämlich suggerieren »Ich will nie mehr negativ denken«, umso mehr werden Sie negativ denken – weil dies der falsche Weg ist. Bei einer Verneinung macht das Unterbewusstsein nämlich genau das, was Sie eigentlich nicht wollen. Es befolgt die Verneinung, weil es nicht unterscheiden kann. Das können nur Sie mit Hilfe Ihrer Gedanken. Der richtige Weg führt immer und ausschließlich über die Verankerung des Glücks und Wohlstandes in Ihrem Unterbewusstsein. Säen Sie dieses Wissen in Ihrem Unterbewusstsein mit folgenden Sätzen aus:

*»Ich bin verbunden mit dem unendlichen Reichtum meines Unterbewusstseins. Ich bin auf der Welt, um glücklich, reich und gesund zu sein. Von allen Seiten strömt Geld auf mich zu. In Leichtigkeit und aus unversiegbaren Quellen. Das Leben ist wundervoll. Ich lebe gerne und ich bin glücklich.«*

## Vergessen Sie Neid und Missgunst

Wie vorstehend ausgeführt, fällt es vielen Menschen schwer, sich aufrichtig über den Erfolg und das Glück ihrer Mitmenschen zu freuen. Ich habe die Erfahrung gemacht, dass viele reiche Menschen es überhaupt nicht gerne sehen, wenn auch andere reich werden. Doch es gibt reiche Menschen, die sich aufrichtig freuen können. Es sind zwar wenige, aber solche sollten Sie suchen und zu Ihrem Coach und Freund machen. Suchen Sie sich Menschen, bei denen Sie deutlich spüren, dass sie Ihnen wohlgesinnt sind. Und seien Sie selbst ein solcher Mensch, der anderen, die noch nicht so weit sind wie Sie, freundschaftlich beisteht und sie teilhaben lässt an den Erfahrungen, die Sie sich bereits erworben haben. Werden Sie zum Botschafter von Glück, Reichtum und Erfolg! Und beherzigen Sie stets das folgende Sprichwort, in dem nicht nur sehr viel Humor, sondern auch ein Körnchen Wahrheit steckt:

Grüße jeden Menschen auf dem Weg nach oben, denn du wirst ihm wieder begegnen auf dem Weg nach unten.

Wer glaubt, er steigere sein eigenes Lebensglück und seinen Erfolg, indem er anderen Lebensglück und Erfolg streitig zu machen versucht, sitzt einem gewaltigen Irrtum auf. Denn viele negative Wünsche, die wir denken, werden von unserem Unterbewusstsein irgendwann negativ umgesetzt. Unser Unterbewusstsein schaut aber nicht über den Tellerrand der eigenen Persönlichkeit hinaus. Ihr persönliches Unterbewusstsein nimmt lediglich Befehle auf wie ein Tonband. Ob diese Befehle für Sie schlecht oder gut sind, ist dem Unterbewusstsein egal. Es ist ein reiner Befehlsempfänger. Jeder Mensch hat sein eigenes Unterbewusstsein. Aber wenn Sie negativ denken oder handeln, programmieren Sie damit Ihr Unterbewusstsein negativ. Und diese Blockaden bekommt nicht irgendjemand zu spüren – Sie selbst bekommen sie ab. Das mag manchmal eine Weile dauern. Doch das Unterbewusstsein vergisst nichts – so lange, wie Sie in ihm nicht neue Botschaften verankern, die über alte Verankerungen gespeichert werden.

## Investieren Sie wohl überlegt

Auch wenn Sie Ihr Ziel, finanziell unabhängig zu sein, nun in Ihrem Unterbewusstsein verankert haben, gehört eine gewisse Erfolgsstrategie zur Umsetzung dieses Ziels.

Nachfolgend möchte ich Ihnen eine Strategie verraten:

Sparen Sie einen Teil Ihres Geldes! Mindestens zehn Prozent Ihrer Einkünfte sollten Sie beiseite legen. Besser ist es, Sie legen noch mehr zur Seite – so machte ich es als junger Mann. Da ich zu Hause wohnte und Nebenerwerbsmöglichkeiten hatte, konnte ich in manchen Monaten mein gesamtes Gehalt ansparen.

Im Normalfall ist es nicht möglich, sein Gehalt anzusparen. Deshalb suchen sich immer mehr Menschen Nebenjobs. Das ist auch sinnvoll. Man sollte immer mehrere Einkunftsquellen haben, nicht nur auf eine bauen. Ob Sie zum Putzen gehen, Versicherungen verkaufen oder Zeitungen austragen, spielt keine Rolle. Wichtig ist, dass Sie das Geld, das Sie zusätzlich verdienen, auch wirklich investieren. Wenn Sie Ihren Nebenjob zur Finanzierung eines Hobbys – das eigene Pferd, der Zweitwagen, der Urlaub – ausgeben, haben Sie ja wieder nichts, was Sie zur Seite legen können. Das müssen Sie aber, damit Ihr Geld wächst – und Ihre sorgenfreie Zukunft. Heutzutage muss man selbst für seine

Rente sorgen. Je früher man damit beginnt, desto besser! Zehn Prozent Ihrer Einkünfte sind eine gute Basis für die Altersvorsorge. Diese Einkünfte investieren Sie erstens in Aktienfonds (nicht in Einzelaktien, da Sie kein Broker sind), zweitens in Immobilien und drittens in etwas, was Ihnen Spaß macht: Kunst oder Edelsteine – was Sie wollen! Dies ist auch mit 1000 Mark möglich! Lieber klein anfangen als nie!

Investieren Sie nur in Gebiete, wo Sie ein gutes Gefühl haben. Ich erwerbe zum Beispiel grundsätzlich keine ausländischen Immobilien – schlichtweg, weil ich mich im Ausland nicht auskenne. Aber in Deutschland kenne ich mich aus. Und da informiere ich mich gründlich über die Aussichten, die wirtschaftliche Lage, und dann kaufe ich. Wenn ich mich einmal getäuscht habe – auch das kommt vor – dann muss ich eben warten, bis die Lage wieder günstiger ist.

Setzen Sie auf keinen Fall auf einzelne Aktien, sondern legen Sie in Fonds an. Mein Slogan lautet: Sachwert schlägt Geldwert. Leider ließ ich ihn nicht schützen, denn damit werben heute Banken.

Und streuen Sie Ihre Investitionen! Setzen Sie niemals alles auf ein Pferd. Wenn Sie nur eines haben und es lahmt, haben Sie alles verloren. Splitten Sie Ihre Anlagen – so wie Sie Ihre Einkünfte splitten. Streuen Sie breit. Dann stehen Sie am sichersten!

## Der Schlüssel zum Reichtum

... liegt nicht in irgendeinem Safe, sondern im Tresor Ihres Unterbewusstseins. Ich habe in den vorstehenden Kapiteln eindringlich auf die Bedeutung des persönlichen Engagements verwiesen, das nötig ist, um Erfolg, Reichtum und

Glück zu ernten. Doch all diese Anstrengungen zeigen nur die halbe Schubkraft, wenn Sie es versäumen, die Kraft Ihres Unterbewusstseins für Ihre Ziele einzusetzen. Manche Menschen arbeiten sehr hart, gönnen sich nichts, prügeln sich von Erfolg zu Erfolg. Sie sind erfolgreich, ohne Zweifel. Doch den ganz großen Durchbruch, den schaffen sie nicht. Weil sie kein Vertrauen in die Kraft des Unterbewusstseins in ihrem Herzen tragen. Weil sie meinen, machen zu müssen, anstatt geschehen zu lassen. Weil sie, was sie tun, verbissen und ohne Freude im Herzen tun. Weil sie sich anstrengen, anstatt mit Leichtigkeit ihr Bestes zu geben. Oder weil sie noch immer von negativen Gedanken – wie etwa der Angst vor Armut oder dem Scheitern – besetzt sind. Ihr Unterbewusstsein ist wie ein Bankkonto. Sorgen Sie dafür, dass es fett im Haben steht! Sie wissen ja, egal wie die Bilanz aussieht: Sie werden das, was der Kontostand aufweist, mit Zins und Zinseszins zurückbekommen. Machen Sie es wie Dagobert Duck: Stellen Sie sich vor Ihrem geistigen Auge eine Badewanne mit viel Geld vor, in der Sie wohlig mit den Goldtalern um sich werfen.

Im Grunde brauchen Sie sich nur mehrmals täglich zu sagen: Ich bin reich. Damit haben Sie die Basis für Ihre neue Zukunft schon gelegt. Dieses »Ich bin reich« müssen Sie aus vollster Überzeugung, mit unbedingtem Glauben an den Wahrheitsgehalt dieser Botschaft sagen. Tun Sie es halbherzig oder tun Sie es »einfach mal so«, um es auszuprobieren – dann werden Sie nichts bewirken. Ihr Unterbewusstsein reagiert nur auf Aufrichtigkeit und präzise Befehle.

Ist es nicht ein herrliches Gefühl der Vorfreude und Kraft, zu wissen, dass man alles in die Wege geleitet hat, um sein Leben total zum Positiven hin zu verändern? Genießen Sie dieses großartige Gefühl!

## Große Ziele garantieren großen Erfolg

Backen Sie keine kleinen Brötchen! Ihre Ziele sollten stets groß sein. Sehr groß. Je größer Ihr Ziel ist, desto kleiner ist das Problem, es zu erreichen.

Stellen Sie sich ein großes Ziel vor – vielleicht eine Segelyacht mit vierzig Meter. Die Yacht ist so lang, dass Sie kaum vor Ihr geistiges Auge passt. Ein Problem ist nie größer als ein Tennisball – außer man leidet an Depressionen und bläst den Tennisball auf zu einem großen schwarzen Ballon. Dann sieht man gar nichts mehr – nur schwarz. Der Tennisball also liegt vor Ihrem Ziel. Vor der Yacht. Im Vergleich zur Yacht ist er so klein, dass er wie ein Fleck erscheint. Er könnte fast zum Design der Yacht gehören. Er ist problemlos täglich zu »händeln« und stört nicht weiter.

Setzen Sie sich als Ziel ein Golf Cabriolet, dann ist der davor schwebende Tennisball so groß, dass Sie das Auto gar nicht mehr ganz sehen können. Was Sie nicht vor Ihrem geistigen Auge sehen, können Sie auch nicht erreichen. Also: Setzen Sie Ihre Ziele so groß, dass die Probleme verschwindend klein erscheinen. Und dann visualisieren Sie Ihre Ziele, glauben an sie und an sich – und Ihr Unterbewusstsein findet Wege, Ihre Ziele zu erreichen. Lernen Sie, zwischen Zielen und Wünschen zu unterscheiden. Eine goldene Uhr ist kein Ziel, ist ein Wunsch. Auch ein Pelzmantel oder ein Auto ist ein Wunsch. Ziele sind größer. Ziele nehmen viel Raum ein. Raum, den Sie Ihnen geben sollten – wenn Sie Ihre Ziele erobern möchten.

Auf keinen Fall sollten Sie mit Gewalt an Reichtum denken, dann vielleicht das Kuvert mit Ihren Kontoauszügen öffnen, der Kontostand liegt im Soll – er rutscht in Ihr

Unterbewusstsein und Sie entfernen sich von Ihrem Ziel, weil Sie Ihr Unterbewusstsein blockieren. Gehen Sie mit Ihrem Unterbewusstsein sorgfältig und vorsichtig um. Es ist Ihr Diener! Sie müssen der Chef sein und bleiben!

Und vor allem: Geben Sie Ihr Ziel nie auf – egal, was passiert. Die meisten Menschen werfen viel zu schnell das Handtuch. Sie sind voller guter Vorsätze und dann geschieht irgendetwas, das sie aus dem Takt bringt, sie bekommen Angst – und verlieren ihr Ziel aus den Augen. Weil sie nicht mehr an sich glauben. Weil sie nicht mehr an das Ziel glauben. Weil sie das Vertrauen in die universelle Macht des Unterbewusstseins verloren haben. Um dem entgegenzuwirken, sollten Sie sich angewöhnen, in Situationen, die Ihre innere Sicherheit gefährden könnten, stets verstärkt darauf zu achten, die Ruhe zu bewahren. In der Ruhe liegt die größte Kraft. Wer in seiner Mitte ruht, wer in der Balance ist, den wirft nichts um. Wer selber wackelt, den bringt eine Berührung von außen leicht aus dem Gleichgewicht.

## Geben Sie niemals auf

Mittlerweile wissen Sie bestens Bescheid über Ihre Ziele. Sie sind in sich gegangen und haben damit begonnen, Ihre Ziele zu bebildern. Über kurz oder lang kommen die meisten Menschen dann jedoch an einen kritischen Punkt. Zweifel melden sich an. Hat das wirklich einen Sinn? Und schon sind sie wieder in ihrem alten Fahrwasser der Skepsis und des negativen Denkens. An dieser Stelle müssen Sie den Schatten, die Ihren Erfolg und Ihr Glück verdunkeln möchten, energisch Einhalt gebieten und Ihr Unterbewusstsein sofort wieder positiv und neu programmieren.

Ein Blumenzüchter sät Orchideensamen aus – so wie Sie positive Gedanken und Zielbilder ausgesät haben. Wenn der Blumenzüchter nun zu zweifeln beginnt, ob denn die Samen aufgehen, und er nach einigen Tagen oder Wochen die Samen ausbuddelt, um zu sehen, ob sie gedeihen … wird er sie damit vernichten. Vielleicht gelingt es ihm, sie noch einmal zu retten, aber wieder werden ihn Zweifel überkommen und wieder wird er sie ausbuddeln. Diese Saat kann nicht aufgehen! Und wenn dann die Blütezeit kommt und er leer ausgeht, kann er sich zurücklehnen und feststellen: »Ich hab's doch gleich gewusst, daraus wird nichts. Und alle, die mir abrieten, haben Recht gehabt.«

Diesem Blumenzüchter fehlte der Glaube. Der Glaube ist die Saat. Mehr braucht es nicht. Alles, was Sie tun müssen, ist, an die Ziele zu glauben, die Sie in Ihrem Unterbewusstsein verankern. Sie brauchen keine Details, keine Strategien – das erledigt alles Ihr Unterbewusstsein. Aber glauben müssen Sie. Dazu brauchen Sie Durchhaltevermögen. Das ist der einzige Preis, den Sie entrichten müssen. Alle erfolgreichen Menschen wissen dies. Erfolgreiche Menschen haben einen langen Atem. Unbeirrbar gehen sie ihren Weg. Sie lassen sich nicht abbringen von den Meinungen anderer oder behalten ihre Ziele von Haus aus für sich. Sie achten darauf, dass ihr Durchhaltevermögen durch nichts geschwächt wird. Das ist die Investition, die sie tätigen – um später die große Rendite zu ernten.

Es gibt keinen Menschen, der nicht irgendwann einmal von Zweifeln gebeutelt wird. Zweifeln gehört zum Menschsein. Aber wie wir mit unseren Zweifeln umgehen – das ist Ausdruck unserer Individualität. Von dem weltberühmten Tenor Caruso wird folgende Geschichte berichtet: Er litt eines Abends plötzlich unter schrecklichem Lampenfieber und befürchtete, seine Stimme würde versagen. Mehr noch: Es kam ihm vor, als hätte er überhaupt keine Stimme, als würde er sich zum Gespött der Masse machen, die vor dem Vorhang des Opernhauses bereits gespannt auf seinen Auftritt wartete. Caruso rief laut aus: »Mein kleines Ich will das große Ich in mir ersticken.« Und dann tat er das einzig Richtige: Er sprach das »kleine Ich« an und befahl ihm zu verschwinden, Platz zu machen für das große Ich, das singen wollte. Mit dem großen Ich ist die schöpferische Kraft des Unterbewusstseins gemeint. Caruso hat es angerufen, es mit seinem Ruf gestärkt – und die Zweifel an seiner Stimme verschwanden sofort. Dieses Beispiel soll Ihnen Mut machen, Ihren Zweifeln die Tür zu weisen. Jagen Sie sie fort. Sie haben nichts zu suchen bei Ihnen. Sollten Sie allerdings auf diese negativen Einflüsterungen hören, machen Sie sie damit immer größer – und mächtiger. Und je mächtiger sie sind, desto schwieriger wird es, sie auszumerzen. Also packen Sie Ihre Zweifel frühestmöglich an der Wurzel und reißen Sie sie aus, damit Sie nicht vergeblich auf die Erfüllung Ihrer Wünsche warten.

Wenn wir verdorbene Lebensmittel gegessen haben, leiden wir unter Erbrechen und Durchfall. Wenn wir negativ denken, leiden wir auch – allerdings sieht man dieses Erbrechen und diesen Durchfall nicht, sie passieren nämlich innerlich. Allerdings richten sie wesentlich mehr Schaden an als eine durch verdorbene Lebensmittel herbeigeführte Darmgrippe. Denn während diese nach ein paar Tagen vollständig ausgeheilt ist, vermehren sich die negativen Gedanken automatisch wie Parasiten. Sprechen Sie Ihr Unterbewusstsein direkt an. Bitten Sie es, Gleichgewicht und Harmonie herzustellen. Ihr Unterbewusstsein wird alles tun, um die Parasiten zum Schweigen zu bringen und den Weg frei zu machen für Ihr Lebensglück.

Sollte es Ihnen einmal besonders schwer fallen, an Ihren Erfolg zu glauben, greifen Sie zu den Tricks mit den gelben Klebezetteln, auf die Sie positive Merksätze notieren. Kleben Sie die Zettel überall hin – in Ihrer Wohnung, Ihrem Auto, im Büro. Sobald Sie diese Merksätze lesen, verinnerlichen Sie sie. Spüren Sie das, was Sie aufgeschrieben haben, als Wahrheit: Ich bin glücklich. Ich bin erfolgreich. Ich bin ein Gewinner.

Und vergessen Sie niemals: Die Samenkörner des positiven Denkens, die sie aussäen, wachsen und gedeihen auf dem fruchtbaren Boden Ihres Unterbewusstseins. Dort finden sie den besten Humus vor, den es nur geben kann. Mit der göttlichen Kraft, die auch in der Natur alles wachsen und gedeihen lässt, wachsen auch ihre positiven Gedanken heran zu Erfolg, Glück, Reichtum und Gesundheit.

Wenn Sie einmal doch von Zweifeln angegriffen werden, verfallen Sie bitte nicht in Hektik! Gehen Sie an einen Ort, wo Sie sich sehr wohl fühlen. Sollte das gerade nicht möglich sein, suchen Sie diesen Ort in Ihrem Inneren auf, indem Sie sich schöne Bilder holen. Atmen Sie tief durch. »Veratmen« Sie alle Zweifel. Atmen Sie sie einfach weg, damit Sie sich in Luft auflösen. Negative Gedanken schicken Sie in die Verbannung. Sprechen Sie sie ruhig an: Verschwinde du Gedanke, dass ich es nicht schaffen werde. Hau ab du Gedanke, der du dich lustig machst über mein Unterbewusstsein. Schert euch alle sonstwohin.

Und atmen Sie weiter und immer leichter, weil Sie Ballast loswerden und sich zentrieren, zur Ruhe kommen.

Wenn Sie dann ganz ruhig sind, werden auch Ihre Zweifel verstummt sein, und Sie können sich wieder mit voller Kraft um die Verwirklichung Ihrer Ziele kümmern.

# Reich auf allen Ebenen

Fasching! Die Stadt tobte. Horst, mein Freund aus der Druckerei, und ich waren jede Nacht unterwegs. Eines abends waren wir auf dem Münchner Faschingsball und beide gleichermaßen geschockt als auch angeregt von dem, was wir dort sahen. Es ging zu, als würde am nächsten Tag die Welt untergehen. Aus irgendeinem Grund, den ich schicksalshaft nenne, verließen wir diese zügellose Party und fuhren zu einer Diskothek am Sendlinger Tor. Auch dort war die Hölle los – im Vergleich zum ersten Fest allerdings eher ein Höllchen. Wie es meine Gewohnheit war, ging ich einmal durch die Räume, um die Lage zu peilen. Mit Freude stellte ich fest, dass wesentlich mehr Frauen als Männer anwesend waren. Eine gefiel mir ganz besonders gut. Beim Vorbeigehen streifte mein Blick sie: Sie saß auf einem Barhocker und war in ein Gespräch mit ihrer Freundin vertieft. Irgendwann schaute die Freundin in die Runde, entdeckte Horst und winkte ihm.

»Ach, die Lola«, sagte Horst.

Keine Frage, ich heftete mich an seine Fersen und wurde vorgestellt. Der schönen Lola und der wunderschönen Ruth. Dies war der Moment, in dem mein Schicksal begann. Seither glaube ich übrigens an die Liebe auf den ersten Blick. Zuerst einmal landete ich allerdings im Fiasko. Ruth faszinierte mich so ungemein, dass ich mir selbst wie ein Fremder vorkam. Ihr Lachen. Die graziöse, anmutige Art ihrer Bewegungen. Die warmen schönen Augen. Dabei war sie doch gar nicht mein Typ! Ich stand doch nur auf Schwarzhaarige. Und nun saß mir diese Wahnsinnsblondine gegenüber – und ich kannte mich nicht mehr aus. Ihre Figur war so zauberhaft, dass es mir regelrecht den Atem verschlug. Die ganze Frau wirkte wie modelliert. Und wie sie sprach. Und ihr Lachen. Irgendwann flüsterte ich Horst ins Ohr »Das ist sie!«

»Wie?«, fragte Horst.

»Na, die Ruth. Auf die habe ich gewartet!«

»Du spinnst!«, sagte Horst. Damit hatte er wohl Recht, denn von Ruth kam überhaupt kein Zeichen, dass sie mir irgendwie zugeneigt wäre. Zwar wendete sie sich nicht ab von mir, sie ließ aber auch nicht erkennen, dass sie mich aufforderte, ihr näher zu kommen. Ich war so verunsichert von diesem Blitz, der mich da getroffen hatte, der alles in mir von oben nach unten kehrte und durcheinander wirbelte, dass ich mich benahm wie ein Vollidiot. Normalerweise bin ich nicht auf den Mund gefallen. Und schlimmer war, was ich sagte. Ich bemerkte natürlich, wie unmöglich ich mich benahm, und das machte alles noch schrecklicher. Da stand ich der Wahnsinnsfrau gegenüber und kam mir vor wie ein kleiner Bub, der was ausgefressen hat. In meiner Verzweiflung begann ich anzugeben. Ich schnitt auf mit allem Möglichen und Unmöglichen, und je verzweifelter ich war, desto mehr übertrieb ich. Meine 4,70-m-Jolle war zum Beispiel auf zehn Meter gewachsen. Wenn ich es nun aber schaffe, dachte ich, sie zum Segeln einzuladen ... wie kriege ich das Boot wieder klein? Beziehungsweise wer leiht mir ein Boot, das 10 m lang ist? All diese Gedanken waren verschwendet – das erfuhr ich allerdings erst viel später. Ruth interessierte sich nämlich nicht für Boote. Und deshalb war es ihr auch egal, ob mein Boot fünf oder zehn Meter maß.

Erst, als wir in unser Stammlokal wechselten, beruhigte ich mich ein wenig. Ich tanzte mit Ruth und allmählich fand ich wieder zu mir. Was sie von mir hielt, wusste ich jedoch nicht. Sie war freundlich und offen und nett – doch war sie einfach so, weil es ihrem Naturell entsprach – oder war da mehr? Bei mir war mehr. Gelinde gesagt stand ich in hell lodernden Flammen. Dabei dachte ich nicht mal an Sex! Alles, was ich wollte, war, diesem engelsgleichen Wesen nahe zu sein. Anschauen wollte ich sie. Ihre Stimme hören. Vielleicht ihre Hand halten – mehr wagte ich nicht mal zu erträumen. Sehr spät fuhr ich sie nach Hause. Einen flüchtigen Abschiedskuss bekam ich auf die Wange. Die brannte noch eine halbe Stunde später. Mein größtes Glück war, dass Ruth meine Essenseinladung für den nächsten Abend angenommen hatte.

Den folgenden Tag verbrachte ich wie im Rausch. Ich war völlig von Sinnen. Horst grinste nur, wenn er mich sah. In der Mittagspause vertraute ich ihm an, was mir klar war: »Die Ruth heirate ich.«

Horst musterte mich, als wäre ich wahnsinnig.

»Wirst schon sehen!«, fügte ich grimmig hinzu.

Horst schlug mir lachend auf die Schultern. »Nichts für ungut! Aber die Frau hat eine andere Klasse. Trotzdem: viel Glück dabei!«

Heute weiß ich, dass mein Unterbewusstsein in dem Augenblick, als ich Ruth zum ersten Mal sah, wusste: Das ist sie. Das ist die Frau, auf die ich gewartet habe. Das ist die Frau, wegen der ich ein so ausschweifendes Leben führte. Denn ich war ja immer auf der Suche nach ihr. Mein TagesUnterbewusstsein wusste dies alles nicht. Es war in erster Linie zu verblendet vom Liebesrausch. Und außerdem hegte ich alle möglichen Befürchtungen. Was ist, wenn sie einen Freund hat? Was ist, wenn sie mich nicht will? Diese Gedanken waren mir auch fremd, denn normalerweise hätte ich gedacht: Hat sie einen Freund, schickt sie ihn weiter, und dass eine mich nicht mochte, das gab es überhaupt nicht. Aber wie gesagt, diese Frau hatte mich getroffen wie ein Blitz und ich kannte mich selbst nicht mehr.

Als ich sie am frühen Abend das erste Mal in hellem Licht sah, war ich regelrecht geblendet von ihrer Schönheit. Und es war nicht nur ihre äußere Schönheit. Ruth sprach nicht viel, doch was sie sagte, berührte mich. Am liebsten hätte ich sie umarmt und ihr meine Liebe gestanden. Ich musste mich sehr anstrengen, das nicht zu tun. Ich wollte dieses herrliche Geschöpf erobern. Dazu musste ich ihre Spielregeln akzeptieren – und das tat ich gerne. Ich merkte auch, wie gut die harte Schule mit Annabell für mich gewesen war. Ohne Annabell, das war mir klar, hätte ich Ruth niemals gewinnen können. Und dass ich sie gewann, ein kleines bisschen, das konnte ich spüren, obwohl ihre Zeichen sehr sanft und leicht waren. Ich entlarvte es an ihrer Körpersprache und an ihrem weichen Blick. Es war ein wunderschöner Abend, und ich konnte mich auch von einer besseren Seite zeigen als in der Nacht zuvor. Doch es bedrückte mich, dass Ruth etwas über meine Vergangenheit zugetragen werden könnte. Ich befürchtete, sie würde sich von mir abwenden, wenn sie erführe, wie bunt ich es getrieben hatte. Ich befürchtete, sie würde mir nicht glauben, dass sie etwas Besonderes in meinem Leben darstellte.

Außerdem sollte ich am übernächsten Tag in die Karibik fliegen. Dieser Urlaub war seit Wochen geplant. Es sollte mein erster Aufenthalt außerhalb Europas sein. Ich hatte mich bereits erkundigt und erfahren, die Reise war nicht mehr zu stornieren. Wie würde Ruth darauf reagieren? Dass ich ihr nicht sagte, dass ich mit der Exfreundin eines Freundes flog, versteht sich von selbst. Dennoch: Würde sie warten? Sie antwortete nicht direkt, aber als ich meinen bevorstehenden Urlaub gebeichtet hatte, lächelte sie und dies wertete ich wiederum als gutes Zeichen.

## Karibische Gefühle

Bacardi – unter dieser Überschrift stand mein Urlaub in Jamaica. Ich dachte fast ununterbrochen an Ruth. Wenn ich nachts allein am Meer entlangging, sah ich sie vor mir, spürte sie neben mir – und meine Sehnsucht nach ihr bereitete mir fast körperliche Schmerzen. Und überall: Bacardi. Der gehörte einfach dazu und machte die Sehnsucht ein weniger leichter. Und auch meine Zweifel. Würde sie mich noch wollen, wenn ich zurückkehrte? Würde ich es schaffen, diese Wahnsinnsfrau zu erobern? Ich schrieb ihr jeden Tag. Und trotzdem – wir waren ja nicht zusammen. Ich schrieb also auch den anderen vier Freundinnen, die ich seinerzeit hatte. Von meiner Reisebegleiterin trennte ich mich allerdings nach der ersten Nacht in unserem Doppelzimmer. Dafür lernte ich eine bildhübsche Inderin kennen, die die Rezeption meines Hotels managte. Sie und der Bacardi halfen mir, meine grenzenlose Sehnsucht nach Ruth zu ertragen. Heute weiß ich, dass mich die Zweifel zu dieser schönen Inderin trieben. Ich vertraute der Kraft meines Unterbewusstseins nicht, die längst alles in die Wege geleitet hatte, damit Ruth und ich ein Paar würden.

Wieder einmal kam ich mir vor wie zwei Personen. Auf der einen Seite schrieb ich glühende Liebesbriefe an Ruth und verging fast vor Sehnsucht nach ihr. Auf der anderen Seite genoss ich diesen Urlaub mit allem, was er mir zu bieten hatte. Vielleicht ahnte ich aber auch, dass dies mein Abschied von meinem wilden Leben war. Mein Lebensschiff hatte Kurs genommen auf den Hafen …

## Die Liebeserklärung

Gleich nach der Landung rief ich Ruth vom Frankfurter Flughafen aus an. Ihre Stimme klang nett und so, als ob sie sich freute, dass ich wieder da war. Doch sie wollte mich erst am übernächsten Tag sehen. Sofort stiegen wieder Zweifel in mir auf. Wenn sie sich in der Zwischenzeit in einen anderen verliebt hätte …

Und dann sah ich sie, und sie war schöner, als ich es mir in Jamaica erträumt hatte. Dass ich dort nicht treu war, machte mir keine Schuldgefühle, schließlich war zwischen Ruth und mir alles offen. Als ich ihr jedoch in die Augen schaute, gestand ich ihr meine Liebe. Und mehr noch: Ich deutete an, in der Vergangenheit ein sehr ausschweifendes Leben geführt zu haben, und versprach bei allem, was mir heilig war, dass sich dies ab sofort ändern würde.

Ruth musterte mich. Ein wenig skeptisch kam es mir vor. Ich las die Frage nach dem »Warum« in ihren Augen.

»Weil ich dich gefunden habe«, erklärte ich. »Du bist die, auf die ich gewartet habe. Ich weiß, wir kennen uns kaum. Doch ich fühle es mit aller Deutlichkeit. Dich will ich. Mit dir will ich leben.«

Wieder lächelte Ruth nur. Sehr weich. Sehr liebevoll. Und dann strich sie mir mit einer unendlich zärtlichen Geste über das Gesicht. Als wir uns vor ihrer Haustür verabschiedeten, küssten wir uns zum ersten Mal. Dieser Kuss war es, der mein neues Leben besiegelte.

In den nächsten zwei Tagen trennte ich mich von den anderen fünf Frauen, die ich seinerzeit hatte. Im Grunde fiel es mir leicht – wenn ich auch bei zweien, die mich dennoch und um jeden Preis verführen wollten, sehr konsequent sein musste. Doch ich blieb meinem Entschluss und damit Ruth treu.

Ich machte meinen nun ehemaligen Freundinnen nichts vor, sagte ihnen, dass ich nun die Richtige gefunden hätte, hoffte aber sehr, dass auch sie bald einen Partner finden würden. Ich wollte die Menschen, die ich mochte, stets gut versorgt wissen. Ob das nun privat oder geschäftlich ist. Dieser »Spleen« ist es wohl auch, der mich dieses Buch schreiben lässt. Und vielleicht liegt darin sogar die Aufgabe meines Lebens: andere Menschen dabei zu unterstützen, ein glückliches Leben zu führen. Um also meine Freundinnen und ein paar Freunde zusammenzubringen, organisierte ich einen Urlaub am Gardasee. Meine fünf Exfreundinnen, fünf Freunde – und Ruth und ich. Zuvor fuhr ich jedoch mit Ruth nach Italien in die Wohnung Bekannter. Nach einer fünfstündigen Autofahrt sperrten wir die Wohnung auf – und fielen ins Bett, das wir die nächsten drei Tage kaum mehr verließen. In diesen Tagen und Nächten wurden wir zu Mann und Frau und mein Gefühl, das Ruth die Richtige für mich war, wurde immer stärker und tiefer. Was ich vom ersten Augenblick an gespürt hatte, verwurzelte sich in meinem Inneren. Sie war es. Ohne Zweifel.

Ruth und ich fuhren weiter an den Gardasee, wo wir mit meinen fünf Freunden und fünf Exfreundinnen verabredet waren. Von München aus hatte ich in einer Pension Zimmer reserviert und für mich und Ruth abseits des Hauptgebäudes ein kleines Häuschen gemietet. Doch was ich so schön geplant hatte – dass sich nämlich meine Freunde und Exfreundinnen ineinander verlieben würden – diese Rechnung ging nicht auf. Ganz im Gegenteil: Alle stritten miteinander. Die Frauen, die Männer, und kaum waren wir alle zusammen, eskalierte es erst recht. Da ich meistens mit Ruth allein unterwegs war, bekam ich gar nicht so viel mit von den Auseinandersetzungen. Doch eines Morgens klopfte der Portier der Pension an unsere Tür und berichtete mir von den Ereignissen der vergangenen Nacht. Wild gestikulierend beschrieb der aufgebrachte Mann das Vorgefallene – mehr seinen Gesten als seinen Worten entnahm ich, dass es zu einer Schlägerei gekommen war. Ich beschloss, ein ernstes Wort mit meinen Freunden zu reden. Alle miteinander lagen sie am Pool. Die Stimmung war mies – das merkte ich schon in zehn Metern Entfernung. »Ihr habt es in der Hand«, sagte ich ihnen, »wie ihr diesen Urlaub verbringt.« Nach einer mehr oder weniger heftigen Diskussion gelang es mir, die Wogen zu glätten. Ich glaubte schon, die Unruhe sei aus dem Weg geräumt. Doch beim gemeinsamen Mittagessen platzte die Bombe. Und diesmal betraf sie mich. Meinen Arm um Ruth gelegt, erschien ich im Restaurant, wo die anderen schon versammelt waren. Wir begrüßten uns und wollten uns gerade setzen, da merkte ich, dass Ruth sich merkwürdig verhärtete. Ich spürte, wie ihr ganzer Körper ablehnend wurde. »Was hast du?«, fragte ich und folgte ihrem Blick. Was ich dann sehen musste, ließ mir das Herz bis zum Halse schlagen. Bärbel trug denselben Armreif wie Ruth. Ich Vollidiot hatte es tatsächlich fertiggebracht, jeder meiner Freundinnen dasselbe Schmuckstück aus Jamaica mitzubringen. Im Nachhinein bin ich froh, dass nicht alle fünf ehemaligen Geliebten dieses Armband trugen. Eine reichte auch völlig aus. Ruth machte auf dem Absatz kehrt und verließ das Restaurant. Ich natürlich hinterher. Doch Ruth wollte überhaupt nichts hören. Es kostete mich unendliche Mühe, bis sie wenigstens zuhörte. Ich schilderte ihr meine Lage in Jamaica – ich wusste ja nicht, ob etwas aus uns wird –, schwor ihr, dass ich alle anderen Beziehungen abgebrochen hatte, dass nur sie es war, die ich wollte, und nach Stunden hatte ich sie so weit beruhigt, dass sie meine Entschuldigung annahm. Bleiben wollte sie allerdings nicht mehr. So reisten wir noch am Abend ab. Ruth glaubte und vertraute mir, was mich zutiefst berührte. Und es war mir wieder eine Bestätigung dafür, in ihr die Richtige gefunden zu haben. Ich schwor mir, diese wunderbare Frau nie wieder zu verletzen.

## Verabschieden Sie sich vom Alten

Der Neuanfang führt durch den Abschied von Altem. Wenn ich mich nicht konsequent von meinen Freundinnen getrennt hätte, hätte ich niemals ein neues Leben mit meiner Frau beginnen können. Es war schwer und leicht zugleich. Und ich wusste intuitiv, dass ich nur gewinnen konnte, wenn ich wirklich reinen Tisch machte.

Vielen Menschen, die vor einem Neuanfang stehen, fällt der Abschied von Gewohntem sehr schwer. Zu schwer. Und dann werden Kompromisse gesucht, um das Alte zu bewahren. Diese Kompromisse sind aber nicht förderlich, ganz im Gegenteil: Sie schwächen die Energie, binden sie an das Alte. Dem Neubeginn steht also nicht die ganze Energie zur Verfügung – was sich natürlich auf das Resultat auswirkt. Wenn man dann noch sagt: »Wäre ich doch lieber beim Alten geblieben«, hat man gänzlich verloren.

Ein Neuanfang kann nur erfolgreich sein, wenn man zuvor alles Alte über Bord wirft. Je begeisterter Sie von Ihrer neuen Idee sind, je intensiver Sie daran glauben, desto leichter fällt es Ihnen, das Gepäck der Vergangenheit loszuwerden. Alles, was Sie aus der Vergangenheit mitschleppen, belastet Ihre glückliche Zukunft. Sie können keine glückliche neue Beziehung eingehen, wenn Sie der alten nachtrauern. Sie können nicht erfolgreich eine neue Stellung antreten, wenn Sie Ihren alten Kollegen nachtrauern. Sie können nicht glücklich werden in einer neuen Wohnung, wenn Sie Ihrer alten Wohnung nachtrauern.

Punkt 1: Sorgen Sie dafür, dass Sie sich kontinuierlich verbessern.

Punkt 2: Wenn es trotzdem etwas gibt, was Sie vermissen, betonen Sie die Vorteile, die Sie durch die veränderte Situation herbeigeführt haben. Und zwar so lange und so beharrlich, bis Sie vergessen haben, dass Sie überhaupt einmal etwas vermissten.

Ich habe eine Meditationsreise zum Loswerden von Sorgen und Problemen beschrieben. Führen Sie diese Meditation immer wieder durch. Werfen Sie Ihre Sorgen ins Feuer. Machen Sie sich frei von allem, was Sie hindert. Dann liegt Ihre Zukunft frei und hell und unbeschwert vor Ihnen, und Sie können sich Ihr mit totalem Einsatz und totaler Zuversicht erfolgreich widmen.

## Dynamik und Balance

Zwei Sprichwörter, zwei Wahrheiten. Was ist nun richtig? Beides! Nur Menschen, die in gewisser Hinsicht »gleich« sind, können miteinander glücklich sein. Aber nur Menschen, die in anderer Hinsicht Gegensätze bilden, werden die Herausforderung verspüren, miteinander leben zu wollen – sonst wäre es ja langweilig!

Menschen, die sich ineinander verlieben, stammen fast immer aus der gleichen sozialen Schicht, haben oftmals ähnliche Erfahrungen im Leben gesammelt, ja es ist sogar zu beobachten, dass sie ähnlichen Familienverhältnissen bezüglich der Geschwisterstellung entstammen. Dies alles gewährleistet gegenseitiges Verständnis aber auch Bereicherung. Denn vielleicht hat der eine Partner mit demselben Hintergrund andere Erfahrungen gesammelt, die er weitergeben kann. Aber auch für die Gegensätze gilt das Prinzip der Bereicherung. Nur was mich bereichert, zieht mich an. Man schätzt im anderen Menschen die Herausforderung des Fremden. Ist diese jedoch ganz fremd, wird er wohl fremd bleiben. Und last, but not least ist ja schon die Verbindung zwischen Mann und Frau eine Brücke über die Gegensätze des urtümlich Männlichen und Weiblichen.

Davon profitieren beide – und darin liegt das Geheimnis der Erotik.

Mich faszinierte die zurückgezogene Haltung meiner Frau. Meine Frau war von meinem Draufgängertum fasziniert. Zwei jähzornige Charaktere zusammen ergeben eine Katastrophe. Zwei Kämpfernaturen machen sich gegenseitig fertig. Gegensätzliche Menschen balancieren sich zusammen aus. Eine ausbalancierte Beziehung setzt die größte Kraft zur Erreichung der gemeinsamen Ziele frei.

Zur Dynamik des Lebens gehört es, dass die Balance immer wieder neu ausgependelt wird. Leben bedeutet Veränderung. Wenn man sich nicht zusammen verändert, in die gleiche Richtung verändert, trennen sich die Wege irgendwann. In der Fähigkeit zur Veränderung liegt auch das Geheimnis von Beziehungen, die lebendig geblieben sind – auch wenn die Partner sich schon Jahrzehnte kennen. Sie zeigen den Mut, eingefahrene Wege zu verlassen. Sie vertrauen der Kraft ihrer Liebe, die sie sicher durch alle Unwegsamkeiten bringt. Sie verankern die positive Kraft der Liebe in ihrem Unterbewusstsein – und diese leuchtende Ruhe bestrahlt ihr Tun mit Harmonie und Erfolg.

# Familienbande I

## Brüderlich geteilt

Eines Tages kam mein Vater zu mir und fragte mich, was ich davon halten würde, meinen Bruder mit in die Druckerei aufzunehmen. Etwas Ähnliches hatte ich mir auch schon gedacht, denn mein Bruder war mit seinem Beruf nicht glücklich. Er hatte in der Schweiz und in Frankreich bei berühmten Köchen gelernt und sogar einen Michelin-Stern erkocht – doch das half ihm im Privatleben wenig. Denn wenn er um 1 Uhr nachts in der Küche fertig war, musste er die Küchengerüche abduschen – und dann war es zwei Uhr – und so spät lernte er bestimmt keine passable Frau kennen. Wäre ihm nicht der zweite Michelin-Stern sozusagen vor der Nase weggeschnappt worden, hätte er es vielleicht noch eine Weile ausgehalten. Doch gerade als der Michelin-Gesandte im Restaurant saß, kam eine Weinlieferung, und der Besitzer des noblen Lokals ließ sie durch das Speiserestaurant tragen. Mitten im Winter standen die Türen sperrangelweit offen. Kartons tragende Arbeiter trampelten durch den Gourmettempel. Fort war der zweite Stern – noch ehe er überreicht worden war, – und fort war der erste Stern obendrein.

Um meinen Bruder auf seine zukünftige Tätigkeit vorzubereiten, beschlossen wir, er solle eine Lehre als Industriekaufmann in der Druckerei absolvieren. Danach würde er mit 50 Prozent Geschäftsanteilen einsteigen. Genauso machten wir es später auch. Mein Bruder übernahm den Innendienst, ich konzentrierte mich auf den Außendienst. Mein Vater zog sich ganz zurück aus dem Geschäft. Innerhalb eines Jahres verdreifachten mein Bruder und ich den Umsatz – ganz zur Freude meines Vaters, den wir natürlich großzügig unterstützten.

## Glücklich verliebt

Tagsüber in der Druckerei konnte ich den Augenblick kaum abwarten, wenn ich meine geliebte Ruth treffen würde. Wir waren ein junges, glückliches Paar und genossen es, unsere Liebe zu zelebrieren. Wir gingen viel aus – vor allem in die Nobeldisco der Stadt. Es machte mich sehr stolz, wenn ich die Blicke anderer Männer bemerkte. Ja, meine Frau war eine Schönheit. Nicht nur äußerlich. Auch ihre Ausstrahlung, das, was von ihrem Inneren durchschimmerte, war hell und wunderbar. Es wurde mir immer klarer, dass alle anderen vor Ruth ein Irrtum waren. Ich erkannte, dass mich die Suche nach dieser Frau zu manchen meiner exzessiven Abenteuer getrieben hatte, die ich nun nicht im Geringsten vermisste. Vor Ruth hatte sich mein Verlangen nach Liebe in einem überdimensionalen sexuellen Hunger geäußert. Nun hatte ich das, was ich eigentlich gesucht hatte: die Liebe der Frau, die ich liebte. Ich war angekommen.

Eines schönen Sommertages luden Ruth und ich meinen Bruder und ein paar Freundinnen zum Segeln ein. Das Wetter war herrlich und wir beschlossen, an die andere Seite des Sees nach Tegernsee zu segeln. Ziemlich rasch kam Wind auf, und zwar kräftig. Wir hatten Windstärke 5, als mein Bruder, der auf dem Wasser nie heimisch war, am Bug losmachte – obwohl die Segel noch nicht gerefft waren. In dem Moment kam eine ablandige Bö – und meine Frau aus der Kabine. Der Großbaum traf sie mit voller Wucht am

Kopf. Sie kippte um wie ein gefällter Baum und stürzte zu Boden. Im ersten Augenblick dachte ich, das Liebste auf der Welt wäre mir genommen. Ich stürzte zu ihr. Tränen brannten mir in den Augen, als ich sah, dass sie atmete – aber sie war besinnungslos. Ein dünner Faden Blut rann von ihrer Schläfe über ihr Gesicht bis zum Hals. »Einen Arzt!«, rief ich und raste zum Ruder. Der kräftige Wind hatte uns schon in den See getrieben. Mein Bruder stand leichenblass an der Reling. Die Freundinnen kümmerten sich um meine Frau. Es gab damals keine Handys. Ich konnte nirgends Hilfe rufen – und meine Frau lag auf den Planken wie tot. Ich kreuzte gegen den Wind auf wie ein Wahnsinniger. So hart und verbissen bin ich nie wieder gekreuzt. Ich segelte Meter für Meter und kämpfte um jeden Zentimeter mehr Höhe in dem von Blitzen und Fallböen durchzuckten tosenden See. Es dauerte eineinhalb Stunden, bis ich wieder in Seeglas an den Steg rumpelte, dass die Spreißel nur so flogen. Ich hatte fieberhaft überlegt – natürlich hätte ich an irgendeinem Dampfersteg anlegen können. Doch dann hätten wir ein Taxi gebraucht – und es hätte alles vielleicht noch länger gedauert. In Seeglas wusste ich genau, wo ich den Arzt finden würde, sein Boot ankerte nämlich dort.

»Eine schwere Gehirnerschütterung«, diagnostizierte der Arzt und verordnete strenge Bettruhe.

Ich fuhr Ruth nach Hause und brachte sie ins Bett. Meine Eltern waren verreist und so konnte sie bei mir bleiben. Die ganze Nacht hielt ich ihre Hand, machte ihr kalte Umschläge – Ruth war inzwischen schon lange wieder bei Bewusstsein – und ich tröstete sie. So verging auch der Sonntag. Am Montag fühlte sie sich noch immer sehr schwach. Allmählich kam mir die Diagnose des Arztes verdächtig vor. Ich drängte Ruth, sich ins Krankenhaus bringen zu lassen. Dort wurde sie sofort geröntgt und man stellte zwei Schädelrisse fest!

Zum Glück ist der Bruch sehr schnell und glatt verheilt. Alles, was dazu nötig war, war Ruhe. Doch mit dem Segeln hat es meine Frau bis heute nicht. Und das kann ich ihr auch nicht verübeln …

## Das gemeinsame Heim

Ein Monat bevor wir heirateten, zogen wir in eine Wohnung in Germering, die ich vom Erlös der alten Wohnung kaufte. Die Hochzeit richteten die Eltern meiner Braut aus, wie es der Brauch vorschrieb, und sie taten es gerne für ihre Tochter. Es war eine wunderbare Hochzeit mit hundert geladenen Gästen in Berg am Starnberger See. Wir heirateten in einem rosaroten Blütenmeer: Die Kirche in Schloss Berg war mit Tausenden von Rosen und Rosengebinden geschmückt. Meine zwanzigjährige Frau sah aus wie eine Madonna, und als sie die Kirche betrat, ging ein Raunen durch die Menge – so schön war sie. Es war eine Hochzeit, die nicht nur uns, sondern auch allen Gästen als besonders schöne Feier in Erinnerung geblieben ist.

## Prüfe, wer sich bindet

Wenn Sie meinen, Sie haben die/den Richtigen gefunden – machen Sie nicht den Fehler, gleich alles auf einmal zu wollen. Ihr Herz darf das ruhig wollen. Doch mit Ihrem Verstand sollten Sie sorgfältig prüfen und sorgfältig vorgehen. Eine glückliche Partnerschaft ist wie ein Unternehmen. Es sollte mit Bedacht geplant, angegangen und geführt werden. Heiraten Sie nicht gleich – vor allem nicht, wenn Sie nicht ganz sicher sind. Damit würden Sie die heilige Ehe auf ein niedriges Niveau ziehen. Prüfen Sie sich.

Geben Sie sich die Chance, sich auch in schlechten Zeiten kennen zu lernen. Wegen einer Schwangerschaft zu heiraten, ist in vielen Fällen nicht gut. Auch mit dem Gedanken an die Möglichkeit einer Scheidung sollte nicht geheiratet werden. Wenn Sie eine glückliche und erfolgreiche Ehe führen wollen, müssen Sie sich hundertprozentig sicher sein, den richtigen Partner gefunden zu haben.

Für mich war die Hochzeit mit meiner Frau der Startschuss zum Erfolg. Nun waren wir zu zweit. Mein Erfolg begann zusammen mit meiner Frau. Nicht danach, nicht davor, sondern genau dann, als wir ein Paar wurden. Jede Zukunftsperspektive erstellten wir von nun an zu zweit. Jedes damalige und heutige Ziel haben wir gemeinsam erstrebt und erreicht. Wie ein altes Sprichwort sagt: Hinter jedem erfolgreichen Mann steht eine erfolgreiche Frau. In den Autobiographien bedeutender Männer findet sich immer wieder die tragende Rolle, die die Frauen dieser Männer spielten. Eine funktionierende Partnerschaft zeichnet sich aus durch die doppelte Kraft. Schwächelt der eine Partner, kann der andere einspringen – und so geht es hin und her. Zu zweit haben Sie das Doppelte an äußeren und inneren Energien, um Ihre Ziele zu erreichen. Voraussetzung dafür ist natürlich, dass Sie das gleiche Ziel haben, sonst schwächen Sie sich. Wenn zum Beispiel ein Mann mit großem Arbeitseinsatz an dem Ziel arbeitet, bald für sich und seine Familie ein Traumhaus zu bauen und dafür vierzehn Stunden täglich im Büro sitzt, 100 000 Mark im Monat nach Hause bringt – und die Frau damit aber nicht zufrieden ist, weil sie eigentlich gar kein eigenes Haus will. Weil sie es lieber hätte, der Mann würde mehr Zeit mit seiner Familie als im Büro verbringen. Dadurch nimmt die Frau ihrem Mann Energie. Und zwar nicht wenig. Vielleicht sogar 95 Prozent – denn wenn es zu Hause nicht stimmt, ist das ganze Leben aus dem Lot geraten. Setzt man diese 95 Prozent mit Geld gleich, würde der Mann nur 5000 Mark verdienen. Dieser Vergleich hinkt zwar – dennoch ist ein Körnchen Wahrheit dabei.

In einer glücklichen und erfolgreichen Partnerschaft müssen beide dasselbe wollen und ihre ganze Kraft und Energie dafür einsetzen, es auch zu bekommen. Natürlich kann es vorkommen, dass die Ziele nicht ganz übereinstimmen – dann müssen Sie einen Kompromiss finden. Meine Frau beispielsweise möchte kein großes Segelschiff. Wir haben aber eine kleine hübsche Wohnung in meinem Hafen mit in unsere Zielcollage integriert. Und schon sind wir wieder auf einer Wellenlänge und unsere Kraft ist ungebremst!

## Auch eine langjährige Ehe bedarf der Kurzweil

Viele Ehepaare, die seit Jahrzehnten verheiratet sind, denken manchmal mit Wehmut an die Zeit zurück, als sie noch frisch in ihren Partner verliebt waren. Was ist davon geblieben?, fragt sich der eine, die andere. Und manches Mal wird traurig festgestellt, dass da nicht mehr allzu viel übrig ist – außer Hoffnungen, Träumen, Wünschen. Aber das ist doch schon mal was! Beleben Sie diese Wünsche! Und zwar am besten, indem Sie etwas Neues ausprobieren. Bringen Sie sich zusammen mit Ihrem Partner in eine Situation, die völlig neu für Sie beide ist. Lassen Sie sich beispielsweise in einem Waldstück aussetzen und finden Sie den Weg nach Hause ohne fremde Hilfe. Fahren Sie mit einem Heißluftballon. Gehen Sie im Winter zum Baden an einen See. Egal, was es ist – es muss nur verrückt genug sein, um Ihre Ehe aus den eingefahrenen Bahnen zu katapultieren – dorthin, wo Sie sich als zwei freie Menschen begegnen. Dorthin, wo Sie nicht vorhersagen können, wie Ihr Partner reagiert. Dorthin, wo Sie die Chance haben, sich neu kennen zu lernen.

Paare, die immer wieder mal solche Herausforderungen suchen, führen langfristig die gücklichere Beziehung. Denn ungewöhnliche Situationen zu meistern hilft ihnen bei einem der schwersten Prozesse überhaupt: Die Veränderung des Partners zu erkennen und nachzuvollziehen. Viele Menschen haben Angst vor Veränderungen – besonders, wenn sie in lang bestehende, verkrustete Verhaltensstereotypen eingebracht werden. So bekämpft denn mancher den Schwung, den sein Partner in eine öde gewordene Ehe bringen würde – wenn er doch nur könnte, wenn nämlich die Widerstände nicht zu groß wären. Begrüßen Sie Veränderungen wie gute Freunde. Das Leben ist zu kurz, um nur eine Speise zu probieren! Wenn Sie Seite an Seite mit Ihrem Partner stehen und auf ein gemeinsames Ziel blicken, können Sie alles erreichen!

... und wenn Ihre Bemühungen nichts helfen? Wenn die Differenzen unüberbrückbar sind? Dann ist es besser, sich zu trennen, einen Schlussstrich zu ziehen, und mit neuer Kraft von vorne zu beginnen. Eines Tages werden Sie wissen, warum Sie diesen Schlussstrich ziehen mussten, der – aus einer anderen Perspektive betrachtet – vielleicht den ersten Teilerfolg auf dem Weg der Verwirklichung eines großen Zieles darstellt.

Sollten Sie sich von einem Menschen trennen oder kürzlich erst getrennt haben und möchten Sie diesen Menschen so schnell wie möglich vergessen, befinden Sie sich in der einzigen Situation, in der negatives Denken gerechtfertigt ist. Natürlich nicht im Sinne Ihres zukünftigen Scheiterns! Sondern indem Sie sich alles Negative, was Ihnen zu diesem Menschen einfällt, ins Gedächtnis rufen – à la: Endlich bin ich den Gestank seiner widerlichen Zigarren los! Sie/er ist ganz schön dick geworden in letzter Zeit. Sie/er hat mir eigentlich meistens die Laune verdorben … etc. etc.

## Das Hotel Palme und unser Schmuckkasterl

Dass ich in der Tat die richtige Frau geheiratet hatte, stellte sich kurz nach der Hochzeit heraus. Meine Großeltern mütterlicherseits, mittlerweile 80 Jahre alt, fühlten sich nicht mehr in der Lage, das Hotel »Palme«, das sie seit vielen Jahren bewirtschafteten, zu unterhalten. Eigentlich sollte mein Bruder dieses Hotel einmal übernehmen, doch er hatte eben erst Fuß gefasst im Druckereigewerbe und von allem, was mit Gastronomie zusammenhing, die Nase voll. Geschickt eingefädelt war die Aufteilung des Erbes von meinen Eltern: Während ich dazu auserkoren war, das Druckereigeschäft weiterzuführen, sollte mein Bruder die Linie der Gastronomie aufrechterhalten. Mein Großvater war seit frühester Jugend Gastronom. In seiner erfolgreichsten Zeit hatte er eine Wirtschaft geführt, die sage und schreibe 365 verschiedene warme Speisen auf der Karte hatte – und auch flugs servierte. Von weit her kamen die Gäste damals – und folgten damit dem guten Ruf der Wirtschaft meines Großvaters.

Als ich meiner Frau von meinem Vorhaben erzählte, das Hotel Palme zu übernehmen, war sie zuerst nicht begeistert. Schließlich musste sie dafür ihre zwei Berufe – Sekretärin und Fotomodell – aufgeben. Doch dann sah sie schnell ein, dass wir unsere Ziele nur erreichen würden, wenn wir ungewöhnliche Wege gingen. Also verwandelte sie sich in eine Hotelfachfrau und führte das Hotel. Ich unterstützte sie in jeder freien Minute – das heißt, wenn ich nicht in der Druckerei war. Zur Hand ging uns ferner Leni, eine sehr tüchtige Frau, die auch meinen Großeltern beigestanden hatte. Mit dem jungen Ehepaar zog ein frischer Wind ein ins Hotel Palme. Das junge Ehepaar gab sich nicht damit zufrieden, hin und wieder ein Zimmer zu vermieten. Das junge Ehepaar wollte alle Zimmer voll haben. Das junge Ehepaar hatte große Pläne. Ein eigenes Haus wollte es, in dem zwei Kinder glücklich großwerden sollten. Für dieses Ziel nahmen meine Frau und ich allerhand auf uns. Zuerst einmal vermieteten wir unsere Wohnung in Germering und zogen in ein kleines Zimmer im Hotel Palme: ein Schlafzimmer mit 15 und einem vier Quadratmeter »großen« Bad. Und dann legten wir so richtig los. Innerhalb kürzester Zeit waren alle Zimmer belegt. Unsere Gäste waren Monteure des in der Nachbarschaft angesiedelten Unternehmens Krauss Maffei. Die Monteure fuhren Freitag nach Hause zu ihren Familien. Wir schafften es mit Werbung, das Hotel Palme auch am Wochenende voll zu bekommen. Die gesamten Zimmer waren jetzt Tag und Nacht ausgebucht!

Der Wecker klingelte um fünf Uhr morgens. Um halb sechs lieferte mein Schwager frische Semmeln an. Meine Frau bereitete das Frühstück für die Monteure zu, die um sechs Uhr im Speisesaal erschienen. Kurz vor sieben verließ ich das Hotel und begann meinen Dienst in der Druckerei. Wenn der beendet war und ich auch noch sämtliche Sonderwünsche unserer Kunden erfüllt hatte, kehrte ich ins Hotel zurück und half meiner Frau bei dem, was gerade anstand. Abends öffnete ich die Bar, die ich im Keller eingerichtet hatte. Sie war unsere besondere Attraktion. Ich hatte sie sehr gemütlich gestaltet und sorgte selbst für die musikalische Unterhaltung unserer Gäste, was das besondere Flair des Hotels ausmachte. So manche wilde Party ging dort im Keller über die Bühne. Es wurde oft spät. Sehr spät. Aber um fünf in der Früh klingelte der Wecker. Erbarmungslos. Wir arbeiteten Tag und Nacht, rund um die Uhr

– und das an sieben Tagen in der Woche. Meine Frau jammerte kein einziges Mal. Sie wusste, das totale Engagement war nötig, um unser Ziel zu erreichen. Doch dies ging nicht so schnell, denn wir mussten an meine Mutter, die Erbin des Hotels, eine monatliche Pacht zahlen. Mein Eltern sahen nicht, was meine Frau und ich leisteten. Sie hielten unseren Arbeitseinsatz für Pippifax. Mein Verdienst in der Druckerei war noch immer ein Witz – obwohl ich nicht mehr zuhause wohnte. 1200 Mark netto verdiente ich im Monat. Mehr als doppelt so viel hatte ich verdient, als ich in anderen Druckereien Erfahrungen gesammelt hatte. Doch ich muckte nicht auf. Ich sagte keinen Ton und arbeitete weiter. Meine Eltern glaubten, meine Frau und ich lägen im Hotel Palme sozusagen in gemachten Betten, weil Oma und Opa das Hotel geführt hatten. Was die zwei alten Leutchen bewerkstelligt hatten, konnte ja wohl so schwierig nicht sein. Meine Eltern sahen nicht, dass ich mein Schiff verkaufte, weil ich keine Zeit zum Segeln hatte, ja nicht mal zum Skifahren kamen wir – und das fiel uns ganz besonders schwer, denn meine Frau war ebenso sportlich wie ich. Wir mussten uns Kommentare anhören wie: Euch fällt ja alles in den Schoß – und als wir uns nach einem Jahr härtester Arbeit einen Porsche 911 SC leisteten – mit allen erdenklichen Extras wie Autotelefon, Schwanenhals-Blaupunkt Radio, dazu einen vierstufigen Clarionturm hörten wir Ähnliches. Aber wenn wir dann in mancher gestohlenen Viertelstunde schnell irgendwohin fuhren, die Musik, die wir beide so liebten, laut aufdrehten, dann wussten wir: Wir tun das Richtige und zusammen würden wir alles erreichen.

Nach über zwei Jahren Hotel Palme merkten meine Frau und ich deutlich, dass wir so nicht weitermachen konnten. Wir hatten kaum mehr Zeit, miteinander zu sprechen – und wenn, dann drehte es sich meistens um geschäftliche

Angelegenheiten. Als mir dies bewusst wurde, erschrak ich nachhaltig. Denn das war es ja, was mir in meiner eigenen Familie so widerstrebt hatte: Dass es immer nur ums Geschäft ging, und wir überhaupt kein Familienleben hatten. Als ich diese Gedanken eines Tages meiner Frau unterbreitete, fiel sie mir freudestrahlend in die Arme und gestand mir, mir das Gleiche habe sagen zu wollen – ich sei ihr jedoch zuvorgekommen. Innerhalb kurzer Zeit verkauften wir ohne finanziellen Gewinn das Hotel, denn es gehörte ja meiner Mutter. Unser privates Glück gewann allerdings sehr durch diese Entscheidung. Wir zogen in unsere Wohnung nach Germering, die wie durch ein Wunder gerade leer stand, weil unsere Mieter nach Kanada ausgewandert waren.

Meine Frau arbeitete als Chefsekretärin und ich blieb in der Druckerei. Dort freute ich mich wie frisch verliebt auf meine Frau. Die Zeit, die wir zusammen verbrachten, erschien uns als Fest. Wir kannten es schließlich anders. An den Wochenenden konnten wir endlich in Ruhe und mit Muße Häuser besichtigten. Unser Ziel war das eigene Haus – und zwar am See. Und solche Objekte schauten wir auch an. Erste Reihe am See. Die meisten davon überstiegen unsere Möglichkeiten um ein bis zwei Millionen. Doch wir gaben nicht auf. Diese Häuser machten uns regelrecht Appetit. Unser eigenes Haus stand immer plastischer vor uns. Längst gingen wir in unseren Träumen durch die Räume – und vorm Einschlafen besprachen wir detailliert unser Leben in unserem Traumhaus. Als wären wir Architekten besprachen wir jede Einzelheit ausführlich – und zeichneten sie auch in unsere Pläne ein, die wir in unserem Schlafzimmer an die Wand gehängt hatten. Wir planten unser Haus also nicht nur von innen, sondern auch von außen. Und über unserem Bett hing unsere fertige Zielcollage mit allem Drumherum. Beim Einschlafen und Aufwachen galt unser Blick unserem Ziel, das wir vertrauensvoll als verwirklicht an unser Unterbewusstsein delegierten. Und dann kam der Tag, an dem wir unser Ziel erreichten – und die Collage nicht mehr brauchten beziehungsweise damit begannen, gemeinsam ein neues Ziel anzuvisieren.

Eines Freitags besichtigten wir die Villa einer sehr vermögenden Gräfin. Meine Frau und ich brauchten nur einen Blick zu wechseln. Wir waren absolut sicher: Das ist unser Haus! Obwohl es nicht in der ersten Reihe am See stand. Obwohl wir es umbauen mussten, und zwar in großem Stil. Das Dach gehörte komplett erneuert, der das Haus umlaufende Balkon musste restauriert werden, der ganze erste Stock würde neu aufgebaut werden müssen, von der Garage, dem Garten mit Teich etc. ganz zu schweigen. Doch obwohl diese Villa noch nicht so aussah, wie wir unser »Schmuckkasterl« geplant hatten, konnten wir spüren: Das ist es! Hier war unser neues Zuhause! Als wir den Preis genannt bekamen, zuckte meine Frau zusammen. Die Gräfin, der dies nicht entgangen war, meinte fast beleidigt: »Ja, was wollen Sie denn! Das Haus hat immerhin 250 Quadratmeter Wohnfläche, und die Lage, meine Liebe, die Lage!«

»Wir nehmen es«, stellte Ruth ruhig fest. Und dann lächelte sie mich an. Strahlend. Wunderschön. Voller Zuversicht. Du wirst das schon machen, las ich in ihrem Blick. Natürlich würde ich es machen! Solange diese wunderbare Frau an mich und meine Fähigkeiten glaubte, wuchs ich über mich selbst hinaus.

Die Gräfin, die es mit den Formalitäten eilig hatte, da sie sich bereits in einem luxuriösen Altenheim angemeldet hatte, bestellte uns für den kommenden Montag zum Notar. Überglücklich fuhren meine Frau und ich nach Germering. »Ich erzähle das noch meinem Vater«, sagte ich, kaum waren wir zu Hause angekommen.

»Aber lass dir nicht die Laune verderben!«, rief meine Frau mir nach.

Ich winkte ihr zu. »Keine Sorge!« Ich hielt es für unmöglich, dass mir irgendwer die Laune verderben könnte. Schließlich hatten wir vor zwei Stunden unser Daheim gefunden – doch ich unterschätzte meinen Vater beziehungsweise seinen Einfluss auf mich.

Als ich ihm gesagt hatte, was die Villa kostete, rastete er total aus. Es interessierte ihn überhaupt nicht, dass Ruth und ich über die Hälfte Eigenkapital verfügten – das wir uns hart erarbeitet beziehungsweise durch meine Immobilienverkäufe angespart hatten. Wenn wir unsere Wohnung verkauften, hätten wir fast die ganze Finanzierung klar. Für meinen Vater war die Summe insgesamt Wahnsinn. Ich kannte die Sprüche, die nun auf mich niederprasselten, in- und auswendig: Genauso seid ihr jungen Leute! Ihr macht das kaputt, was die erste Generation aufgebaut und die zweite groß gemacht hat. Ihr macht alles kaputt! So wird aus dir nie etwas! Du Angeber! Du Größenwahnsinniger! Du …

Es ärgerte mich maßlos, dass mich die altbekannten Sprüche ärgerten, dass sie mir die Freude verdarben. Mein Vater schaffte es sogar, mir einzureden, ich müsste dringend mit einem Freund von ihm sprechen. Dieser schwerreiche Bauunternehmer empfing mich eine Stunde später mit einem Gesichtsausdruck, als hätte ich meiner Mutters letztes Nachthemd verhökert. Wahrscheinlich hatte mein Vater schon ausgiebig mit ihm telefoniert. »Was muss ich da von dir hören, Richard? Was kaufst du für einen Schrott!«, stellte er mich in einem Tonfall zur Rede, als wäre ich nicht dreißig Jahre alt, sondern ein Erstklässler.

Noch ehe ich überhaupt irgendetwas sagen konnte, klärte er mich auf, wie er meine Zukunft für gelungen hielt: »Kauf dir nichts Eigenes! Da ärgerst du dich nur. Geh irgendwohin zur Miete. Stell dir vor, der Wasserhahn ist kaputt. Rufst du eben den Vermieter an. Hast du keine Sorgen. Wenn du dir selber was kaufst – dann kommst du aus den Sorgen nicht mehr raus, glaub mir, Junge!«

Ich glaubte ihm kein Wort. Denn nach Sorgen sah er nicht aus, behäbig und selbstzufrieden, wie er da vor mir saß.

Ich sagte ihm nicht mehr viel, vor allem erzählte ich nicht, dass mich das Haus mit Umbau über eine Million Mark kosten würde, ich hatte keine Lust mehr, mir die Freude weiter verderben zu lassen.

Meine liebe Frau Ruth las in meinem Gesicht, was mir widerfahren war. Ich musste gar nichts sagen – sie wusste Bescheid. »Wärst besser daheim geblieben«, stellte sie fest. Und dann erzählte sie mir, wie wunderbar unser Leben in unserem herrlichen Haus verlaufen würde. Nach einer Weile sah ich die Bilder auch wieder vor mir und konnte meine negativen Gedanken loslassen.

## Es gibt keinen Zufall

Wenn Sie das, was Sie bisher als Zufall bezeichneten, Schicksal nennen, haben Sie Ihre Lebenseinstellung bereits grundlegend geändert. Meiner Meinung nach gibt es überhaupt keinen Zufall. Alles, was geschieht, ist vom Schicksal vorbestimmt. Unser Schicksal ist der Wegweiser unseres Lebens.

Nun zu denken, dass man sich nicht mehr anzustrengen brauche, um irgendetwas zu erreichen, da alles vorherbestimmt sei, ist ein fataler Trugschluss. Leider sagen manche Menschen allerdings: Wenn es für mich nicht vorhergesehen ist, erfolgreich zu sein, dann nützt mir auch die größte Anstrengung nichts – dann habe ich einfach Pech gehabt.

Die Formulierung »Pech gehabt« gilt in meinem Denksystem ebensowenig wie das Wort Zufall. Niemand hat einfach so Pech. Über Glück oder Pech, über ein positives oder negatives Schicksal bestimmen Sie selbst sehr wohl mit – durch die Macht, die in Ihrem Unterbewusstsein ruht. Es gibt kein »leichtes« oder »schweres« Schicksal. Jeder Mensch trägt die gesamte Palette aller Möglichkeiten in sich. Es liegt an dem einzelnen Menschen, welche der Möglichkeiten er zum Wachsen bringt – und welche er verkümmern lässt. Jeder ist seines eigenen Glückes Schmied!

Stellen Sie sich vor, Sie befinden sich in einer großen Stadt. Überall sind Wegweiser angebracht. Dort geht es zur Autobahn Richtung Berlin, dort zur Autobahn Richtung München, dort führt eine Straße nach Bad Tölz und dort eine nach Stuttgart. Das ist die Ausgangssituation. Welchen Weg Sie einschlagen – das ist Ihre freie Entscheidung. Welches Schicksal Sie für sich bestimmen – das liegt in Ihrer Hand. Auf jedem Weg, den Sie einschlagen, werden Ihnen andere Herausforderungen begegnen. Vielleicht schlagen Sie den Weg nach Berlin ein – und haben unterwegs eine Reifenpanne. Vielleicht schlagen Sie den Weg nach Landshut ein – und begegnen einem Menschen, der eine Reifenpanne hat. Sie halten an. Sie helfen. Und ... Sie verlieben sich. Sie und der Mensch, der an dieser Stelle die Reifenpanne hatte, haben denselben Weg eingeschlagen und sich am Schnittpunkt getroffen. Würden Sie das tatsächlich als Zufall bezeichnen? Wollen Sie die Verantwortung für Ihr Leben tatsächlich aus der Hand geben? Wenn Sie einmal verstanden haben, dass Sie selbst es sind, der am Steuer Ihres Lebensschiffes sitzt, werden Sie anders mit dieser Macht umgehen können.

Die Wahl, für welche Strecke Sie sich entscheiden, wird geprägt davon, ob Sie selbst sich von einer positiven oder einer negativen Einstellung leiten lassen. Eine positive Einstellung führt Sie zu positiven Begegnungen und Ereignissen – und eine negative Einstellung führt Sie zu negativen Begegnungen und Ereignissen.

Ich habe bereits kurz einmal über das Thema Reinkarnation gesprochen und dort erwähnt, dass ich der Meinung bin, wir suchen uns unsere Eltern aus. Dies ist die erste Entscheidung, die wir treffen. Wir wählen jene Menschen und jene Umgebung für unser Dasein aus, von denen wir uns den größtmöglichen Lernprozess versprechen. Das heißt, wir starten in das Leben, indem wir uns bewusst entscheiden – auch wenn wir das Unterbewusstsein für die spirituellen Zusammenhänge mit unserer Geburt verlieren. Nichts widerfährt uns durch Zufall! Wir sind die Summe aller Ursachen und Wirkungen, die wir selbst initiiert haben durch unsere mentalen und emotionalen Einstellungen. So, wie wir uns in diesem Augenblick fühlen, zeigen wir das Resultat des Denken und Handelns unseres ganzen Lebens bis heute. Wenn uns dieses Resultat nicht gefällt, haben wir sofort die Möglichkeit, ein neues Resultat zu kreieren, indem wir anders denken und handeln als bisher.

## Die wundersame Kraft des Schlafes

Unser Unterbewusstsein erfüllt uns alle unsere Wünsche – wenn es uns gelingt, sie positiv abzuspeichern. Unser Unterbewusstsein hat es nicht nötig, komplizierte Strategien vorgeschrieben zu bekommen. Unser Unterbewusstsein findet den Weg zum Erfolg von selbst – wenn wir daran glauben. Ganz besonders intensiven Kontakt können wir zu unserem Unterbewusstsein aufnehmen, wenn wir schlafen.

Jahrhundertelang ging man davon aus, der Schlaf sei nichts anderes, als eine Art Vortod – der kleine Bruder des Todes. Mitte des vorletzten Jahrhunderts entdeckte man, dass Schlafen kein todesähnlicher Zustand ist, sondern dass wir im Schlaf sehr aktiv sind: Nacht für Nacht passieren wir verschiedene Stationen, die uns zum einen dabei helfen, das tagsüber Geschehene zu verarbeiten, und uns zum anderen auf das vor uns Liegende vorzubereiten. Darüber hinaus stehen wir in Kontakt mit Kräften, mit denen wir mit unserem Tagesunterbewusstsein keine Verbindung aufnehmen können. Die Stationen, die im Schlaf durchlaufen werden, sind bei allen Menschen gleich – vom Wachsein über das Einschlafen, den leichten Schlaf, leichten Schlummer bis in den Tiefschlaf. Zirka ein Drittel unseres Lebens verbringen wir schlafend.

Wie alle Lebewesen brauchen wir den Schlaf, um uns zu erholen und neue Energie zu tanken. Doch darüber hinaus können wir die Zeit, in der wir schlafen, für unser Glück und unseren Erfolg nutzen – indem wir uns vor dem Zubettgehen unsere Zielbilder ins Gedächtnis rufen. Im Zustand zwischen Wachsein und Schlafen ist unser Unterbewusstsein empfangsbereit wie sonst nie. Es saugt die Gedanken, die uns vor dem Einschlafen beschäftigen, wie ein Schwamm in sich auf – und arbeitet an ihnen, während wir schlafen.

Das Unterbewusstsein schläft nämlich nie. Wie unser Herz ist es immer wach, immer leistungsbereit. Während wir schlafen ist unser Unterbewusstsein sogar aktiver als sonst – denn es wird nicht durch permanentes Denken gestört. Es kann seine ganze Kraft voll entfalten. Was Sie unsichtbar während Ihres Schlafes ernten können, hängt allerdings davon ab, mit welchen Bildern Sie einschlafen. Wenn Sie sich vor dem Einschlafen zwanghaft alle Sorgen der Vergangenheit und Zukunft ins Gedächtnis rufen, brauchen Sie sich nicht zu wundern, wenn Sie schlecht schlafen und am Morgen wie gerädert aufwachen. Schlafstörungen gehören in Industrienationen zu den Zivilisationserkrankungen. Millionen von Menschen wälzen sich Nacht für Nacht unruhig in ihren Betten und finden keinen Schlaf. Millionen von Menschen probieren über Jahre immer neue Mittel aus, wie sie es endlich schaffen können, zu schlafen. Schlimmstenfalls greifen sie zu Medikamenten – der Fluch der Tablettensucht ist dann nicht mehr weit. Ein schrecklicher Kreislauf. Dabei ist die Lösung aus diesem Dilemma so einfach. Sie brauchen weder heiße Milch mit Honig noch tausend Schäfchen und erst recht keine Medikamente! Alles, was Sie brauchen, sind schöne Gedanken und Bilder. Damit bereiten Sie sich am allerbesten auf die Ruhephase vor, die Ihren Körper und Geist über Nacht entspannen und erfrischen wird und in der Sie anstehende Konflikte »schlafend« lösen.

Unser Schlaf ist die Quelle unserer Lebensfreude. Deshalb sollten wir große Sorgfalt darauf verwenden, diese Quelle rein und klar zu erhalten. Wer morgens schwer aufwacht und sich dann übermüdet durch den Tag schleppt, weil er unter Schlafstörungen leidet, dessen Leben ist lange nicht so leicht und unbeschwert wie das eines Menschen, dessen Schlaf tief und fest und ruhig ist. Das ist auch eines der Kennzeichen glücklicher und erfolgreicher Menschen. Sie schlafen gut. Sie hängen sich über Nacht sozusagen an das kosmische Ladegerät, und wenn sie morgens aufwachen, sind sie voll getankt. Was sie unternehmen, gelingt. Denn sie haben ihre Batterien aufgeladen und sich über Nacht von allen Problemen gereinigt, sodass sie alles, was vor ihnen liegt, mit voller Kraft anpacken können. Deshalb ist es nicht als Witz gemeint, wenn ich behaupte, dass man im Schlaf zum Millionär werden kann – wenn man es richtig anstellt.

Gehen Sie niemals aufgeregt zu Bett. Fahren Sie Ihren Organismus herunter, bevor Sie ins Bett gehen. Bereiten Sie sich seelisch und geistig auf die Nachtruhe vor. Vielleicht mit Hilfe einiger Rituale, die Sie Tag für Tag wiederholen. Manche Menschen stimmen sich auf den Schlaf ein, indem sie den Frühstückstisch für den nächsten Morgen decken, bei anderen ist es eine umfangreiche Abendtoilette, die sie ruhig werden lässt. Wenn Sie dann im Bett liegen, entspannen Sie zuerst bewusst Ihren ganzen Körper. Autogenes Training ist eine gute Methode dafür. Vielleicht gehören Sie aber auch zu den Menschen, die solche Tipps gar nicht brauchen – die sich ganz von selbst entspannen, sobald sie im Bett liegen. Und nun rufen Sie sich Ihre Zielbilder ins Gedächtnis. Steigen Sie ein in Ihren ganz persönlichen Film von Glück, Erfolg, Gesundheit und Reichtum. Sehen Sie sich so, wie es Ihnen gefällt. Sehen Sie sich in wunderbaren Bildern. Alles ist erlaubt. Träumen Sie sich hinein in Ihre ganz persönliche Welt. Sie wissen, dass Sie dabei vom Ist-Zustand ausgehen müssen. Sie träumen also nicht in der »Wenn«-Form, sondern realistisch. Sie träumen sich am Ziel Ihrer Wünsche. Wenn Sie denken, dann denken Sie nur Schönes, Bejahendes, Helles, Positives. All das sickert in Ihr Unterbewusstsein, das gerade jetzt höchstempfänglich ist für die Bilder und Gedanken, die Sie ihm schicken. Und dann schlafen Sie ein – und Ihr Unterbewusstsein arbeitet weiter. Es arbeitet an der Umsetzung Ihrer Ziele.

Auch tagsüber können Sie sich auf die Nacht vorbereiten. Ich habe mir angewöhnt, in dem Augenblick, wo ich bemerkte, dass sich Blockaden einschleichen, sofort Positives darüber zu speichern. Denn alles, was man am Tag erlebt, muss ja in der Nacht verarbeitet werden. Um meinen Schlaf ganz in den Dienste der Verwirklichung meiner Ziele zu setzen, vermeide ich es also, negativen Gedanken und Bildern Zugang zu gewähren, indem ich sie sofort ausmerze. Ich schlafe übrigens sehr gut. Und ich wache jeden Morgen voll Energie und positiv gestimmt auf. Da ich das in diesem Buch weitergegebene Gedankengut seit Jahren lebe, brauche ich keine Meditation mehr durchzuführen, um mich zu entspannen. Sollten Sie Probleme haben, sich in einen entspannten Zustand zu versetzen, möchte ich Ihnen eine Meditation ans Herz legen. Welche Sie wählen, ist Ihnen überlassen. Wichtig ist nur, dass Sie sich mit Ihrer Meditation wohl fühlen – ob Sie nun eine Licht-, Farben- oder Atemmeditation machen.

Wer gut schläft, wacht gut auf. Wer schlecht schläft, wacht schlecht auf. Die Art und Weise, wie wir morgens aufwachen, prägt den ganzen Tag. Sind wir »mit dem linken Fuß« aufgestanden, haben wir oft das Gefühl, am liebsten im Bett zu bleiben – und oft stellen sich solche Tage dann auch als Katastrophen heraus und man bedauert, überhaupt aufgestanden zu sein. Das muss nicht sein! Also achten Sie auf die Qualität Ihres Schlafes!

Erfolgreiche Menschen wachen meistens positiv gestimmt auf. Und diese positive Stimmung begleitet sie durch den ganzen Tag. Doch auch wenn man einmal eine unruhige Nacht erlebt hat, ist noch nichts verloren. Mit einem Morgenbegrüßungsritual lässt sich so manche schlechte Laune verderben.

*Atmen Sie nach dem Aufwachen einige Male tief durch. Genießen Sie die Wärme in Ihrem Bett. Strecken Sie sich. Und dann beginnen Sie den Tag mit positiven Sätzen. Guten Morgen, schöner Tag. Heute ist ein herrlicher Tag. Heute ist ein erfolgreicher Tag. Es geht mir hervorragend. Ich fülle diesen herrlichen Tag mit Freude und BEGEISTERUNG an.*

Solche Sätze wirken wie eine Beschwörungsformel. Ihr Unterbewusstsein registriert sie. Es versteht die Befehle, die Sie ihm geben. Und es wird alles nötige tun, sie in die Realität umzusetzen. Sie selbst werden durch diese positiven Suggestionen über eine völlig andere Ausstrahlung verfügen, als wenn Sie müde herumschleichen – mit hängenden Schultern und einem dementsprechenden Gesichtsausdruck!

Heute ist ein herrlicher Tag, ich fühle mich herrlich! Ich bin gut, ich bin ein positiver erfolgreicher Mensch ich schaffe es an die Spitze zu kommen. Ich liebe mich und meine MITMENSCHEN. Sagen Sie sich das auch ruhig zwischendurch. Spüren Sie die Wirkung dieser Sätze? Mir erscheint es jedesmal so, als würde die Welt dann ein bisschen lichter, heller und bunter aussehen.

## Kassetten

... unterstützen Sie bei der positiven Programmierung Ihres Unterbewusstseins. Sie brauchen dazu gar nichts tun – meine Kassetten können Sie auch beim Autofahren oder während der Hausarbeit anhören. Die Botschaften – positive Suggestionen – sind mit Musik verbunden – der direktesten Verbindung zum Gefühl überhaupt.

Eine Reihe von Studien hat ergeben, dass das Hören von meinen Kassetten zu ausgezeichneten Ergebnissen führen kann. Bei Patienten heilten die Wunden schneller, bei der Heilung von Suchterkrankungen hat man hervorragende Resultate erreicht.

Eine einfachere und bequemere Methode, sich mit positiver Kraft voll zu tanken, gibt es wohl kaum! Durch ein kompliziertes Aufnahmeverfahren mit verschiedenen Tönen unterhalb der Hörgrenze werden die positiven Klänge als Hilfe für die Programmierung unseres Unterbewusstseins eingesetzt. Wie im Schlaf verwandeln Sie beim Hören der Kassetten die negativen Verankerungen in Ihrem Unterbewusstsein zum Positiven hin. Sie krempeln Ihr Leben also positiv um – ohne direkt etwas dafür zu tun. Ihr Unterbewusstsein versteht die Botschaften, die dort aufgenommen sind. Und es wird alles tun, sie in die Realität umzusetzen und Sie zu Glück, Gesundheit und Erfolg zu führen.

# Im Paradies angekommen

Der Umzug von Germering in das Fünfseengebiet klappte reibungslos, denn wir fanden sehr schnell einen Käufer für die Germeringer Wohnung. Genauso hatten wir es auch vor unserem geistigen Auge gesehen. Die wunderbarste Neuigkeit in all dem Trubel war jedoch die Schwangerschaft meiner Frau. Als sie es mir sagte, wusste ich vor Freude nicht, wohin mit mir. Unser erstes Kind! Es würde in unserem Traumhaus aufwachsen – inmitten der herrlichen Natur! Nicht nur wegen unseres Nachwuchses, sondern auch aus finanziellen Gründen entschlossen wir uns, mit der großen Renovierung des Hauses noch zu warten. Doch kleinere Arbeiten nahmen wir jetzt schon in Angriff. Was ich noch nicht konnte, lernte ich. Ich flieste, schreinerte, mauerte, verputzte und legte den Garten an. Meine Frau half mir so gut sie konnte – und natürlich halfen meine Freunde. Manche von ihnen ließen sich allerdings nur blicken, um unser Haus runterzumachen. Obwohl meine Frau und ich wussten, dass der blanke Neid hinter solchen Bemerkungen steckte, trafen sie uns manchmal schmerzlich. Schließlich hatten wir sehr hart für unser Glück gearbeitet. Besonders unverständlich war es uns, dass einige, die selbst finanziell besser dastanden als wir, dennoch kein gutes Haar an unserem Haus lassen konnten.

In diesem Zusammenhang denke ich besonders an einen ehemaligen Freund, der noch nie im Leben richtig gearbeitet hatte. Das hatte er nicht nötig, weil er von seinem Vater alles bekam. Ob Porsche, eigenes Haus oder Bargeld. Dieser Freund war mir stets Vorbild und Abschreckung zugleich. Einerseits gefiel mir, was er besaß. Andererseits gefiel mir nicht, wie er zu diesem Besitz kam. Ich wusste nämlich, dass nur das, was man sich selbst erarbeitet, wirklich zählt. Als ich diesen Freund durch unser Haus führte, machte er es nur runter. »Was hast du denn da für eine Ruine gekauft?«, war noch die harmloseste seiner Bemerkungen. Leider warf ich ihn nicht gleich hinaus. Ich zeigte ihm meine Umbaupläne. Die fand er zwar toll und räumte dann auch ein, dass das Haus wohl ein Schnäppchen gewesen sei – doch meine Freude hatte er mir schon verdorben. Als er fort war, motivierte meine Frau mich in ihrer wunderbaren Art: »Lass dir nichts einreden«, sagte sie liebevoll. »Du weißt doch, wir sind auf unserem Weg. Wir glauben an uns.«

»Du hast Recht«, erwiderte ich. »Und auch wenn wir noch nicht ganz am See sind …«

»Wir sind nicht in der ersten Reihe – und dennoch haben wir ein Stück Seegrundstück.«

Da konnte ich wieder lachen. Denn das hatten wir tatsächlich. Eine 250 qm große Seeparzelle gehörte uns. Das verdankte ich meinem Vater, der mir das Geld dazu gab. Ich hatte es überhaupt nicht erwartet und war sehr gerührt, weil er mir dieses Stück Land am See ermöglichen wollte. »Davon hast du doch schon immer geträumt«, sagte er. Ich nahm das Geschenk gerne, und verstand es auch als kleine Wiedergutmachung für die vielen verbalen Angriffe. Vielleicht hatte mein Vater eben erst damit begonnen, seine Meinung zu revidieren. Und das zeigte er mir auf seine Art und Weise.

Am Ufer unserer Seeparzelle schwamm schon die Boje für mein Schiff, das ich später erwerben würde. Auf dem Grundstück stand kein Haus, sondern ein Wohnwagen – eingewachsen wie das Dornröschen-Schloss – eine Idylle unberührter, friedlicher Natur. Meine Frau hatte Recht. Wir waren auf dem richtigen Weg.

## Hüten Sie sich vor guten Ratschlägen

Hinter guten Ratschlägen steckt oft der pure Neid. Das Heimtückische am Neid ist es, dass er so oft hinter angeblichen Nettigkeiten versteckt wird. Ein Mensch neidet dem anderen etwas – und anstatt dass er zugibt, dies oder jenes auch gerne besitzen zu wollen, wird es in hinterhältige Gemeinheiten verpackt, deren Wirkung sich oftmals mit Verzögerung einstellt. So kann es sein, dass Ihnen jemand zu Ihrem neuen Wagen gratuliert, dann aber beim Abschied – fast bedauernd – hinzufügt: Leider ist dein neuer Wagen in der ADAC Pannenstatistik ja auf dem letzten Platz gelandet.

Solche Bemerkungen nagen an einem und verderben einem die Freude. Weisen Sie diese Beleidigungen – denn das sind sie letztlich – zurück. Machen Sie andere Menschen auf die negativen Botschaften aufmerksam, die sie – manchmal vielleicht sogar unbewusst – aussenden. Und machen Sie sich selbst immun gegen solche Angriffe auf Ihr Glücksgefühl.

Aus Erfahrung weiß ich, dass Menschen, denen dauernd reingeredet wird, sich häufig auf der Gewinnerspur befinden. Sie haben nämlich den Mut, etwas Außergewöhnliches zu leisten. Da die meisten Menschen sich am wohlsten in der Herde der Schafe fühlen, empfinden sie einen Menschen, der die Geborgenheit der Masse verlässt, als bedrohlich. Also müssen sie versuchen, ihm seinen Ausbruchsversuch auszureden – indem sie sein Scheitern in den buntesten Farben beschreiben. Später, wenn sich herausstellt, dass es der richtige Schritt war und der Ausbruch zu Glück, Reichtum und Erfolg geführt hatte, wissen die Schäfchen dann immer alles besser: »Ich habe es ja gleich gewusst«, sagen sie. »Aus dir wird noch mal was ganz Besonderes.« Und sie sagen: »Es war doch von Anfang an klar, dass du es schaffen würdest.«

Machen Sie sich nicht die Mühe, die anderen darauf hinzuweisen, dass sie alles unternommen haben, Ihnen Ihre Ziele auszureden. Machen Sie sich nicht die Mühe, ihnen zu beweisen, dass Sie keine Unterstützung erfuhren, sondern ganz im Gegenteil: Ihre Ziele boykottiert wurden. Vielleicht weisen Sie diese »freundlichen Zeitgenossen« darauf hin, ihr Boykott habe Sie erst recht angestachelt. Dann haben Sie ihnen eine Denkaufgabe gestellt. Oder Sie unternehmen gar nichts und konzentrieren sich auf jene Menschen, die an Sie glaubten – egal, wie aussichtslos die Situation erscheinen mochte.

## *Teilerfolge werden große Erfolge*

Manchmal ist es erforderlich, Ziele zu teilen in Tages-, Wochen-, Monats-, Quartals-, Halbjahres- und Jahresziele. Dieses Splitten hat den wunderbaren Nebeneffekt, dass es keine Misserfolge gibt. Denn jeder »Misserfolg« ist ja nichts anderes, als ein Teilerfolg. Viele kleine Teilerfolge zusammen ergeben den großen Erfolg.

Genauso habe ich es mit meinem Ziel »Villa am See« gehalten. Nachdem ich mich mit voller Kraft auf mein Ziel konzentriert hatte, musste ich eines Tages einsehen, dass die Zeit noch nicht reif dafür war. Also splittete ich mein Ziel in »Villa beim See«. Um aber mein großes Ziel mit voller Kraft anzuvisieren, war mir die Seeparzelle eine gute Hilfe. Sie zeigte meinem Unterbewusstsein deutlich, wohin es mich führen sollte. Und mir machte sie genug Appetit, um meine Zielpower immer aufs Neue in Schwung zu bringen.

Gewöhnen Sie sich an, Ihrem Unterbewusstsein mit bildlichen Suggestionen Ihr Endziel zu befehlen.

- Stellen Sie sich Ihr Endziel als bereits erreicht vor.
- Handeln Sie dementsprechend positiv, mehrere Wege Ihres Handelns können zu Ihrem Ziel führen.
- Schreiben Sie Ihrem Unterbewusstsein keinen Weg vor, denn es weiß selbst am besten, wie Sie Ihr Ziel erreichen.
- Erzwingen Sie nichts!

# Familienbande II

## Mit 200 km/h zum Vatersein

Die Schwangerschaft bereitete meiner Frau überhaupt keine Probleme. Wir verlebten wunderbare Wochen und Monate voller Vorfreude auf den kleinen neuen Menschen, der da heranwuchs. Der Bauch meiner Frau war gar nicht dick. Mit raffinierter Garderobe sah man kaum, dass sie schwanger war. Ich ließ mir keine einzige Vorsorgeuntersuchung entgehen. Und als der Arzt während der Ultraschalluntersuchung einmal fragte, ob wir wissen wollten, ob wir ein Mädchen oder einen Jungen bekommen würden, rief ich natürlich sofort: Ja.

»Schauen Sie doch selbst mal, ob Sie was erkennen können«, wies der Arzt mich an und deutete auf eine Stelle auf dem Ultraschallbild.

Da sah ich dann auch etwas. Doch ganz sicher war ich nicht. »Ein Junge?«

Der Arzt nickte.

Ich weiß, es ist altmodisch, doch ich freute mich sehr darüber, dass unser erstes Kind ein Junge sein würde. Wobei mir ein Mädchen genauso willkommen gewesen wäre. Obwohl meine Frau extrem zierlich gebaut ist, fühlte sie sich während der ganzen Schwangerschaft topfit.

Eines Abends nahm meine Frau ein Bad. Ich wollte etwas aus dem Badezimmer holen und sah, dass sie sehr blass war.

»Wie geht's?«, fragte ich.

»Gut«, sagte sie.

»Hast du Wehen?«, fragte ich.

»Ja.«

»Wie stark?«

»Ach, ich habe das schon öfter gehabt, aber jetzt glaube ich, sind es doch richtige Wehen und die Fruchtblase ist auch eben geplatzt.«

»Ja, spinnst du!«, rief ich – selbst nur noch ein Nervenbündel. Ich hob meine Frau aus der Badewanne, half ihr beim Anziehen – und dann raste ich mit über 200 km/h nach München und mit 180 km/h durch München. Zum Glück fuhr ich damals einen BMW M 635, einen wirklich schnellen Wagen. In der Münchner Klinik, die wir uns als Geburtsort ausgesucht hatten, wurde meine Frau auf einer Bahre in den Kreißsaal geschoben, dort konnte sie sich gerade noch freimachen – und dann war Benjamin auf der Welt.

»Geht bei Ihnen immer alles so schnell?«, fragte die Hebamme.

Meine Frau und ich konnten nicht antworten. Wir schauten uns an. Wir schauten Benjamin an. Wir waren glücklich. Vielleicht so glücklich wie niemals zuvor. Jetzt waren wir eine Familie.

## *Schwangerschaft ist gemeinsame Sache*

Manche Paare empfinden die Schwangerschaft als sehr belastende Zeit. Wenn man sich verdeutlicht, was der Körper einer schwangeren Frau leistet, ist leicht nachvollziehbar, dass sie sich unwohl fühlen kann. Vielleicht ist sie müde, gereizt, genervt, vielleicht hat sie Beschwerden oder Schmerzen – und vielleicht hat sie keine Lust auf Sex. Ich habe nicht das geringste Verständnis für Männer, die fremdgehen, wenn ihre Partnerin wegen einer Schwangerschaft keine Lust auf Sex hat. Wir dürfen niemals aus den Augen verlieren, dass ein Kind die Summe zweier Menschen ist. Und als solches sind auch zwei Menschen für dieses Kind verantwortlich. In solchen Situationen erweist sich die Teamfähigkeit der Partnerschaft, es beweist sich, ob Schwierigkeiten zusammen gemeistert werden können. Es ist eine wunderbare Sicherheit zu wissen: Man kann sich aufeinander verlassen.

## Nestbau in Entenhausen

Die Renovierung unseres Schmuckkasterls ging sukzessive voran. Ich erwarb eine 300 Jahre alte Almhütte und versetzte die Bauernstube in unser Haus. Eine wunderschöne Antiquität – die Bretter waren sogar mit Stierblut gebeizt! Wenn wir an manchen lauen Abenden im Garten saßen, unseren Benjamin betrachteten und die herrliche Umgebung, in der er aufwachsen würde, dann waren wir unendlich glücklich. Eines solchen Abends sagte mir meine Frau, dass sie erneut schwanger sei. Unser zweites Wunschkind war unterwegs.

Die Schwangerschaft verlief unkompliziert wie die erste. Bei der Geburt gab mir meine Frau allerdings etwas früher Bescheid und ich musste nicht ganz so rasen. Doch kaum im Krankenhaus angekommen, tat Sebastian seinen ersten Schrei. Nun war unsere Wunschfamilie komplett. Die Geburt meiner beiden Söhne und meine Hochzeit sind die glücklichsten Momente meines Lebens. Überhaupt – unser ganzes Leben, so wie es sich entwickelt hatte, war ein rundes Stück Glück. Ich hatte darüber hinaus das Paradies meiner Kindheit wiedergefunden. Der See rückte immer näher und alles ähnelte immer mehr meinem geistigen Zielbild. Die schöne herrliche Natur um mich herum tankte mich voll Tag für Tag und machte mich stark, meinen Alltag erfolgreich zu meistern.

»Jetzt fehlen dir nur noch ein paar Enten«, sagte meine Kusine zu mir und schenkte mir Daisy und Donald, zwei oberbayerische Hausenten von ihrem Hof am Chiemsee.

Da ich erst kürzlich einen Weiher im Garten angelegt hatte, nahm ich das Geschenk gerne an. Wir brachten Daisy und Donald in ihr neues Daheim und lachten viel, wenn wir zusahen, wie Donald Daisy im Lustrausch platt drückte. Eines Morgens führte meine Frau mich grinsend in den Garten. Dort lagen, schön eingebettet im Gras mindestens vierzig Eier. Als ich Tage später nichts ahnend von der Druckerei nach Hause kam, traute ich meinen Augen kaum. Eines Morgens wimmelte es in unserem Garten vor gelben kleinen Federkugeln. Benjamin wusste vor Begeisterung gar nicht mehr, wohin mit sich, und wir setzten ihn mitten hinein in die gelbe Federpracht. Der Bub jauchzte, dass es eine Freude war – und uns ging das Herz auf bei diesem Anblick.

Die Enten wuchsen und wuchsen – und wir hatten ja nur 1000 qm Garten. Eine Lösung musste gefunden werden. Ich baute Käfige, fing die Enten ein und brachte sie im Lieferwagen der Druckerei zu einem Bauern, der sie schlachten sollte. Manche der Enten waren bösartig und hatten die Kinder schon gebissen. Bei dem Bauern lud ich die Käfige aus, vereinbarte, dass ich am Abend wiederkommen würde, um die geschlachteten Vögel zu holen, und machte mich auf den Heimweg. Ich fuhr einen, fuhr zwei, fuhr drei Kilometer. Langsam. Immer langsamer. Dann drehte ich um und gab Vollgas.

»Homs wos vagessn?«, fragte der Bauer.

»Ich nehm die Enten wieder mit!«

»Was?«

»Ich bring's nicht über mich«, sagte ich zu dem verdutzten Bauern und lud die Käfige, die noch immer im Hof standen, wieder ein. Dann rief ich Ruth an.

»Spinnst du?«, fragte sie. »Du kannst sie nicht wieder heimbringen!«

»Aber ich kann sie auch nicht zum Schlachten bringen!«

»Dann komm nach Hause, ich fahre sie hin.«

»Nein«, lehnte ich ab.

Und so verhandelten wir hin und her und irgendwann hatte Ruth mich so weit, dass ich wieder zum Bauern fuhr. Der wunderte sich über nichts mehr, doch seiner Miene konnte ich entnehmen, dass er sofort schlachten würde, um nicht noch einmal von meinen Zweifeln aufgehalten zu werden. Ich fuhr weg, rief wieder Ruth an.

»Das hast du gut gemacht«, lobte sie mich und versprach mir, die geschlachteten Enten abzuholen. Das erleichterte mich sehr, denn ich hätte es wahrscheinlich nicht über mich gebracht, die gerupften und in Plastiktüten zum Einfrieren vorbereiteten Enten in Empfang zu nehmen. Die erste Ente, die ich von dieser Lieferung aß, schmeckte fürchterlich. Doch dann gewöhnte ich mich daran, unsere eigenen Enten zu essen und meine Frau bereitete sie so lecker zu, dass sie eine Spezialität unseres Hauses wurden. Meine Frau war überhaupt nicht nur eine erstklassige Managerin unseres häuslichen Lebens – sie zeigte sich mir gegenüber auch stets verständnisvoll. So rechne ich es ihr hoch an, dass sie mich niemals weckte, wenn die Kinder in der Nacht schrien. Sie schonte meinen Schlaf – schließlich verdiente ich das Geld. Wir hatten unsere Rollen klassisch aufgeteilt, und ich zolle ihr dafür Hochachtung.

Als unser Haus schuldenfrei war, begannen wir mit dem Umbau. Zuerst packte ich mit meinen Freunden an, doch als es darum ging, das Dach zu decken, zogen wir für vier Wochen in das Haus meiner Eltern, die gerade im Urlaub waren. Wir hätten nicht in unserem Haus bleiben können, denn dort war der ganze erste Stock abgerissen, um das oberbayerische Landhausdach, das unser Schmuckkasterl krönen sollte, aufzurichten.

## *Setzen Sie Anker*

Alles, was wir denken, und wie wir handeln, ist in unserem Unterbewusstsein gespeichert. Die Speicherkapazität des Unterbewusstseins ist unendlich. Dennoch gibt es Speicherplätze, die relativ voll sind, da wir zum einen bestimmte Dinge immer wiederholen, zum anderen speichern wir alle Eindrücke, die durch unsere Sinnesorgane entstehen, besonders intensiv. Zum Beispiel extreme Situationen, in denen wir uns in Gefahr befinden, Unfälle, Krankheiten – oder auch schlichtweg das Erlebnis der Geburt. So kann eine traumatische Geburt bereits zu einer erheblichen Speicherplatzbelegung führen. Um solche gravierenden Programmierungen positiv umzupolen, können Anker gesetzt werden. Mit dieser Methode gelangen Sie innerhalb kurzer Zeit in einen energievollen Zustand. Die Blockaden lösen sich. Allerdings müssen Sie mit dieser Methode tief in Ihr Unterbewusstsein vordringen – und zwar an 21 aufeinander folgenden Tagen. Damit verwandeln Sie die negative Programmierung in eine positive.

Zum Beispiel: Ihr Festplattenplatz »Ich bin ein Versager« ist randvoll. Alles, was Sie beginnen, wird von diesem Gedankenmüll des Versagertums dominiert. Also sollten Sie darüber abspeichern: Ich bin gut! Was ich unternehme, gelingt mir.

*Ziehen Sie sich zurück an einen ruhigen Ort, an dem Sie sich wohl fühlen und entspannen Sie sich. Sehr hilfreich ist es, meine Meditationsmusik zu hören. Lassen Sie den Augenblick entstehen und vergessen Sie den Alltag. Lau-*

*schen Sie nach innen und geben Sie sich jenen Bildern hin, in denen Sie sich rundum wohl fühlen. Das kann ein herrlicher Sommertag sein, den Sie auf einer blühenden Wiese genießen, das kann der Meeresstrand sein, wo auslaufende Wellen sanft um ihre Knöchel spielen. Wenn Sie ganz angekommen sind in Ihrer inneren Oase, erinnern Sie sich an einen der schönsten und erfolgreichsten Momente Ihres Lebens. Stellen Sie diese Situation intensiv vor. Wenn das schöne Gefühl seinen Höhepunkt erreicht hat und Sie das Glück spüren können, das Sie damals erlebten, setzen Sie einen Anker, das heißt, Sie verinnerlichen dieses Gefühl mit dem Satz, mit dem Sie die negative Programmierung überspielen möchten. Wiederholen Sie das Ankersetzen so lange, wie das erinnerte Gefühl in seiner höchsten Intensität anhält. Sobald es nachlässt, halten Sie inne.*

An 21 aufeinander folgenden Tagen praktiziert – am besten zweimal täglich, und zwar unmittelbar nach dem Aufwachen und vor dem Einschlafen – erreichen Sie damit eine Umprogrammierung in Ihrem Unterbewusstsein.

## Die völlige Veränderung

Und so ging das Leben dahin mit kleinen Höhen und Tiefen, doch eingebettet in Frieden und Harmonie. Unsere Schulden wurden weniger, die Kinder wurden größer. In der Druckerei lief es ganz gut, auch wenn wir keine großen Sprünge machen konnten. Meine Frau kann genauso gut sparen wie ich, was mich auch immer wieder darin bestärkte, die richtige Partnerin gefunden zu haben. Unser Gemüsegarten lieferte allerhand Vitamine, die meine Frau zuzubereiten hervorragend imstande war.

Ich war 35 Jahre alt, als die Wende in meinem Leben begann. Wie es so oft geschieht, traf sie zu einem Zeitpunkt ein, der dem Sieben-Jahres-Rhythmus der großen Veränderungen zuzuordnen ist. Ich besuchte eine Kundin in Garmisch-Partenkirchen, die schon seit vielen Jahren die Speisekarten und Programme für ihre Gasthäuser bei uns drucken ließ. Nachdem wir alles Geschäftliche besprochen hatten, wechselten wir die üblichen privaten Worte. Und da erzählte sie mir von ihrem Sohn, der – im Hauptberuf Schneider – 10 000 Mark monatlich »nebenbei« verdiene.

»Das gibt's nicht!«, war meine spontane Antwort.

»Doch«, widersprach sie. »Und er verdient das, obwohl er jeden Tag acht Stunden in der Schneiderei arbeitet. Es ist ein Nebenverdienst!«

»Das ist ja ein toller Nebenverdienst«, sagte ich, ohne es glauben zu können.

»Ja, und er arbeitet nur zweimal in der Woche einen halben Tag. Manchmal am Wochenende muss er allerdings auf Schulungen.«

»Was für Schulungen?«

»Am besten, Sie fragen ihn selbst einmal.«

Genau das machte ich. Am gleichen Abend rief ich Karli an. Der wollte jedoch nicht mit der Sprache rausrücken. »Ich kann es dir nicht richtig erklären, um was es geht«, sagte er, »aber ich schick dir jemand, der erklärt es dir.«

»Und das mit den 10 000 im Monat ist wahr?«

»Logisch. Ist sogar noch mehr drin.«

Als ich meiner Frau erzählte, dass Karli 10 000 im Monat nebenbei machte, lächelte sie und ich wusste, was sie dachte. Wenn Karli 10 000 schaffte, würde ich das Doppelte schaffen. Mindestens. Mit großer Spannung erwarteten wir den Besuch eines gewissen Herrn Maiser, der sich für den folgenden Abend angekündigt hatte, um mich über die wundersame Art, Geld zu verdienen, aufzuklären.

Herr Maiser stellte sich als ehemaliger Finanzprüfer heraus. Er war mir auf Anhieb sympathisch und machte einen seriösen Eindruck. Er wollte nicht mehr als Finanzprüfer arbeiten, weil dies keine schöne Aufgabe sei. Er hatte sich entschieden, mit seinem neuen Beruf selbstständig zu werden, weil er den Menschen damit Freude statt Verdruss bringe. Und dann erfuhr ich endlich, um was es sich handelte. Herr Maiser – und somit auch Karli – verkauften Lebensversicherungen.

»Haben Sie eine?«, fragte Herr Maiser.

»Ja, schon. Eine kleine.«

»Aber jetzt haben Sie Familie«, sagte Herr Maiser. »Da sollten Sie sich besser absichern. Was geschieht, wenn Sie einmal nicht mehr für Ihre Familie sorgen können. Oder einfach fürs Alter. Für Ihre Kinder.«

Das leuchtete mir ein.

»Am besten«, sagte Herr Maiser, »Sie kommen nächstes Wochenende zu unserem Seminar. Es kostet Sie 230 Mark – dies allerdings lediglich für Kost und Logis im vier Sterne Hotel. Die Schulung ist kostenlos.«

Keine Frage – ich würde dabei sein!

Ich kam allerdings zu spät, weil genau an jenem Samstag Morgen mein neues Boot geliefert wurde. Es war nicht möglich gewesen, den Termin zu verschieben, und so war ich ab sechs Uhr morgens damit beschäftigt, mein Segelschiff ins Wasser zu lassen, festzumachen – und gelangte erst zur Mittagspause im Hotel an. Es war ein herrlicher Frühlingstag und die Stimmung der zirka dreißig Anwesenden – alles Neulinge wie ich – war blendend.

Was ich hörte, hob meine Stimmung noch mehr. Ich spürte mit jeder Faser meines Körpers: Das ist es. Die Idee begeisterte mich. Und sie überzeugte mich total. Ich erfuhr, dass 90 Prozent der Weltbevölkerung im Rentenalter unter die Armutsgrenze fallen würden. Ich erfuhr, dass eine Lebensversicherung für diese Menschen eine gute Möglichkeit war, sich abzusichern. Ich selbst hatte zwar bis dato auf Immobilien und Aktien gesetzt – ich kannte mich schlichtweg nicht aus im Versicherungswesen –, doch ich war wissbegierig und offen für Neues.

Am allermeisten faszinierte mich jedoch der Vertriebsaufbau. Ich war ein Einzelkämpfer. Ich war allein unterwegs, führte meine Gespräche allein und war es gewöhnt, nur mir selbst verantwortlich zu sein – und was ich erreichte, das blieb bei mir. Nun hörte ich von einer Struktur, in der ich eingebunden wäre in ein größeres Ganzes. Die Art und Weise, wie dies funktionierte, begeisterte mich.

Herr Maiser sagte, er würde im Monat zirka 30 000 Mark verdienen. Das erschien mir unvorstellbar. Mir blieben nach allen Abzügen vielleicht 5 000 im Monat. Und dafür arbeitete ich hart. Entweder ich bin der blödste Depp, der rumläuft, oder der lügt, dachte ich. Klar war auf jeden Fall, dass ich das herausfinden musste.

Euphorisch fuhr ich am Sonntagabend nach Hause. Ich konnte es kaum abwarten, mit meiner Frau über unsere

Zukunft zu sprechen. Sie war ebenso begeistert wie ich: »Mach es!«, ermutigte sie mich.

Auf der Stelle rief ich sieben Freunde an und lud sie für den folgenden Abend ein.

Obwohl mich meine Freunde beim Essen löcherten, gab ich keine Auskunft, sondern reizte sie nur immer mehr. Ich konnte ihnen auch gar keine Auskunft geben – denn ich wusste zu wenig. Es erging mir ungefähr so, wie es Karli ergangen war, der mir auch nichts hatte sagen können und Herrn Maiser schickte. Nachdem ich meinen Freunden in schillerndsten Farben vom Erfolg vorgeschwärmt hatte, sagte ich: »Ihr seid meine Freunde. Ich habe euch noch nie betrogen. Und was ich euch jetzt anbiete, das ist der Durchbruch in eurem Leben. Was ihr dafür tun müsst, ist Folgendes: Übernächstes Wochenende geht ihr mit mir zu einem Seminar, vorher unterschreibt ihr mir einen Zettel und gebt mir 230 Mark. Dieses Geld ist lediglich für Kost und Logis im Hotel.«

Ohne ein weiteres Wort zückten meine Freunde ihre Geldbörsen und blätterten jeweils 230 Mark auf den Tisch. Ich sammelte Geld und Unterschriften ein. Ich hatte sieben Mitarbeiter. Das motivierte mich noch mehr, und ich startete voll durch. Zwei Wochen später konnte ich bereits einen Umsatz von 1 Million vorweisen: allein durch den Verkauf von Lebensversicherungen. Damit hatte ich wesentlich mehr erreicht, als meine Zielvorgabe gewesen wäre. Auf jeden Fall war ich an den Provisionen meiner sieben Mitarbeiter beteiligt. Am tollsten war das natürlich zuerst einmal für Karli, der ja an meinem Umsatz beteiligt war. Doch es gab da noch die 50-Prozent-Klausel, die besagte, dass der Aufstieg zu 50-Prozent von den angeworbenen Mitarbeiter, zu 50-Prozent aber von einem selbst, also der eigenen Leistung, abhänge. Und an Letzterem scheiterte Karli. Ich überholte ihn. Wenn ich etwas konnte, dann reden und verkaufen. Und das tat sich: Mit einem Schwung und Elan, dass es mir gelang, 15 Millionen Umsatz in vier Monaten zu erwirtschaften. Andere brauchten für diesen Umsatz Jahre. Innerhalb kürzester Zeit war ich in dem Konzern, der Tausende von Mitarbeiter beschäftigte, bekannt wie ein bunter Hund. Denn das hatte niemand vor mir geschafft.

Als ich mit meiner Frau nach Friedrichshafen zur Bootsmesse fuhr, hatte ich noch keine Ahnung, wieviel ich verdiente. Die erste Abrechnung war noch nicht da. Ich wusste zwar, ich hatte super verkauft – aber wieviel das ausmachte, war mir nicht klar. Und dann sah ich mein Traumschiff. Eine elf Meter lange, schneeweiße Yacht mit Mahagoni und Teak ausgestattet – der absolute Wahnsinn. Ich konnte mich kaum mehr losreißen. Immer wieder wollte ich zu dieser Yacht. »Das ist sie«, sagte ich zu meiner Frau.

Die grinste. Kopfschüttelnd. »Das ist nichts für uns«, sagte sie. »Da schwappt der See über.«

»Aber, schau doch, wie schön sie ist«, konnte ich nicht aufhören zu schwärmen.

»Schau mal, was sie kostet«, erwiderte meine Frau.

»Na und«, sagte ich.

Meine Frau dachte eine Weile nach. Dann fasste sie mich bei der Hand und sagte: »Du wirst es schon machen.«

Und ich machte es auch. Ich kaufte das Traumschiff – noch auf der Messe. Als wir nach Hause kamen, lag meine erste Abrechnung im Briefkasten. Ruth freute sich mit mir. »Was hab ich gesagt: Du wirst es schon machen!«

Und ich machte noch viel mehr. Meine zweite Abrechnung hatte sich schon verdoppelt. Und es sollten noch Zeiten kommen, da würde mein Steuerberater mehr Arbeit an meinem Nebenerwerb als an der Druckerei haben …

Wenn Sie es mir nachmachen wollen, sollten Sie unbedingt darauf achten, mit einer AG, also einer Aktiengesellschaft, zusammenzuarbeiten. Meiden Sie GmbHs und Einzelne – oder gar privat bezogene Firmen. Wenn Sie eine Vertriebsgesellschaft wählen, die als AG deutschen Rechts eingetragen ist, können Sie fast ganz sicher sein, Ihre Provisionen auch wirklich zu bekommen.

## Leben Sie Ihr Feuerwerk

Es gibt viele verschiedene Arten, Menschen zu charakterisieren. Psychologische, medizinische, physiognomische etc. Ich möchte eine weitere Art hinzufügen. Denn ich habe die Beobachtung gemacht, dass es »brennbare« bzw. »leicht zu entflammende« Menschen gibt – und »schwer entflammbare«. Im Gegensatz zur Feuerwehr gebe ich den brennbaren und leicht zu entflammenden Menschen den Vorzug. Mit diesem Vergleich meine ich das kraftvolle, leidenschaftliche Feuer der Begeisterung, das einen guten Verkäufer und jeden erfolgreichen Menschen auszeichnet.

Manche Menschen sind ein regelrechtes Feuerwerk an Begeisterung. Solche Menschen ziehen andere – meist etwas behäbigere – an wie die Motten das Licht. Solche Menschen sind beliebt – und, wie sollte es anders sein, erfolgreich. Ein geheimnisvolles Licht lodert in ihnen. Das Feuer der Begeisterung eben. Es reißt andere mit, es zündet Funken bei anderen. Wo Feuer ist, ist Wärme. Begeisterungsfähige Menschen sind wie Öfen und deren Nähe wird gerne gesucht, besonders, wenn man selbst nicht so viel Glut hat. Begeisterungsfähige Menschen lassen uns das Leben in seiner ganzen Pracht so richtig spüren. Sie scheinen über jeden Zweifel erhaben – Ihre

Begeisterung brennt alle Hindernisse förmlich aus dem Weg. So ist denn auch die Begeisterung eine unglaubliche Kraft, die Sie unbedingt nutzen sollten. Wer begeistert lebt, der schert sich nicht viel um Zweifel. Der lässt sich auch nicht aufhalten. Der verfolgt unbeirrbar sein Ziel – wenn es ein echtes Feuer ist, das in ihm brennt – und kein Strohfeuer, das gibt es nämlich auch. Doch man erkennt leicht, ob ein Mensch wirklich begeisterungsfähig ist oder nur leicht entzündlich. Der begeisterungsfähige Mensch verfügt über großes Durchhaltevermögen. Seine Begeisterung lodert nicht mal kurz auf, wenn ein Windstoß kommt, nein, sie brennt beharrlich und unabhängig von äußeren Einflüssen. Weil es ein innerliches Feuer ist. Es ist das Feuer des Lebens. Ein Magnetismus, der eine unglaubliche Anziehungskraft versprüht. Über Menschen, die diesen Magnetismus in sich tragen, hört man oft Bemerkungen wie: »Ich bin so gerne in seiner/ihrer Gesellschaft. Er/sie gibt mir jedes Mal Auftrieb. Ich fühle mich so lebendig, wenn ich mit ihm/ihr zusammen bin. Er/sie motiviert mich so stark, dass ich jedes Mal das Gefühl habe, ich könnte Bäume ausreißen, wenn wir uns getroffen haben.«

Das Wunderbare ist, dass jeder Mensch die Anlage zu diesem Feuer in sich trägt. Anstatt sich an Menschen zu orientieren, die das Feuer bereits hell lodernd entwickelt haben, sollten Sie selbst dafür sorgen, es in Ihrem Inneren zum Brennen zu bringen! Sobald Sie sich entflammt haben, lodert die Begeisterung hoch. Begeisterung verleiht Flügel. Trennen Sie sich von dem Vorurteil, nur Kinder wären begeisterungsfähig. Haben Sie den Mut, Ihr Feuerwerk zu entzünden. Haben Sie den Mut, leidenschaftlich zu leben!

## Geteilte Aufgaben – doppelter Erfolg

Wenn meine Frau und ich nicht so ein gutes Team gewesen wären, hätten wir niemals diesen großen Erfolg ernten können. Nur weil wir zusammen an unsere Ziele glaubten und dafür arbeiteten, erreichten wir sie. Natürlich waren unsere Wege verschieden. Meine Aufgabe war es sozusagen, draußen im wilden Leben auf die Jagd zu gehen – wenn ich auch »nur« nach Kunden jagte. Die Aufgabe meiner Frau war es, Kinder, Haus und Hof zu hüten. Wir würden in einem anderen Jahrhundert leben, wenn es deswegen nicht auch mal zu Meinungsverschiedenheiten gekommen wäre. Manchmal fiel es meiner Frau sehr schwer, so lange auf mich zu verzichten.

In Spitzenzeiten war ich nur zum Schlafen zu Hause – und es wurde ja nicht besser, ganz im Gegenteil. Als ich meine eigene Firma gründete, ging der Stress erst richtig los. Doch wir schafften es immer wieder, unser Eheschiff in ruhige Gewässer zu bringen. Ich bin mir darüber im Klaren, dass meine warmherzige und lebenskluge Frau oftmals mehr für unsere Balance tat als ich. Doch hätten wir nicht von vorneherein beschlossen, uns verschiedenen Aufgaben zu widmen, wäre unsere Ehe niemals so harmonisch, wie sie bis heute ist. Und trotzdem gebe ich meiner Frau Recht, wenn sie meint, ich hätte ein bisschen mehr für die Familie da sein können.

Heute fällt es mir leicht, dem zuzustimmen – doch damals war ich eben total eingespannt, und ich hatte doch auch nicht mehr Zeit zur Verfügung als 24 Stunden am Tag. Meinen Schlaf weiter zu reduzieren war gar nicht mehr möglich. Ich arbeitete nicht nur in der Druckerei und im Vertrieb: Ich nutzte auch jede Chance zur Aus- und Fortbildung, besuchte Fach-, Rhetorik-, Verkaufs- und Managementseminare. Wenn meine Frau da nicht hinter mir gestanden wäre, hätte ich niemals die Kraft aufgebracht, diese Sechzehn- oder Achtzehn-Stunden-Tage durchzustehen – auch am Wochenende. Aber meine Frau sah, was ich sah: Dies war meine, unsere Chance, etwas Großes aufzubauen. Und zwar aus eigener Kraft. Ohne die Unterstützung unserer Eltern. Es selbst zu schaffen – das wollten wir. Und daran glaubten wir.

# Alles anders!

Im Prinzip war es für mich klar: Ich würde bis zum Rentenalter bei »meinem« Unternehmen bleiben. Ich fühlte mich dort wohl, ich mochte meine Arbeit – und ich war nach wie vor überaus erfolgreich. Doch dann geschahen einige Dinge, die alles änderten.

Zum einen war da mein ehemaliger Chef Herr Maiser, der sich – je mehr Erfolg ich hatte – desto weniger begeistert von mir zeigte. Eigentlich hätte es ja umgekehrt sein müssen, doch Herr Maiser hatte Angst, ich könnte ihn überholen. Und so begann er heimlich, still und leise, mich – heute würde man sagen – zu mobben. Er streute Gerüchte, er versuchte mir meine Mitarbeiter abspenstig zu machen – kurzum, er wusste nicht, wie er einem solchen wie mir beikommen sollte.

Mit den Verleumdungen und anderen Widrigkeiten hätte ich leben können. Nicht aber mit dem Produkt, das ich verkaufen sollte. Durch meine Fortbildungen kannte ich mich mittlerweile selbst sehr gut aus in der Branche. Und ich wusste, dass das Produkt, das ich vertreiben und bewerben sollte, nicht so optimal war, wie es vor einigen Jahren gewesen war. Dies aber widerstrebte mir zutiefst. Aus diesem Grund verkaufte ich ein anderes Produkt, hinter dem ich voll stand. Das wiederum führte zu Unstimmigkeiten, denn ich »durfte« nur das eine Produkt verkaufen, das schlechtere.

Ich machte mir zunehmend Gedanken über die Qualität der Altersvorsorge im Allgemeinen. Immer noch war ich der Meinung: Sachwert schlägt Geldwert. So hielt ich es auch in meinem Privatleben. Ich hatte mir mittlerweile eine Reihe von Immobilien zugelegt. Das erschien mir als die sinnvollste Art, zu Reichtum zu kommen. Denn wie sollte man das mit Geld machen? Diese Frage stellte ich auch meiner Direktion, für die ich tätig war – doch ich stieß auf taube Ohren. Niemand wollte etwas von meinen Verbesserungsvorschlägen wissen. Alles, was ich tun sollte, war eifrig verkaufen. Doch ich war nicht mehr motiviert – weil ich nicht mehr an das Produkt glaubte. Dies besprach ich mit meiner Freundin Margerita, der Ehefrau eines Vorstandsvorsitzenden, die mich stets sehr unterstützt hatte. Sie vereinbarte für mich einen Termin auf höchster Ebene – doch auch das half nichts. Dabei wusste ich genau, dass die Zeit für Lebensversicherungen abgelaufen war. Die Neuerung, nämlich die Aktienfonds-Police, war nur insofern schwer unter die Leute zu bringen, weil niemand sich auskannte und das Produkt sehr erklärungsintensiv war. Eine Idee ist immer nur so gut, wie sie in die Zeit passt. Die beste Idee bringt nichts, wenn die Zeit nicht reif dafür ist.

Ich war gerade nicht besonders gut drauf, als mir mein alter Kollege Mario über den Weg lief. Wir kannten uns flüchtig – doch war mir sehr wohl aufgefallen, dass er meine Nähe suchte. Seit etwa einem Jahr war er nicht mehr für den Konzern tätig, und ich hatte ihn seither auch nicht mehr gesehen. Man hatte mir allerdings erzählt, er habe sich selbstständig gemacht. Ich fand ihn recht sympathisch, wusste aber nicht, was ich mit ihm anfangen sollte. »Und wie geht's dir so?«, fragte ich ihn höflich.

Er erzählte von dem neuen Produkt, das er schon selbstständig verkaufte. Am Anfang hörte ich ihm kaum zu. Doch dann begann es mich allmählich zu interessieren. Was Mario mir da Stück für Stück offenbarte – das begeisterte mich. Total. So ein Produkt wollte ich auch vertreiben. Das war es ja, was ich stets predigte: Sachwert schlägt Geldwert.

»Komm doch zu mir«, sagte Mario. »Was glaubst du, was wir zu zweit auf die Beine stellen können!«

Ich winkte ab. »Ist nichts für mich.« Ich hatte tatsächlich noch nicht mal im Traum daran gedacht, mich selbstständig zu machen. Ich wollte bei meinem Konzern bleiben, dem ich mich auch verpflichtet fühlte. Und genau das war der Gewissenskonflikt, in dem ich steckte. Denn sowohl die Reibereien mit Herrn Maiser als auch die Geschäftspolitik insgesamt gefielen mir nicht. Außerdem: mein ehemaliger Kollege war alleine. Ich aber gehörte einem Konzern an und hatte die Rückendeckung eines großen Unternehmens, was mich mit Blick auf meine Familie beruhigte. Doch überlegte ich hin und her und sprach mit meiner Frau darüber. Spontan lud sie seine ganze Familie für das folgende Wochenende zu uns ein. »Ich muss mir doch meine eigene Meinung bilden«, sagte meine kluge Frau.

Vor diesem Wochenende ließ ich mir von Margerita nochmals einen Termin im Stammhaus meiner Firma vermitteln. Ich drang vor bis eine Stufe unter dem Vorstand. Ich war bestens vorbereitet und erklärte den zuständigen Herren, wie unzeitgemäß unser Produkt war. Als Alternative schlug ich etwas in der Art von dem vor, was Mario mir vorgestellt hatte. »Wir brauchen neuen Schwung! Eine neue Motivation!«, erklärte ich händeringend.

Mein Anliegen wurde eiskalt abgeschmettert. Als ich im Flugzeug von Frankfurt nach München saß, spürte ich mit jeder Faser meines Körpers: Ich bereitete mich auf den Abschied vor. Doch zu diesem Zeitpunkt wusste ich überhaupt nichts von den Qualitäten und Qualifikationen Marios. Er allerdings wusste eine Menge über mich, da ich durch meinen Erfolg im ganzen Konzern bekannt war. Mario, der seine und meine Fähigkeiten kannte, war sich sicher, dass wir beide als Team unschlagbar wären. Und deshalb suchte er meinen Kontakt. Es dauerte eine Weile, ehe ich erkannte, was für ein Typ Mario war. Zwischenzeitlich ließ ich sein Produkt prüfen und bekam von allen Seiten die gleiche Auskunft: top!

Auch meine Frau riet mir zur Zusammenarbeit mit Mario. »Ihr zwei ergänzt euch vortrefflich«, erklärte sie mir. »Die ganze Familie ist so sympathisch – ich habe ein sehr gutes Gefühl bei der Sache.«

»Aber wir sind nur zu zweit«, wandte ich ein.

»Na und«, sagte meine Frau. »Power habt ihr für zehn. Also: Mach es!«

»Und wenn wir finanzielle Einbußen haben?«

»Wir kommen auch mit weniger Geld zurecht. Wichtig ist, dass du eine neue Aufgabe hast. Du ärgerst dich doch schon seit Wochen über die Miesmacherei deiner Vorgesetzten. Ich weiß zwar nicht«, schränkte meine Frau ein, »wie gut Mario ist. Aber du bist der beste Verkäufer. Stell dein Licht nicht unter den Scheffel. Ich weiß, was du kannst. Und ich glaube an dich.«

»Danke«, sagte ich, ging zum Telefon und rief Mario an, um mein Okay durchzugeben.

## Der richtige Partner

Am 28. Juni 1991 um zehn Uhr unterzeichneten mein Partner und ich beim Notar alle notwendigen Papiere zur Gründung unserer Firma. Nach knapp 24 Monaten gemeinsamer Pionierarbeit steuerten wir auf die ersten 100 Millionen Neugeschäft zu. Möglich war dieser kometenhafte Aufstieg nur dadurch, dass Mario und ich das perfekte Team darstellen.

Mario ist ein Genie im administrativen, kaufmännischen und computertechnischen Bereich. Und ich bin der »sogenannte« geborene Verkäufer. Obwohl dies zwei völlig grundverschiedene Mentalitäten sind, fühlen wir uns dennoch wie aus einem Holz geschnitzt: ehrlich, solide, aufrichtig. Und von Beginn an bis heute vertrauen wir uns beide hundertprozentig.

Es macht fast keinen Unterschied, ob man einen Partner für die Ehe oder für den Beruf sucht. Wichtig ist in beiden Fällen, dass das totale Vertrauen da ist – und dass der Funke überspringt. Natürlich ist der Funke in der Ehe eher erotischer Art, doch auch menschlich muss es stimmen. Und was ist ein Funke anderes als Motivation – die sich eben einmal erotisch und das andere mal geschäftlich multipliziert.

Nehmen Sie sich Ihre Partner stets zum Vorbild. Sehen Sie die Funktion eines Coaches in Ihrem Partner und eifern Sie ihm nach. Niemals sollten Sie aufgeben und glauben: Mein Partner macht das schon. Schulen Sie sich! Bilden Sie sich weiter! Lernen Sie von Ihrem Partner – wie er von Ihnen. So kommen Sie voran. Jeder für sich und beide zusammen.

## *Entscheiden Sie!*

*Manche Menschen können sich niemals entscheiden, weil sie stets Angst haben, die falsche Entscheidung zu treffen. Leider weiß man vorher nie, was nun richtig oder falsch ist. Doch meistens ist es so, dass – sobald man sich einmal entschieden hat – so viel Energie freigesetzt wird, dass sich diese Entscheidung als die Richtige erweist. Wenn Sie diesem Gesetz vertrauen, werden Sie keine Probleme mehr haben, sich zu entscheiden. Wichtig ist nur, eine einmal getroffene Entscheidung nicht in Frage zu stellen – sonst schwächen Sie nämlich genau die Energie, die sich ausbreiten möchte.*

*Wer Altem nachtrauert, braucht sich nicht zu wundern, wenn er im Neuen nicht Fuß fassen kann.*

*Der ehemalige Bundeskanzler Konrad Adenauer hat Entscheidungen prinzipiell nur mit dem »Adenauer-Kreuz« getroffen. In zwei Spalten – pro und contra – trug er die Vor- und die Nachteile ein, die eine bestimmte Entscheidung nach sich ziehen würde. Je nachdem, ob pro oder contra mehr Punkte beinhaltete, entschied Adenauer dann schön demokratisch nach dem Mehrheitsprinzip.*

Bevor ich mit Mario voll durchstarten konnte, musste ich natürlich meine alte Tätigkeit beenden. Ich leitete dies damit ein, dass ich sämtliche für meine Familie abgeschlossenen Lebensversicherungen kündigte. Natürlich wurde ich von Seiten des Konzerns gefragt, was es damit auf sich habe. Ich antwortete wahrheitsgemäß: Ich glaube nicht mehr an Lebensversicherungen. Und dann kündigte ich. Fristlos.

Mein neuer Arbeitsplatz – außer der Druckerei – befand sich nun im schönen Warngau im Keller des Wohnhauses meines Partners. Zusätzlich baute ich mein bestehendes Büro in meinem Privathaus aus. Nach ein paar Wochen stellten wir eine Sekretärin ein. Es sprach sich sehr schnell herum, dass ich nicht mehr bei dem Konzern war. Viele wollten von mir wissen, was ich nun machte. Wenn ich es erklärte, stieß ich überall auf Begeisterung. Es rannten mir nicht nur abschlusswillige Kunden nach – nein, auch ehemalige Kollegen wollten unbedingt mit in unser Team. Wir haben keinen einzigen Mitarbeiter abgeworben – doch einige konnten wir einfach nicht »loswerden«: Vollblutverkäufer, die total hinter dem Produkt stehen wollten, das sie verkauften. Und wir wuchsen nicht nach und nach – wir wuchsen explosionsartig. Pro Monat hundert neue Mitarbeiter war der Durchschnitt.

Doch im Grunde war uns damals nicht klar, welche Lawine wir da ins Rollen gebracht hatten. Kürzlich fragte ich meinen Partner Mario, ob er alles noch mal genauso machen würde. »Niemals!«, antwortete er mir. Das Gleiche gilt auch für mich. Wir waren ja fast verrückt. Wie leicht hätte es geschehen können, dass unser Unternehmen pleite machte. Wie viele Menschen hätten wir dann um ihre redlich verdiente Provision gebracht!

In dieser Branche regiert ein knallharter Wettbewerb. Das, was wir erreichten, ist nicht so einfach wiederholbar. Unser großes Plus war unsere perfekte Ergänzung. Wir hatten uns gesucht und gefunden. Von den Tausenden von Mitarbeitern, die ich im Laufe der Jahre kennen lernte, haben sich bestimmt zwei bis drei Prozent selbstständig gemacht. Leute, die dachten, sie schaffen das auch. Keiner von ihnen hat es geschafft. Ihre Firmen wurden versteigert, sie selbst standen vor dem Ruin oder sie selbst landeten sogar im Gefängnis. Und das hätte uns theoretisch auch passieren können.

Nachdem unser Unternehmen so gut anlief, baute ich auf das Nebengrundstück der Druckerei unser Schulungszentrum, wo sich bis heute unsere Büros befinden. Nach einem Jahr Kellerdasein zogen wir dort ein.

In den ersten zwei Jahren konnten wir bereits einen Umsatz vorweisen, mit dem wir zu den fünf größten deutschen Spezialvertrieben gehörten. Dies entnahmen wir einer Liste, die in einer Wirtschaftszeitung veröffentlicht wurde. 1994 hatten wir es schwarz auf weiß. Eine führende Finanzzeitschrift betitelte uns als den viertgrößten Spezialvertrieb Deutschlands. Und wir gaben weiter Gas. Geschäftspartner hatten wir nun schon über tausend. Und wir wuchsen und wuchsen mit unserem Konzept: Sachwert schlägt Geldwert. Seriosität war uns immer das größte Anliegen überhaupt. Darum kämpften wir auch. Leider hat unsere Branche nicht den besten Ruf. Das kommt von den vielen schwarzen Schafen, die sich dort tummeln. Mir und auch meinem Kompagnon war es absolut wichtig, nur mit korrekten Menschen zusammenzuarbeiten. Niemals möchte ich das Vertrauen, das mir Menschen entgegenbringen, missbrauchen. Das heißt: Aufrichtigkeit steht an erster Stelle. Ich muss mich darauf verlassen können, dass meine Mitarbeiter fair beraten. Man kann bei Investmentfonds, also mehreren Aktien, keine Prognosen garantieren. Man kann höchstens in die Vergangenheit schauen und die dortige Entwicklung beurteilen. Aber man kann niemals sicher sein, dass eine in der Vergangenheit Gewinn bringende Entwicklung für alle Zeiten so bleiben wird. Man kann absolut nichts garantieren. Nur etwas annehmen, erwarten – erhoffen. Wer im Aktiengeschäft Gewinne garantiert, der lügt und betrügt. Und er versäumt seine Aufklärungspflicht dem Kunden gegenüber. Ich möchte, dass meine Kunden verstehen, was sie kaufen, dass sie genauso begeistert sind von dem Produkt wie ich. Zum Glück begreifen seit der Telekom-Aktie immer mehr Menschen, dass Aktien und Immobilien über der Inflation stehen. Die Konzerne, die Lebensversicherungen verkaufen, tun nichts anderes: Sie legen das Geld ihrer Versicherten in Aktien und Immobilien an. Die Versicherten allerdings bekommen nur einen geringen Teil von dem Gewinn, den die Versicherungsgesellschaften durch ihre Immobilien und Aktiendeals einstreichen. Also: Lieber selber Aktien kaufen als Versicherungen dazwischenschalten! Lebensversicherungen sind ein geldwertes

Produkt. Geld unterliegt der Inflation. Aktien-Anteile an mehreren Unternehmen sind durch die Inflation nicht kaputtzumachen. Besonders nicht, wenn sie in einem Fonds breit gestreut sind. Denn dass alle Firmen auf einmal Probleme bekommen – das ist sehr unwahrscheinlich. Und wenn schon: Sie erholen sich wieder lang bis mittelfristig. Aber die Inflation, die ist niemals rückläufig.

## Motivation ist das Salz in der Suppe

Dieses Geheimnis war mir seit meiner Jugend vertraut. Ohne Motivation wäre ich niemals so gut bei den Frauen angekommen. Ohne Motivation hätte ich niemals so viele Aufträge an Land gezogen für die Druckerei. Nun, als es darum ging, Außendienstler zu schulen, wurde die Motivation unserer Angestellten und Mitarbeiter durch ein von Menschlichkeit geprägtes Klima zur Priorität erhoben.

Im Grunde genommen war ich schon immer ein positiv denkender Mensch. Doch um die Philosophie des positiven Denkens wirklich einsetzen zu können, hatte ich mir zu viele Steine in den Weg gelegt. Ungefähr zeitgleich mit der Gründung meines neuen Geschäftes begann ich mich intensiv mit dieser Philosophie auseinander zu setzen. Obwohl ich kaum Zeit hatte, las ich sehr viel und sehr gründlich. Alle meine Zusatzausbildungen im Finanzgeschäft hatte ich mittlerweile abgeschlossen, und ich dürstete regelrecht nach neuem Wissen. Und diesmal stürzte ich mich auf das Gebiet des positiven Denkens. Ich betrieb die Lektüre mancher Veröffentlichungen mit dem Ernst eines Studenten. Ich unterstrich, machte mir Notizen – und ich wendete das Gelesene in der Praxis an. Dass mein Partner sich ebenfalls sehr für diese Philosophie interessierte – wenn er auch andere Autoren bevorzugte – kam uns natürlich zugute. Wir waren auf einer Wellenlänge, das bewies und bewährte sich immer wieder aufs Neue.

Die Beschäftigung mit dem Thema ließ meine Motivation geradezu explodieren. Ich habe Hunderte von Mitarbeitern eingestellt – aber nur diejenigen, die wirklich motiviert waren, haben es zu etwas gebracht. Es ist völlig egal, was der Ursprungsberuf dieser Menschen war. Ich habe erfahrene Bankangestellte eingestellt, die den Kopf voller Wissen hatten, die nach ein paar Monaten enttäuscht aus der Firma ausschieden. Sie waren nicht motiviert. Sie haben nichts in Bewegung gebracht. Sie haben nicht an sich und ihren Erfolg geglaubt. Und ich habe Metzger, Hausfrauen, Handwerker aller Branchen eingestellt – und viele von ihnen haben Monatsabrechnungen in fünf- und sechsstelliger Höhe erreicht: weil sie an sich und das Produkt glaubten. Weil sie begeisterungsfähig waren.

Kurzum: weil sie motiviert waren. Doch ich möchte auch nicht verschweigen, dass viele Menschen nicht an die Spitze gekommen sind, weil sie kurz vor dem Ziel kapitulierten. Das Durchstehvermögen fehlte ihnen. Erfolg muss man auch aushalten können!

## Volle Kraft voraus

Wenn ich Berufsumsteigern heute rate, ihre neue Idee zuerst nebenberuflich – zum Beispiel am Wochenende und am Feierabend zu versuchen, dann spreche ich aus eigener Erfahrung. Denn nichts anderes tat ich ja selbst in meiner Umorientierungsphase. Allerdings übertrieb ich es natürlich wieder mal, so wie es sich wohl für mich gehört. Ich arbeitete täglich acht Stunden in der Druckerei. Wenn ich um 16 Uhr nach Hause ging, fing mein Arbeitstag erst so richtig an, dann startete ich in meiner zweiten Firma voll durch. Meistens ging es bis Mitternacht, oft wurde es allerdings später. Um sechs Uhr morgens ging ich aus dem Haus. In der Druckerei kümmerte ich mich zuerst um die Tageszielplanung, ab halb acht besuchte ich Kunden – an die zwanzig pro Tag. Zum Glück lag das Büro meiner neuen Tätigkeit gegenüber der Druckerei, so dass ich mir einen weiteren Weg sparen konnte. Und da wartete dann schon Mario auf mich, der so manches Mal gar nicht nach Hause gefahren war, sondern in der Firma übernachtet hatte.

Zusammen besprachen wir Aktuelles, dann kamen Einstellungsgespräche, Seminarvorbereitungen, Schulungen, Präsentationen – es ging Schlag auf Schlag. Zum Schlafen blieben mir da höchstens vier, fünf Stunden. Aber ich war motiviert. Und deshalb machte mir das nichts aus. Oder »fast« nichts aus, da ich meine Familie nur noch sehr selten sah. Um dem Abhilfe zu schaffen, nahm ich sie ab und zu mit zu Basisseminaren, die jedes Wochenende stattfanden. Denn diejenigen neuen Mitarbeiter, die vorerst nebenberuflich bei uns einstiegen – also zuerst mal reinschnupperten –, haben ja auch nur am Wochenende beziehungsweise abends Zeit, um Seminare zu besuchen. Ich wollte meine Frau und meine Kinder wenigstens ein paar Minuten am Wochenende sehen. Denn beruflicher Erfolg braucht eine harmonische Basis!

## Fit für den Erfolg

Wenn ich nicht von Haus aus stets über sehr viel Energie verfügt hätte, hätte ich bestimmt mehr Rücksicht auf meinen Körper nehmen müssen – schlichtweg, weil er mich dazu gezwungen hätte. Aber da ich nun mal mit dieser übermäßigen Energie »gesegnet« bin, brauchte ich immer sehr wenige Pausen. Ich konnte es mir leisten, aus dem Vollen zu schöpfen. Wie durch Zauberkraft luden sich meine Akkus immer wieder auf. Heute weiß ich, dass dies nur funktionierte, weil ich voll motiviert durchs Leben ging. Und weil ich immer danach strebte, das zu tun, was ich wirklich tun wollte. Auch wenn es viele Irrungen und Wirrungen in meinem Leben gab, so verlor ich dennoch nie die großen Visionen aus den Augen. Und diese Zielbilder wiederum motivierten mich.

Es ist von außerordentlicher Wichtigkeit, dass wir uns unser »Fahrzeug«, also unseren Körper, geschmeidig erhalten. Wer immer nur fährt, keinen Ölwechsel vornimmt und sich nicht darum kümmert, ob genügend Wasser im Kühler ist, bleibt irgendwann liegen. Wie Sie sich fit halten, ist egal. Hauptsache, Sie tun es. Die einen schwören auf Trennkost, andere auf Jogging, wieder andere auf dreimaliges Saunen pro Woche. Egal, was es ist: Wenn Sie es gerne tun, wirkt es doppelt. Lieber tun Sie weniger von dem, was Sie mögen, als mehr von dem, was Sie innerlich ablehnen. Denn was Sie mit ganzem Herzen

tun, bringt den größten Erfolg. Dieses Rezept gilt für alle Bereiche des Lebens.
Seit vielen Jahren führe ich jeden Morgen die Übungen der fünf Tibeter durch. Heute weckt mich kein schriller Pfeif- oder Klingelton mehr. Ich kann es mir leisten, dann aufzustehen, wenn ich mich ausgeschlafen fühle. Doch früher musste ich den Wecker eine halbe Stunde eher stellen, um mich körperlich fit zu halten. Es kostete mich so manches Mal Überwindung. Doch es belohnte mich auch. Denn ich war insgesamt fitter und bestens vorbereitet auf die harten Tage, die mir bevorstanden. Sehr selten nur kaum es vor, dass ich mich ausgepowert fühlte. So erinnere ich mich an eine Zeit, drei, vier Jahre nach Gründung unserer Firma. Ich hatte seit Jahren keinen Urlaub gehabt. Kaum Freizeit. Doch ich erhole mich sehr schnell, denn ein achttägiger Urlaub mit meiner Familie lud meine Batterien wieder auf.

Natürlich ist es klar, dass ich niemals diese enorme Arbeitsleistung hätte alleine erbringen können. Meine Familie war es, die mir den Rücken stärkte. Und die freundschaftliche Beziehung zu meinem Partner motivierte mich.

Die morgendliche körperliche Vorbereitung auf den Tag nimmt auch heute noch einen großen Stellenwert in meinem Leben ein. Nun ist es das tägliche Schwimmen, was ich am meisten genieße. Das Hallenbad in meiner Villa ist so angelegt, dass ich den Eindruck habe, in den See hinauszuschwimmen. Und das ist ein herrlicher Beginn eines herrlichen Tages. Jeden Morgen aufs Neue erfüllt mich dieser Anblick mit tiefer Freude. Denn ich selbst habe mir dies alles erschaffen. Das macht es doppelt kostbar für mich.

## Zeitmanagement

Zeit ist Geld. Und an Zeit mangelt es allerorten. Überall hört man die Klage: Keine Zeit – und den Wunsch nach mehr Zeit zu haben. Dabei sind wir es selbst, die ununterbrochen Zeit verschwenden. Das fängt bei unseren Gedanken an – jeder negative Gedanke ist Zeitverschwendung – und hört bei unseren schlechten Gewohnheiten auf – jede Zigarette ist Zeitverschwendung.

Um herauszufinden, wie Sie mit Ihrer Zeit umgehen – ob Sie sie vertrödeln oder effizient nutzen, machen Sie sich am besten Tages-, Wochen-, Monats- und Jahrespläne. Gehen Sie dabei genauso vor, wie Sie es auch bei Ihren Zielen tun, die Sie ja ebenfalls in Etappen eingeteilt haben. Mit einer solchen Vorgabe wissen Sie stets genau, wie Sie im Rennen liegen – und wissen auch, wann Sie es sich leisten können, einen Gang zurückzuschalten, oder wann Sie Ihre Zielvorgabe korrigieren müssen.

In den stressigsten Zeiten meines Lebens habe ich nicht nur meine beruflichen Termine geplant, ich habe auch konsequent dafür gesorgt, Freizeitpläne und Familienpläne zu erstellen, wenn ich dafür auch wenig Spielraum zur Verfügung hatte. Darum war es ganz besonders entscheidend, diese Termine mit der gleichen Wichtigkeit zu behandeln wie alle anderen auch. Schon wenn man versucht, die Balance zu halten, hat man die größtmöglichen Energieressourcen zur Erreichung seiner Ziele aktiviert.

Doch der größte Zeitfresser überhaupt ist und bleibt die eigene Negativität. Jeder negative Gedanke raubt nicht nur die Zeit, in der wir ihn denken – er prägt auch die Gegenwart und die Zukunft. Jeder negative Gedanke, jede negative Erwartung und jeder negative Wunsch zieht unser eigenes Leben in den Minus- und Negativbereich. Wir haben es in der Hand, wie wir unser Leben gestalten. Ist das nicht wundervoll?

## Konzentration spart Zeit

Ich erinnere mich noch gut an einen Lehrer, der nicht müde wurde zu predigen: Wenn ihr im Unterricht aufpasst, müsst ihr Zuhause nicht so viel lernen.

Damit hatte er völlig Recht. Konzentration ist der Zeitsparer überhaupt. Wenn Sie es schaffen, was Sie tun, konzentriert zu tun, brauchen Sie dafür weniger Zeit, sind optimal effizient – und erarbeiten sich somit Freiräume. Wenn Sie sich leicht ablenken lassen, brauchen Sie wesentlich länger für Aufgaben – und machen womöglich auch noch Fehler.

Leider ist es in unserer Zeit so, dass die Ablenkungen überall lauern. Handys, Faxgeräte – alles, was Sie in Ihrer Konzentration stört, ist gleichzusetzen mit negativen Impulsen – weil Sie sie eben aus etwas herausreißen. Schön ist, wenn Sie sich an einen Ort zurückziehen können, wo niemand Sie erreichen kann. Kein Fax, kein Telefon. An einem solchen Ort zu arbeiten, ist die konzentrierteste Form überhaupt. Wenn Ihnen das nicht möglich ist, sollten Sie trainieren, sich nicht ablenken zu lassen. Ablenkungen sind Zeitkiller. Wenn Sie eine Aufgabe konzentriert anpacken, schaffen Sie sie in der Hälfte der Zeit. Zeitkiller sind Erfolgskiller.

Und sollten Sie sich einmal partout nicht konzentrieren können, quälen Sie sich nicht damit. Tun Sie etwas anderes

– und nehmen Sie später einen neuen Anlauf, sich Ihrer ursprünglichen Absicht zu widmen. Auch dies ist wichtig, wenn einem Dinge leicht von der Hand gehen sollen: Erkennen Sie, wann der richtige Zeitpunkt gekommen ist, dies oder jenes anzupacken. Und dann tun Sie es. Mit voller Kraft und Konzentration.

Mit vollster Konzentration das zu tun, was man gerade tut, ist eine der schwierigsten Aufgaben überhaupt. Haben Sie schon einmal versucht, beim Essen an nichts zu denken, als nur das Essen zu schmecken, zu genießen? Das ist eine Form der Meditation! Ich betreibe sie jeden Morgen, indem ich mich beim Zähneputzen nur auf das Zähneputzen konzentriere. Morgens gelingt es mir oft auch, ganz in dem Augenblick zu sein, der gerade ist, ganz einfach, weil der Tag jung ist und noch keine Neuigkeiten auf mich eingeprasselt sind. So esse ich ein Marmeladenbrot und tue nichts anderes, als dieses Brot zu essen. Wenn es gelingt, sich auf das zu konzentrieren, was man tut, tut man es gut. Auch dies gehört zu meinen Erfolgsgeheimnissen.

## *Drei Gesundheitstipps:*

*Leben Sie gesund und achten Sie auf Ihre Ernährung.*

*Trainieren Sie Ihren Körper* und *übertreiben Sie nicht. Meine Empfehlung: täglich die fünf Tibeter.*

*Begrüßen Sie den Tag jeden Morgen mit meiner Positiv-Hymne: Ich bin glücklich, reich und gesund. Heute wird ein herrlicher Tag. Es ist schön zu leben. Es ist schön, auf der Welt zu sein.*

## Positive Gedanken heilen

*In einem gesunden Körper wohnt ein gesunder Geist* – das ist meine Überzeugung. Und mehr noch: Ich glaube fest daran, dass jeder Mensch von Beginn seines Lebens an mit der besten Gesundheit ausgestattet ist. Genauso wie wir alle mit der wunderbaren Kraft des Unterbewusstseins gesegnet sind. Doch: Wir nutzen sie nicht. Ebenso ist es mit der Gesundheit, die wir oftmals selbst zerstören, anstatt alles zu tun, um sie zu bewahren.

Ausdrücklich ausnehmen möchte ich hiervon natürlich Menschen, deren Schicksal es ist, an einer Erbkrankheit oder sonstigem körperlichen Gebrechen zu leiden, deren Herkunft unerklärbar ist. Doch auch für sie gelten die drei Sätze, die das Leben von Grund auf positiv verändern: Ich will es. Ich kann es. Ich tue es.

Wenn wir uns verletzen und zum Arzt gehen, lindert dieser nur die Symptome. Er sprüht Desinfektionsmittel auf die Wunde und verbindet sie. Am Heilungsprozess ist er nicht beteiligt. Das macht unser Körper ganz alleine – durch die Steuerung des Unterbewusstseins.

Die Kraft unseres Geistes, sprich unseres Unterbewusstseins, ist die größte Heilquelle, über die wir verfügen. Und sie sprudelt in uns selbst. Alles, was wir tun müssen, ist, sie zu aktivieren! In der heutigen Zeit mehr denn je! Denn die Giftstoffe, mit denen wir permanent konfrontiert sind, stellen einen einzigen Angriff auf unsere Gesundheit dar. Da die meisten von ihnen unsichtbar sind, merken wir das gar nicht. Wenn wir alles, was uns nicht bekömmlich ist – von der Luft über Nahrungsmittel hin zu Materialien – beispielsweise in Spinatgrün sehen würden – wir würden wahrscheinlich nur noch Spinat sehen. Doch das klingt nach Schwarzsehen – und stattdessen müssen wir so viel positive Kraft wie nur möglich an unsere Umwelt abgeben, um positive Energie wieder zu reaktivieren.

Mit Ihrer Gesundheit sollten Sie genauso verfahren wie mit Erfolg und Reichtum. Sehen Sie sich selbst als gesunden Menschen. Befehlen Sie Ihrem Unterbewusstsein, Sie gesund zu machen und zu erhalten – und Ihr Unterbewusstsein wird diesen Befehl ausführen. Empfinden Sie sich selbst als siechen, kranken Menschen – dann wird Ihr Unterbewusstsein auch diesen Befehl ausführen. Zur Erinnerung: Ihr Unterbewusstsein kann nicht unterscheiden, welcher Befehl Ihnen zuträglich und welcher es nicht ist. Aber Ihr Unterbewusstsein führt jeden Befehl aus. Früher oder später. Das ist wissenschaftlich erwiesen. Beispielsweise gab man Versuchspersonen unter Hypnose ein Glas Wasser zu trinken und suggerierte ihnen, es handle sich um Sirup. Nach Genuss des vermeintlichen Sirups schnellte bei allen Versuchspersonen der Zuckerspiegel in die Höhe – als hätten sie tatsächlich Sirup getrunken. Ihr Unterbewusstsein glaubt, es sei Sirup gewesen, und setzte genau diesen Befehl um.

Es ist auch wissenschaftlich erwiesen, dass glückliche, lebensbejahende Menschen über einen besseren Stoffwechsel verfügen als Pessimisten. Das Immunsystem positiv lebender Menschen ist stärker, die Abwehr gegen Angreifer funktioniert besser, Krankheiten werden leichter in den Griff bekommen – oder tauchen erst gar nicht auf, weil die Abwehrkräfte des lebensbejahenden Menschen diesen Feinden sofort Paroli bieten. Menschen, die voll gestopft sind mit negativem Gedankenmüll, bilden den optimalen Nährboden für Angreifer aller Art. Wie entscheidend die geistige Haltung für unser körperliches Befinden ist, beweisen jene Menschen, die Kraft ihres Willens auf Nagelbrettern liegen – oder über glühende Kohlen und Glasscherben laufen … doch dazu komme ich noch.

Ich könnte eine Reihe von Beispielen anführen, wo Menschen mit der Diagnose »beschränkte Lebenszeit« dank der Heilkräfte ihres Unterbewusstseins völlig gesundeten. Menschen, die an verschiedensten Krankheiten litten. Menschen verschiedenster sozialer Herkunft und aller Altersgruppen. Menschen, die mir nur aus der Ferne – und Menschen, die mir sehr nah bekannt sind, wie eine Bekannte. Nach der Diagnose Krebs und einiger gewaltiger Operationen standen ihre Chancen mehr als schlecht. Die Ärzte brachten ihr schonend bei, dass sie allmählich beginnen sollte, ihr Leben zu ordnen – es würde nämlicher aller Voraussicht nach nicht mehr allzu lange dauern. Meine Bekannte ordnete ihr Leben. Und wie: Sie veränderte es total. Sie stellte ihre Ernährung um auf makrobiotisch. Sie übte sich in Yoga. Sie versuchte jede alternative Heilmethode, von der sie hörte und die ihr sinnvoll erschien. Vor allem aber meditierte sie. In ihren Meditationen visualisierte sie die Metastasen in ihrem Körper und befahl ihnen, zu verschwinden. Sie drehte sich ihren eigenen Glücksfilm von einem gesunden Leben. So wie ich mein Haus, meinen Porsche etc. visualisierte und mich in meinen Hollywood-Film setzte, um meinem Unterbewusstsein aufzutragen, woran es arbeiten sollte, sah meine Bekannte schlichtweg Gesundheit vor sich. Und so schaffte sie es auch. Die Metastasen gingen zurück. Meine Bekannte erlebte das, was sie visualisiert hatte: Sie war gesund. Doch dafür hat sie gehandelt! Sie hat nicht die Hände in den Schoß gelegt und abgewartet.

Mit Abwarten erreichen Sie nie etwas, egal ob Reichtum, Erfolg oder Gesundheit. Wer etwas erreichen will, muss handeln. Und zwar mit großem Durchhaltevermögen. Ein bisschen Meditieren, ein bisschen Visualisieren – das bringt nichts. Es muss konsequent betrieben werden!

## Leben Sie die vier Jahreszeiten

Zu einem Leben im Einklang mit der Natur gehört es auch, sich an den Rhythmus der vier Jahreszeiten anzupassen. Und zwar äußerlich als auch innerlich. Nicht nur die Natur teilt sich auf in vier Jahreszeiten – auch der Mensch tut es mit seinen verschiedenen Lebensaltern. Für jedes Alter gibt es andere Herausforderungen. Kürzlich fragte mich ein Freund, ob ich Lust hätte, mit ihm ein paar Wochen auf Harleys durch Arizona zu fahren. Ich musste nicht mal überlegen, bevor ich absagte: Das ist nichts mehr für mich. Vor zwanzig Jahren wäre ich dabei gewesen. Aber heute reizt mich so etwas nicht mehr. Die Zeit für diese Art der Romantik ist für mich vorbei.

Es ist gut, im Rhythmus seines Lebensalters zu schwingen. Und es ist gut, wenn man auch in dem von der Natur vorgegebenen Rhythmus lebt. Den zu erkennen ist in unserer zivilisierten Gesellschaft manchmal schon fast nicht mehr möglich.

Jahrhundertelang ernährten sich die Menschen von dem, was auf ihren Feldern wuchs. In jeder Jahreszeit etwas anderes – und wenn nichts wuchs, hatte man dafür vorgesorgt, indem man Vorräte lagerte. Heute wissen viele Menschen gar nicht mehr, wie der Rhythmus der Natur lautet. Sie sind es gewöhnt, eine Kiwi zum Frühstück zu essen, die aus Neuseeland eingeflogen wird. Nach dem Frühstück gehen sie womöglich zu einer Demonstration für unsere Umwelt. Wollte ihnen jemand klar machen, wie inkonsequent sie handeln, würden sie behaupten, eine Kiwi zum Frühstück schade der Umwelt nicht. Eine vielleicht nicht. Aber Tausende von Menschen, die so denken, schaden der Umwelt ganz gewiss.

Unsere Vorfahren kannten weder Kiwis noch Orangen. Sie lebten trotzdem gesund. Was bei uns wächst, das genügt. Es wächst zu jeder Jahreszeit etwas anders. Es wächst das, was die Menschen an diesem Ort brauchen, um optimal versorgt zu sein. Ein Deutscher braucht keine Kiwi um optimal ernährt zu sein. Nicht, dass ich Ihnen den Appetit auf Kiwi verderben will. Ich möchte Sie nur auf diese Zusammenhänge hinweisen und an Sie appellieren, Ihren Bedarf einmal kritisch ins Auge zu fassen. Aus eigener Erfahrung weiß ich, es kann sehr viel Freude machen, so vorzugehen, wie unsere Großeltern es gehalten haben.

## Späte Einsicht

Obwohl der kometenhafte Aufstieg in meiner Firma ungebrochen anhielt, arbeitete ich weiterhin vom frühen Morgen bis zum Mittag in der Druckerei. Dies hatte zwei Gründe. Zum einen fühlte ich mich dem Familienunternehmen verpflichtet – zum anderen unterstützte ich mit dieser Tätigkeit meine Eltern. Mein Vater hatte niemals Beiträge in eine Rentenkasse einbezahlt. Er und meine Mutter waren also angewiesen auf die Fürsorge ihre Kinder.

Mein Vater wusste zwar, dass ich mit meiner eigenen Firma erfolgreich war, um was es sich aber genau handelte, war ihm fremd geblieben, obwohl ich es ihm mehrfach erklärt hatte.

1995 lud ich meine Eltern zu einer firmeninternen Veranstaltung ein. Rund 2000 Mitarbeiter und Familienangehörige waren in dem großen Münchner Veranstaltungssaal versammelt. Nach dem Essen ging ich auf die Bühne, um eine Rede zu halten. Die Stimmung war großartig. Tosender Applaus belohnte meine Rede, und ein tiefes Glücksgefühl durchströmte mich. All diese Menschen vor mir, die wie ich auf dem Weg waren. Ich sah in ihre begeisterten Gesichter. Ich sah die Kraft eines jeden Einzelnen, die es mir zu motivieren gelang. Ich fühlte, ich hatte meinen Platz im Leben gefunden. Ich wandte mich zu der Treppe, die zurück in den Zuschauersaal führte, da sah ich meinen Vater am Treppenende stehen. Seine Augen schimmerten feucht. Ich ging direkt auf ihn zu. »Mein Sohn«, sagte mein Vater und seine ansonsten sehr kräftige Stimme zitterte. Dann legte er seine Arme um mich und drückte mich fest an sich. »Mein Sohn«, wiederholte er noch einige Male mit dieser schwankenden

Stimme. Und ich stand ruhig in der Umarmung meines Vaters und spürte seinen Atem und spürte, wie er da war für mich. Ganz. Und spürte auch, wie oft ich mich nach einem solchen Moment gesehnt hatte. Jetzt war er eingetroffen. Zu einem Zeitpunkt, als ich ihn am wenigsten erwartet – ja eigentlich: schon gar nicht mehr erwartet hatte.

»Ich habe doch immer nur dein Bestes gewollt«, sagte mein Vater endlich. »Und wenn ich anderer Meinung als du war, dann geschah das aus dem einzigen Grund, weil ich mir Sorgen um dich machte. Doch nun sehe ich, mein Sohn, du gehst deinen eigenen Weg. Du gehst ihn gut und erfolgreich. Ich bin stolz auf dich.«

## Geheime Pfade zur Freiheit

Die Wege, die zu Glück, Reichtum und Gesundheit führen, sind manchmal geheime Pfade. Der direkte Weg führt nicht immer zum Ziel! Das beweist sich beispielsweise dadurch, indem die Programmierung des Unterbewusstseins der Erfolgsfaktor überhaupt ist. Aber auch in anderen Bereichen wirkt das Paradox des geheimen Pfades, der den direkten Weg kreuzt, verlässt, unterläuft und überfliegt – und dennoch zum Ziel führt: unbeirrbar.

So viele Jahre habe ich auf die Anerkennung meines Vaters gewartet – nichts geschah. Und dann hörte ich auf, darauf zu warten. Ich dachte schon gar nicht mehr daran – und da kam mein Vater zu mir. Wenn ich nicht aufgehört hätte, darauf zu warten, wäre er vielleicht bis heute noch nicht zu mir gekommen.

Wenn eine Frau sich immer wieder darüber ärgert, weil ihr Mann unpünktlich ist, sie ihm Vorhaltungen macht – die Unpünktlichkeit zum Streitpunkt Nummer eins wird –

stehen die Chancen schlecht, dass der Mann sich verändert. In dem Moment, wo die Frau ihre Erwartung loslässt, vielleicht nicht mal auf die Uhr sieht, also gar nicht merkt, dass ihr Mann schon wieder zu spät ist – weil sie selbst nämlich frei ist von der Streitspirale Pünktlichkeit – wird er plötzlich pünktlich sein – weil er spürt, dass die Pünktlichkeit nicht mehr von ihm erwartet wird, ja, das Thema keine Rolle mehr spielt. Dies geschieht unsichtbar – weil unbewusst. Wenn Sie Ihr Leben Revue passieren lassen, werden Ihnen eine Reihe von Situationen einfallen, die diese Gesetzmäßigkeit bestätigen.

Das in die Realität umzusetzen, ist schwierig, weil es sich dabei um ein Paradox handelt. Wir halten an etwas fest – und deswegen entzieht es sich uns. Sobald wir es frei geben – einen Wunsch, Gedanken, Menschen – erfüllt es sich. Nicht nur aus eigener Erfarung, sondern auch durch Gespräche mit vielen Menschen kann ich wohl behaupten, dies ist eine kosmische Gesetzmäßigkeit.

…. aber WIE lassen Sie etwas los?

Viele Menschen stellen fest, dass sie – sobald sie etwas loslassen wollen – ununterbrochen daran denken müssen. Je mehr sie sich anstrengen, diese Gedanken zu verbannen, desto eindringlicher und mächtiger werden sie. Fazit: Die Menschen fühlten sich schlecht, weil es ihnen nicht gelingt, das zu tun, was sie eigentlich möchten. Das Gefühl des Sich-schlecht-Fühlens verstärkt die Zwanghaftigkeit der Gedanken – und dann geht gar nichts mehr. Was als Loslassen hätte beginnen sollen, wird zu einer festgefahrenen Negativ-Gedanken-Betonierung.

Und hier greift erneut das Paradox: Loslassen funktioniert nur, wenn Sie die Gedanken annehmen – egal, ob sie Ihnen in den Kram passen oder nicht. Sie sollten sich nicht damit identifizieren, was Sie denken. Sie sollten es einfach registrieren. Ohne zu werten! Beispielsweise könnte die vorstehend erwähnte Frau denken: Aha, ich ertappe mich dabei, auf die Uhr zu sehen, aha, ich rege mich darüber auf, dass er zu spät kommt. Oder: Aha, er hat noch eine Viertelstunde Zeit zu erscheinen, aber ich ertappe mich dabei zu erwarten, dass er sowieso zu spät kommen wird ...

Lassen Sie also Ihre Gedanken ziehen und fließen wie das Wasser in einem Fluss. Halten Sie sie nicht auf. Angeln Sie sich keine Gedanken an Land und blähen Sie zu riesigen Erwartungsblasen auf. Betrachten Sie den Fluss Ihrer Gedanken. Ohne zu werten. Einfach so. Dies bringt Sie in die Balance. Negative Gedanken und Erwartungen werden weniger. Denn niemand schenkt ihnen mehr Aufmerksamkeit – weil sie nicht mehr bewertet werden. Und schließlich spielen sie überhaupt keine Rolle mehr.

## Erleichterung

Ein halbes Jahr nach der Veranstaltung, bei der mein Vater mir sagte, wie stolz er auf mich sei, geschah das nächste Wunder.

»Die Druckerei«, führte mein Vater aus, »die ist dir doch eigentlich nur im Weg. Zum Geldverdienen brauchst du sie nicht. Gewollt hast du sie auch nie. Sie ist dir nur ein Klotz am Bein. Du bist zu ganz anderem berufen.«

Ich konnte meinen Vater nur anstarren. Träumte ich? Oder war das Wirklichkeit, was ich da hörte.

»Was ich dir sagen will«, sagte mein Vater: »Von mir aus kannst du die Druckerei verkaufen.«

»Ist das dein Ernst?«, fragte ich fassungslos.

»Mein voller Ernst«, betonte mein Vater.

So sehr ich mich über diesen Entschluss meines Vaters freute – ein klitzekleiner Wermutstropfen mischte sich dennoch in meine Freude. Denn es war keine gute Zeit, die Druckerei zu verkaufen. Einige Jahre zuvor hatten wir ein sehr lukratives Angebot bekommen – nun aber, die Rezession, eine schlechte Auftragslage – dies alles führte dazu, dass wir die Druckerei letztlich für einen Spottpreis veräußerten.

Doch nun war ich frei. Ich holte meinen Bruder, der ja mit mir in der Druckerei tätig gewesen war, in mein Unternehmen, und er startete dort mit derselben Begeisterung durch, wie ich es tat.

Heute noch werfe ich manchmal einen Blick auf das Gelände der Druckerei. Schließlich liegt es neben meinem jetzigen Firmensitz. Und dann spüre ich stets dieselbe große

Erleichterung, dass ich die Pflicht, die mir schon in die Wiege gelegt worden war, eines Tages doch noch habe eintauschen können gegen das, was mir wirklich liegt, wozu ich berufen bin. Und ich weiß, dass mir dies nur gelang, weil ich meinen Weg mit Beharrlichkeit verfolgte und meine Ziele niemals aus den Augen verlor. Ich kann mit Bestimmtheit sagen, dass jeder Mensch, der nicht ablässt von seinen Visionen und seine Ziele konsequent bebildert, dass jeder Mensch, der die Kraft seines Unterbewusstseins zu nutzen weiß und unbedingt an sich glaubt, es schaffen kann. Es liegt an Ihnen!

## Räumen Sie auf

Sicherlich gibt es in Ihrer Vergangenheit Situationen, an die Sie gerne zurückdenken, weil Sie beispielsweise der Meinung sind, die eine oder andere besonders gut gemeistert zu haben. Und sicherlich gibt es Situationen, an die Sie nicht gerne zurückdenken, weil Sie nicht so besonders gut dabei abschnitten. Oft sind solche negativen Situationen auch an Menschen gekoppelt, die Ihnen vielleicht Schlechtes nachsagten, oder von denen Sie wissen, dass sie Ihnen nicht mit guter Absicht begegneten.

Um ein für alle Mal von diesen negativen Energien befreit zu sein, sollten Sie ein letztes Mal in diese Situationen hineingehen und Sie auflösen. Besonders, wenn es Menschen gibt, an die Sie negativ denken, sollten Sie diese freigeben.

Dazu gehört es auch, den eigenen Anteil an Schuld zu akzeptieren – und zu vergeben. Jedes negative Gefühl, das Sie in sich tragen, vergiftet letztlich Sie selbst. In manchen Fällen führen solche negativen Gedanken sogar zu Krankheiten, indem sie den Stoffwechsel des Körpers durcheinander bringen und den Körper insgesamt aufnahmebereiter machen für Krankheiten aller Art.

Indem Sie sich von negativen Gedanken befreien, befreien Sie sich gleichzeitig von der Macht, die diese im Jetzt und in der Zukunft ausüben.

## Verzeihen Sie

Vergebung ist der Dünger, der den Boden für die Saat des Erfolgs bereitet. Im Laufe unseres Lebens geschehen immer wieder Dinge, bei denen wir selbst uns Schuld zukommen lassen oder uns anderen gegenüber schuldig machen. Solche Vorfälle sind nichts anderes als offene Rechnungen. Es mag Menschen geben, denen es egal ist, wie viele Rechnungen sie offen haben. Tatsache ist jedoch, dass nur derjenige, der alles bezahlt, der um sich herum in Klarheit lebt, auch wirklich Zugang zu der Kraft des Unterbewusstseins hat. Denn jede »offene Rechnung« stört den Kontakt.

So gehört es zu den wichtigsten Taten im Leben, dass man lernt zu verzeihen, zu vergeben und – falls nötig – auch andere Menschen darum bittet, etwas zu verzeihen und zu vergeben, was man – vielleicht ohne es zu wollen oder auch nur zu ahnen – ihnen angetan hat. Vergessen Sie niemals, dass alles, was wir aussenden, zu uns zurückkehrt. Das gilt genauso für offene Rechnungen, die wir nicht begleichen. Sie kehren zu uns zurück – in irgendeiner Form. Insofern ist es also gar nicht besonders edel oder großmütig, zu verzeihen und zu vergeben und selbst um Verzeihung zu bitten – es ist die konsequente Umsetzung des Gesetzes von Ursache und Wirkung.

Außerdem: Wer anderen nicht verzeihen kann, der kann auch sich selbst nicht verzeihen. Und wenn man ein Leben führt, in dem man offene Rechnungen sich selbst gegenüber hat, dann ist dieses Leben weit davon entfernt, ausgeglichen, harmonisch und glücklich zu sein.

Es ist ein wunderbares Gefühl, einem Menschen zu verzeihen oder selbst Verzeihung zu gewähren. Eine große Erleichterung breitet sich aus. Die Last der offenen Rechnung fällt von einem ab. Das Durchatmen fällt leichter – das Leben ist schöner. Hass und Bitterkeit werden durch das Vergeben und Verzeihen an der Wurzel herausgerissen. Eine gegenseitige Befreiung tritt ein. Sie befreien sich und den Menschen, dem Sie verzeihen oder der Ihnen verzeiht. So können Sie nun in Frieden auseinander gehen. Der Frieden, den Sie gesät haben, wird Sie mit reicher Ernte belohnen.

## Gewinnen Sie sich als Gewinner

Als der Skirennfahrer Markus Wasmeier in einem Interview gefragt wurde, warum gerade er bei der Olympiade gesiegt hätte, antwortete er: »Weil ich positiv dachte und meinen Sieg bildlich vor mir sah. Ich wusste, ich gewinne.«

Alle Gewinner sehen ihren Sieg vor sich – und deswegen gewinnen sie! Jeder Sieger hat seinen Erfolg schon geistig durchlebt – obwohl er noch gar nicht »auf dem Treppchen« stand.

Die Verlierer sehen ebenfalls etwas vor sich: ihr Versagen. Deshalb verlieren sie. Oder sie haben nicht fest genug an ihren Sieg geglaubt.

Sich selbst als Gewinner zu sehen, heißt nicht, dass ein anderer Verlierer sein muss. Sie tragen nur die Verantwortung für sich selbst. Was andere aus ihrem Leben machen, kann Ihnen in diesem Moment egal sein. Wichtig ist: Jeder hat die Chance zu Glück, Reichtum und Harmonie.

Ob Sie ein Gewinner sind, ist Ihre bewusste Entscheidung. Tag für Tag können Sie sie neu fällen. Jeden Morgen können Sie sich sagen: Heute wird ein wunderschöner, positiver Tag für mich. Ich schaffe es, an die Spitze zu kommen. Dies ist mein Tag und heute ergreife ich die Chance. Heute ist der erste Tag von meinem neuen positiven Leben. Ich tue alles dafür, um den ersehnten Erfolg zu bekommen.

Es liegt in Ihrer Macht – Sie haben die freie Entscheidung: Möchten Sie das Leben eines Bettlers führen – oder das eines glücklichen und erfolgreichen Menschen?

## Meiden Sie Schlagzeilen

Schlagzeilen – das Wort offenbart schon, um was es geht: Schlagzeilen erschlagen – im wahrsten Sinne. Fragt sich eigentlich nur, warum wir uns dem aussetzen – ja geradezu danach gieren. Denn Schlagzeilen beinhalten immer eine negative Botschaft. Je mehr Tote, desto besser. Eine positive Schlagzeile werden Sie lange und vergebens suchen. Die interessiert niemanden. Umsatz, Gewinn – sprich: Auflagen – lässt sich nur mit negativen Schlagzeilen machen. Eine positive Schlagzeile müsste auch anders heißen. Denn was positiv ist, das schlägt nicht.

Es ist charakteristisch für unser Informationszeitalter, dass wir täglich mit Tausenden von Botschaften konfrontiert werden. Die wenigsten davon haben Einfluss auf unser Leben. Wir können nicht einmal etwas ändern. Im Grunde ist nur der Wetterbericht von morgen einigermaßen bedeutend für uns. Aber dass sich die Metereologen nie in ihrer Prognose, häufig aber im Datum irren, ist bekannt. Was also sollen wir mit dem Bombardement an Gruseligkeiten anfangen, das auf uns abgeschossen wird? Irgendwo tobt ein Hurrican, irgendwo ist ein Flugzeug abgestürzt, irgendwo ist einer Amok gelaufen – was können Sie daran ändern? Nichts! Warum ziehen Sie es sich dann rein? Glauben Sie tatsächlich, das Konsumieren dieser Negativorgien geht spurlos an Ihnen – sprich an Ihrem Unterbewusstsein – vorbei?

An dieser Stelle des Buches sind Sie so weit mit der Materie vertraut, dass Ihnen klar sein dürfte, was Sie damit anrichten. Sie häufen fremden Negativmüll an. Sie verunreinigen sich selbst. Und das tun Sie womöglich, während Sie biologisch-dynamisch angebaute Kartoffeln zu sich nehmen, womit Sie zeigen, dass Ihnen wichtig ist, was Sie sich zuführen. Die Nahrung ist nur ein Baustein für ein glückliches Leben! Der andere sind Ihre Gedanken und das, was Sie in sich hineinlassen!

Lesen Sie keine Zeitungen mehr, aus denen das Blut tropft! Sehen Sie sich keine Katastrophensendungen an! Schalten Sie alles ab, wobei es sich um Mord handelt. Einen ganz besonders weiten Bogen sollten Sie um Bilder machen, in denen ausgeweidet wird, wie Menschen leiden. Denn dies alles sickert in Ihr Unterbewusstsein. Es verseucht Sie. Unsichtbar – und dennoch wird sich diese Verseuchung irgendwann melden. Zu einem Zeitpunkt, wenn Sie vielleicht gar nicht damit rechnen – zu einem Zeitpunkt, wo Sie nicht mehr zurückverfolgen können, woher diese Negativität kommt.

Sie brauchen nicht zehnmal am Tag Nachrichten anzuhören. Einmal genügt doch! Oder – was glauben Sie, wie Ihr Unterbewusstsein darauf reagiert, wenn es zehnmal am Tag erfährt, dass eine zerstückelte Leiche in einem Waldstück gefunden wurde?

Es ist mir ein Rätsel, wie unsere Gesellschaft, die sich permanent mit Negativem voll pumpt, überhaupt lebensfähig ist. Die einzige Erklärung, die mir hierzu einfällt, ist, die Negativität als Droge zu betrachten. Wir sind süchtig nach Negativem. Anders ist das tägliche Horrorszenario für mich nicht nachvollziehbar. Dies bedeutet aber auch, dass wir Angst davor haben, positiv zu leben. Angst davor haben, die Verantwortung für unser Leben zu übernehmen, mit der wir nicht dauernd fremde Schuldige suchen können.

Mindestens 51 Prozent Ihrer Gedanken sollten positiv sein, damit die Aktienmehrheit in Ihrem Unterbewusstsein eine positive ist. Bringen Sie dieses Gleichgewicht nicht durcheinander, indem Sie sich mit Negativnachrichten bombardieren. Nutzen Sie Ihre Zeit, um Sinnvolles zu tun. Lesen Sie positive Bücher. Sehen Sie positive Filme an. Verbringen Sie Zeit mir Ihrer Familie und in der Natur – dies sind die geheimen Reservoires, aus denen Ihr Unterbewusstsein volltankt – Positives und Schönes.

Seien Sie kritisch! Entlarven Sie die Destruktivität der Werbung, in der Negatives positiv verpackt wid. Rauchen ist nicht gesund! Und auch das Bier, das auf dem wunderbaren Segelschiff getrunken wird, ist nur ein Bier. Durchschauen Sie diese Methoden!

Fragen Sie sich kritisch, warum es Menschen gibt, die freiwillig dabei zusehen, wie sich Ehepaare in Talkshows beschimpfen. Menschen, die freiwillig dabei zusehen, wie Moderatoren Studiogäste anfeuern, sich nur recht schön fertig zu machen – und die vielleicht auch noch Spaß an diesem Negativfeuerwerk haben!

Sagen Sie niemals: Unsere Gesellschaft ist schuld! Wir sind die Gesellschaft. Wir entscheiden, welche Politiker an der Macht sind. Wir tragen einen Teil Schuld an allem, weil wir auch einen Teil dazu beitragen, wie die Welt ist. Wenn wir negativ sind, tragen wir bei zu einer negativen Welt. Sind wir positiv, tragen wir bei zu einer positiven Welt. Nicht die anderen sind schuld. Wir selbst sind es. Es liegt in unserer Verantwortung! Alles, was Sie tun müssen, ist es: zu handeln. Handeln Sie so, dass Sie ein positives, bejahendes Leben führen. Dieser Grundsatz ist die Basis für Glück, Reichtum und Erfolg.

Nutzen Sie Ihr Leben – es ist wundervoll und es liegt an Ihnen, was Sie daraus machen!

## Von Erfolg zu Erfolg

Seitdem mein Partner und ich unsere Firma gegründet haben, ist unser Erfolg ungebrochen. Wir haben unsere Ziele konsequent fokussiert – und alles erreicht, was zu Beginn unserer Tätigkeit in diesem Geschäft für einige Verwunderung sorgte. »Wie haben Sie es geschafft in so kurzer Zeit so erfolgreich zu sein«, fragte mich eines Tages ein Journalist und deutete auf eine in einer Wirtschaftszeitung veröffentlichte Liste, laut der unsere Firma einige Mitbewerber überholt hatte, die zwanzig oder gar dreißig Jahre am Markt waren.

»Ich wusste nicht«, erwiderte ich, »dass man zwanzig oder dreißig Jahre warten muss, um erfolgreich zu sein.«

Nie befand sich meine Firma in einer unentschlossenen Grauzone. Mein Geschäftspartner Mario und ich waren uns immer sicher, was unsere nächsten Schritte sein würden. Und wir nahmen sie dann in Angriff. Mit vollstem Engagement – und unbedingtem Glauben an den Erfolg unserer Unternehmungen. Unser letzter großer Schritt war die Umwandlung der Firma in eine Aktiengesellschaft nach deutschem Recht. Derzeit bereiten wir den Gang an die Börse vor. Ab 2001 werden wir dort zeigen, dass es uns gibt – und wie!

### *Manifest Ihrer erfolgreichen Zukunft*

*1.*
*Ich weiß, ich bin fähig, mein Lebensziel zu erreichen. Ich verlange unermüdliche Ausdauer von mir, bis meine Pläne Wirklichkeit sind. Ich gelobe hier und jetzt, von nun an in diesem Sinne zu handeln.*

2.
*Ich weiß, dass sich die in meinem Geist vorherrschenden Gedanken mit der Zeit in sichtbare und greifbare Wirklichkeit verwandeln. Deshalb konzentriere ich mich täglich auf ein mentales klares Bild meiner Persönlichkeit, das die äußeren Umstände erzeugt, die ich anstrebe.*

3.
*Ich weiß, dass mir die Kraft der Autosuggestion ermöglicht, jeden konsequent gehegten und in meinem Unterbewusstsein verankerten Wunsch zu erfüllen. Mit diesem Wissen stärke ich täglich mein Selbstvertrauen.*

4.
*Ich habe das Hauptziel meines Lebens schriftlich fixiert und an mein Unterbewusstsein delegiert. Ich vertraue der universellen Kraft des Unterbewusstseins.*

5.
*Ich weiß, dass Ehrlichkeit und Gerechtigkeit die einzigen zuverlässigen Grundlagen für Wohlstand und Ansehen sind. Deshalb lasse ich mich nie auf Abmachungen ein, die einem anderen zum Nachteil gereichen könnten. Meine Erfolge erziele ich dadurch, dass ich die nötigen Kräfte und die Unterstützung meiner Mitmenschen magnetisch an mich ziehe. Ich bringe andere dazu, sich für meine Zwecke einzusetzen, weil ich mich jederzeit für die ihrigen einsetze. Hass, Neid, Eifersucht, Selbstsucht existieren nicht für mich. Stattdessen entwickle ich Liebe zu allen Menschen, weil ich weiß, dass jede negative Gemütsregung oder Einstellung am meisten mir selbst schadet. Ich bringe andere dazu, an mich zu glauben, indem ich an sie und an mich selbst glaube.*

Ich unterzeichne dieses Gelöbnis, lerne es auswendig und wiederhole es täglich einmal laut, weil ich überzeugt bin, es beeinflusst meine Gedanken und Handlungen und macht mich zu einem selbstsicheren und erfolgreichen Menschen.

## Redemarathon in den Alpen

Wenn mir früher jemand gesagt hätte, dass ich einmal ein gefragter und erfolgreicher Redner werde – ich hätte lachend den Kopf geschüttelt. Denn ich hatte immer Probleme damit, vor einer Gruppe von Menschen zu sprechen. Ich war zwar alles andere als auf den Mund gefallen – doch sobald es um eine Vortragssituation ging, hatte ich das Gefühl, als ob sich sämtliche Worte in sperrige Eisenträger verwandeln würden – und ich wusste schlichtweg nicht, wo ich anfangen sollte. Als ich begann, Vorträge zu halten, fiel es mir zum Glück nicht auf. Ich stand einfach im Kreise einiger Menschen und erklärte ihnen etwas. Ich fühlte mich vollkommen ungezwungen und konnte ohne Hemmungen frei sprechen. Doch als der erste offizielle Vortrag bevorstand, schlief ich in den Nächten davor nicht besonders gut. Meine Frau versuchte mich zu beruhigen: »Du machst einfach das, was du sonst auch machst«, sagte sie zu mir. Doch allein der offizielle Rahmen der Vortragssituation genügte mir, um vor Aufregung flatternde Nerven zu haben. Kein Wunder, dass ich dann wirklich sehr aufgeregt war, als ich am Rednerpult stand – ich hatte mir selbst ja eine Überdosis Lampenfieber suggeriert. Doch mein Vortrag kam gut an – und dann ging alles dermaßen Schlag auf Schlag, dass ich gar keine Zeit hatte, mir Gedanken darüber zu machen, ob ich ein guter Redner wäre oder nicht. Der kometenhafte Aufstieg der Firma erforderte immer mehr

Mitarbeiter, die geschult werden mussten. Eine Schulung an und für sich ist trocken und langweilig. Also entwickelte ich mein eigenes Konzept, um sie in einen interessanten und spannenden Ablauf zu kleiden. Die Seminarteilnehmer sollten nicht nur etwas über Produkte lernen, ich wollte jedem Einzelnen von ihnen auch etwas Persönliches mit auf den Weg geben. In diesem Moment war mir klar, warum ich seit Jahren die Philosophie des positiven Denkens studiert hatte. Der Augenblick, mein Wissen an andere Menschen weiterzugeben, war gekommen. Die zahlreichen begeisterten Kommentare, die ich immer wieder zu hören bekam, waren natürlich ein Ansporn, meine Seminare noch besser aufzubereiten. Jeder Teilnehmer sollte Bescheid darüber wissen, welche wunderbaren Kräfte in ihm ruhten. Jeder sollte Kontakt zu der positiven Kraft des Unterbewusstseins finden – und sein Leben hin zu Glück und Gesundheit positiv verändern. Durch die vielen Schulungen wurde ich immer besser und erkannte immer klarer, wo ich Hilfestellung leisten konnte. Im Grunde ging es meistens um die Frage des Vertrauens – sowohl gegenüber der Kraft des Unterbewusstseins als auch ganz profan: Selbstvertrauen. Dort setzte ich an. Von dort aus baute ich auf. Zwölf Stunden dauerte ein Unterrichtstag. Als Medienhilfe dienten mir lediglich Flipcharts und Overheadprojektoren. Daran denke ich heute manchmal mit einem Schmunzeln zurück, wenn ich von Technikern für meine Auftritte als Motivationstrainer verkabelt werde.

Ich merkte, wie wichtig es ist, dass die Menschen sich voll konzentrieren können. Nicht nur während der Seminarstunden, sondern auch am Abend, also vor dem nächsten Schulungstag. Deshalb verlegte ich die Seminare in die Berge in ein Hotel in den Alpen von Österreich. Nach der Schulung und dem gemeinsamen Abendessen blieb die

Gruppe ganz automatisch zusammen. In der Anfangszeit ging es gelegentlich sehr feuchtfröhlich zu. Heute würde ich das nicht mehr wollen, doch damals war ich wieder einmal unterwegs, meine Grenzen zu suchen. Dazu gehörte beispielsweise Alkohol in Litern, dazu gehörte auch eine Badewanne voller Eiswürfel und extreme Skiabfahrtsrennen mit einigen Promille im Blut – aber niemals habe ich mein nächstes Seminar ausfallen lassen oder auch nur eine Minute verspätet begonnen. Mein Programm zog ich durch.

## Motivation als Bestimmung

Eines Tages kam einer meiner Direktoren zu mir. »Hast du schon mal daran gedacht«, fragte er mich, »das, was du da für unsere Firma tust, auch für andere Menschen zu tun?«

»Was meinst du damit?«, fragte ich.

»Kürzlich war einer meiner Mitarbeiter bei deinem Seminar. Er ist hauptberuflich im Management tätig und sagte mir, das, was du da geboten hättest, wäre erste Sahne von Motivationstraining gewesen.«

»Aha«, sagte ich.

»Er meint«, führte Thomas aus, »du schaffst es dermaßen, den Funken bei den Leuten zu zünden, dass du damit auch an die breite Öffentlichkeit gehen solltest. Das ist eine große Gabe. Wäre doch schade, wenn es nur wenigen Menschen zuteil würde!«

Es freute mich, dies zu hören. Doch ich verfolgte die Idee nicht weiter. Erst als ich immer öfter darauf angesprochen wurde, meine Art der Motivation auch jenen Menschen, die nicht mit meinem Geschäft in Verbindung stehen, zugänglich zu machen, fiel mir das Gespräch mit Thomas wieder ein. Ich rief ihn an und er vereinbarte einen Termin mit einem Manager für mich. Dies war der Beginn meiner Karriere als Motivationstrainer. Kurz vor meiner ersten großen Veranstaltung im Zirkus Krone traf ich Uschi Glas in einem Flugzeug von München nach Hamburg. Vor vielen Jahren spielte sie in einem Winnetou-Film die Filmtochter »Apanatschi« meines Onkels Walter Barnes, der in Hollywood eine Traumkarriere gemacht hatte. Dies erschien mir wie ein Wink des Schicksals. Denn um die Aufmerksamkeit der breiten Öffentlichkeit zu wecken, gibt es kein besseres Mittel als prominenten Beistand. Ich führte Uschi Glas und viele andere über die längste Glasscherbenbahn der Welt, was mir einen Eintrag ins Guiness-Buch der Rekorde einbrachte – und begann, als Power- und Motivationstrainer voll durchzustarten.

Wenn ich auf der Bühne stehe und merke, wie die positive Saat im Publikum aufgeht – wie die Menschen begreifen, wie herrlich das Leben ist, welches wunderbare Geschenk die unendliche Kraft des göttlichen Unterbewusstseins darstellt – dann bin ich glücklich. Es gibt nichts Schöneres für mich, als in anderen Menschen das zum Erblühen zu bringen, was von der Natur her in ihnen angelegt ist – aber durch viele hemmende Einflüsse, die ich zum größten Teil in diesem Buch beschrieben habe, verschüttet wurde. Es gibt nichts Schöneres für mich, als anderen Menschen aufzuzeigen, wie leicht es ist, zu Glück, Erfolg und Gesundheit zu gelangen – wenn sie das beherzigen, was ich in diesem Buch ausführlich dargelegt habe.

Wenn sich ein jeder nur einen Satz aus meiner Show merkt und diesen dann umsetzt – ist dies schon ein unglaublicher Erfolg für ihn – und mich. Ein Satz kann ein Same sein – der irgendwann aufgeht und reiche Früchte trägt. Manchmal, wenn ich vor meiner Show von der Bühne in den Zuschauerraum spähe und dort graue, deprimierte oder ängstlich-erwartungsvolle Gesichter sehe … und wenn ich dann sehe, wie sich diese Gesichter während meiner Show verändern, zu leuchten beginnen, glühen – und wie sie strahlen, wenn die Menschen über die Glasscherbenbahnen gegangen sind … dann weiß ich mit jeder Faser meines Körpers: Ich bin auf der richtigen Spur. Ich bin dort angelangt, wo meine Aufgabe ist. Ich lebe meine Berufung, ich lebe mich.

Ich bin ein Motivationstrainer, der nicht nur davon spricht, anderen Menschen zu helfen, sondern ihnen auch ganz konkret Angebote unterbreitet. Ich bin ein Motivationstrainer, der nicht nur Missstände aufzeigt, sondern eine Lösung anbietet. Und wenn mein Angebot von vielen Menschen angenommen wird, dann erfüllt mich das wiederum mit Zufriedenheit. Jeder Mensch, dem ich einen neuen Weg in eine glückliche Zukunft aufzeigen kann, ist eine grandiose Motivation für mich selbst. Ich liebe alle Menschen, die zuhören, sich etwas sagen lassen, es ausprobieren und dann eine Entscheidung treffen. Ein neues Leben im Jetzt ist besser, als dahinzuvegetieren, sich unwohl zu fühlen und sich vor der Zukunft zu fürchten. Ich kann Ihnen mit meinem Leben unzählige Tipps für Ihre Zukunft geben. Und ich tue alles dafür, damit ich so viele Menschen wie möglich mit meinen Power-Shows erreiche. Und für so manchen war der Besuch einer dieser Shows der erste Schritt auf dem Weg zum mehrfachen Einkommensmillionär. Alles ist möglich! Wenn Sie es wollen!

## Worauf warten Sie noch?

Jetzt sind Sie reif für den Neubeginn!
Sie wissen Bescheid, was Sie zu tun haben.
Sie kennen Ihre Power.
Sie wissen, welche große Macht in Ihnen ruht.
Packen Sie es an!
Stürzen Sie sich in Ihr neues Leben!
Fürchten Sie sich vor nichts!
Lassen Sie sich von nichts und niemandem aufhalten oder beirren!

Sie sind ein Gewinner!
Sie sind der Beste!
Sie sind einzigartig!
Ihr Leben ist wunderbar!
Sie sind glücklich!
Sie sind reich!
Sie sind gesund!
Sie sind fantastisch!

Denn genauso sehen Sie sich selbst. Und deshalb sind Sie es.

Und Sie kennen den Zauberspruch zu Ihrem neuen Leben. Sie sprechen ihn viele Male täglich. Sie lassen sich durchdringen von der Kraft dieser Worte:

**Ich will es!**
**Ich kann es!**
**Ich tue es!**

Bis bald auf einer meiner Shows, oder besuchen Sie mich im Internet!
www.aim-direkt.de/Wandl

**Die Gesetze des Denkens und Glaubens**

Sie werden, was Sie denken und glauben

Aus dem Amerikanischen von
Aurelia Bundschuh
Gebundene Ausgabe, 234 Seiten
ISBN 3-7205-1061-1

ARISTON

**Die unendliche Quelle Ihrer Kraft**

Ein Schlüsselbuch positiven Denkens

Aus dem Amerikanischen
von Helga Künzel
Gebundene Ausgabe, 228 Seiten
ISBN 3-7205-1211-8

ARISTON

**Wunder Ihres Geistes**

Ein Buch der Entdeckung und Wandlung

Aus dem Amerikanischen
von Ingrid Lebe
Gebundene Ausgabe, 196 Seiten
ISBN 3-7205-1033-6

ARISTON

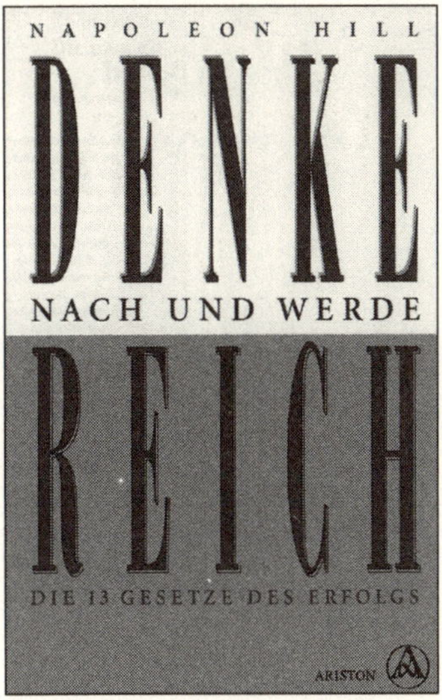


Dr. Napoleon Hill

**Denke nach und werde reich**

13 Gesetze des Erfolgs

Aus dem Amerikanischen von
Wolfgang Maier
Vollständig überarbeitete Neuausgabe
Gebundene Ausgabe, 264 Seiten

ISBN 3-7205-1935-X

ARISTON

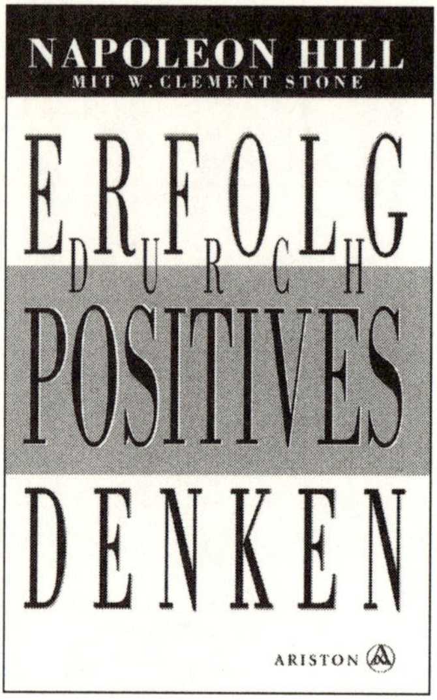


Dr. Napoleon Hill und W. Clement Stone

**Erfolg durch positives Denken**

Aus dem Amerikanischen von
Wolfgang Maier
Vollständig überarbeitete Neuausgabe
Gebundene Ausgabe, 336 Seiten
ISBN 3-7205-2043-9

ARISTON